Bitcoinismo

Bitcoinismo

La era de la riqueza inconfiscable

ADRIÁN BERNABÉU

EDICIONES DEUSTO

La lectura abre horizontes, iguala oportunidades y construye una sociedad mejor. La propiedad intelectual es clave en la creación de contenidos culturales porque sostiene el ecosistema de quienes escriben y de nuestras librerías. Al comprar este libro estarás contribuyendo a mantener dicho ecosistema vivo y en crecimiento.

En **Grupo Planeta** agradecemos que nos ayudes a apoyar así la autonomía creativa de autoras y autores para que puedan continuar desempeñando su labor. Diríjase a CEDRO (Centro Español de Derechos Reprográficos) si necesita fotocopiar o escanear algún fragmento de esta obra. Puede contactar con CEDRO a través de la web www.conlicencia.com o por teléfono en el 91 702 19 70 / 93 272 04 47.

© Centro de Libros PAPF, SLU., 2024
Deusto es un sello editorial de Centro de Libros PAPF, SLU.
Av. Diagonal, 662-664
08034 Barcelona
www.planetadelibros.com

Diseño de la colección: Sylvia Sans Bassat

Primera edición: octubre de 2024
Depósito legal: B. 15.423-2024
ISBN: 978-84-234-3784-9
Composición: Realización Planeta
Impresión y encuadernación: CPI Black Print
Printed in Spain - Impreso en España

Sumario

Prólogo

Permíteme, lector, una efusiva y cálida bienvenida. Si estás leyendo estas líneas es porque posees dos características tan imprescindibles como necesarias para adentrarse con éxito en el fascinante mundo de Bitcoin. Y prepararse para la próxima era de Bitcoinismo, que anuncia el autor. Así que sólo me queda animarte a emprender tu propio viaje, guiado por un continuo interés en seguir aprendiendo y esa curiosidad tan necesaria para adentrarse en ámbitos que hasta ahora te han resultado un tanto ajenos. Llevados al extremo el interés y la curiosidad y liberados de ciertos prejuicios, suele ocurrir que no vislumbramos el destino final de nuestro viaje personal y que durante esta travesía interminable operan cambios en nosotros que hoy te podrían parecer impensables. Ésa es una de las tantas cosas que me ha enseñado Bitcoin en todos estos años.

A Bitcoin puedes llegar por muy distintos motivos pero, una vez dentro, descubres otros muchos matices que hacen prácticamente imposible desentenderse del todo. En mi caso, tengo muy nítido el recuerdo de mi primer contacto con Bitcoin. En 2013 trabajaba en organizaciones del tercer sector y teníamos un problema recurrente con las microdonaciones. Las desmesuradas comisiones del sistema bancario y financiero imposibilitaban domiciliar pequeños cargos a donantes. Una situación realmente frustrante porque prácticamente la totalidad de la donación se la quedaba el intermediario obligado.

Y con esta terrible sensación de injusticia en la cabeza, un día tuve la enorme fortuna de leer algo así como «Bitcoin, un sistema de pagos sin intermediarios». Prescindir de intermediarios fue lo que me llamó la atención. Por aquel entonces mis nociones sobre criptografía eran nulas y no sabía qué era la criptografía de curva elíptica o las funciones unidireccionales. Pero no resultó un problema insalvable ni motivo de desánimo. Porque la promesa que nos hacía Bitcoin es que una persona, desde Australia, podía mandarnos una microdonación y hacerlo de forma rápida, transparente y prácticamente gratuita. Fascinado con el descubrimiento, me fui sumergiendo en este incipiente mundo y poco tiempo después asistí, como testigo, a un significativo experimento realizado en un conocido foro de internet. Cinco *bitcoiners*, ubicados en cinco países distintos, se mandarían una cantidad de bitcoins que debían pasar por todos ellos, del primero al último. Y el mismo valor en dólares, con transferencias bancarias al uso. Aquello me resultó tremendamente revelador. En cuestión de horas, esos bitcoins habían pasado de mano en mano, por cinco países, a lo largo de tres continentes. Y ahora piensa, lector, ¿cuánto tiempo llevaría realizar cinco transferencias bancarias internacionales, una detrás de otra? Y añade también como inconvenientes las comisiones bancarias asociadas por los servicios prestados y otras para el cambio de divisas. Entonces me resultó evidente que «eso», que se llamaba *Bitcoin*, lograba romper las fronteras del dinero y posibilitaba nuevas formas de hacer las cosas. Ése fue mi primer descubrimiento de Bitcoin, como un excelente medio de pago a nivel global que dejaba completamente obsoleto el sistema bancario tradicional. Bitcoin era la solución a un problema para el que no encontrábamos solución. Bitcoin habilitaba las microdonaciones a nivel mundial, sin necesidad de utilizar bancos u otros entes centrales de confianza.

Afortunadamente, a partir de ahí, mi interés y curiosidad me llevaron poco a poco a inmiscuirme más en este fascinante ecosistema y en la incipiente comunidad que iba surgiendo. Si Bitcoin era un excelente medio de pago, ¿qué pasa con las otras dos funciones del dinero? ¿Podría ser también reserva de valor y unidad de cuenta? En caso afirmativo, estaríamos ante algo nuevo y disruptivo que optimiza extraordinariamente las características asociadas al buen dinero. Y este tema tan recurrente como interesante en Bitcoin lo aborda muy bien el autor en su obra. Como bien señala, el dinero fíat que conocemos, «está enfermo» y los argumentos expuestos no dejan lugar a dudas. Pero hay motivo para la esperanza. Bitcoin es el antídoto y la solución. Como podrás leer, más allá de darnos la posibilidad de transmitir valor en el espacio, Bitcoin nos permite transmitir también ese valor a lo largo del tiempo, convirtiéndose en un excelente depósito de valor. Una lástima no haber sabido identificar bien esta maravillosa característica en mis comienzos.

Los *bitcoiners* más nuevos encontrarán los datos y argumentos expuestos muy reveladores. Me atrevo a aventurar que, probablemente, opere una leve resistencia para dar lo expuesto como válido. A los más veteranos, que ya superamos esa resistencia inicial a contravenir lo aprendido, nos resulta una lectura amena que refuerza nuestros argumentos y proporciona otros nuevos.

Más allá de las funciones o características del dinero, Bitcoin nos empuja a hacernos otras preguntas más amplias y no quedarnos en lo obvio. Y en ese sentido también se nos muestra como un nuevo sistema monetario global, resistente a la censura, y libre de políticas monetarias arbitrarias de entes centrales. ¿Podría ser también una maravillosa herramienta tecnológica capaz de arrebatar a los Estados sus arbitrarias políticas monetarias que siempre operan en detrimento de sus ciudadanos?

Pero para llegar a estas disquisiciones tendremos que entender primero qué es el dinero fíat que padecemos hoy día y cómo funciona, o el papel de los bancos centrales. Y cómo hemos podido llegar hasta aquí sin apenas resistencia. ¿Recuerdas lo del interés y curiosidad que mencionaba al principio? Pues aprovecha y disfruta el esfuerzo del autor, porque sus explicaciones para que podamos entenderlo son encomiables.

Bitcoin nos ofrece una nueva perspectiva, en muchas áreas muy distintas, que van más allá de nuestra primera aproximación. Y abordar este hecho con cierta humildad es un enorme acierto. Sucede en ocasiones que todos nosotros estamos contaminados con la «ortodoxia» y salirnos de ella no suele ser una opción. Lo lamento por mis amigos economistas que hace años no daban viabilidad a Bitcoin por no tener un banco central detrás. También es cierto que cuando señalaba entusiasmado que el «inventor» era desconocido, lo utilizaban como argumento que reforzaba su posición, con alguna risotada incluida. En cambio, para mí, el anonimato de Satoshi Nakamoto me parecía una fortaleza extraordinaria y la inexistencia de un banco central un hecho disruptivo. Pero claro, yo no era economista y mi formación profesional había girado siempre más al mundo de las letras que al de los números. Afortunadamente no lograron convencerme tampoco.

Transitando este apasionante viaje, te das cuenta de que Bitcoin abarca otras áreas en las que también se adentra el autor, y que tienen que ver con cuestiones históricas, políticas, filosóficas... y otras que probablemente descubrirás tú mismo. Pero siempre nos plantea reflexiones muy interesantes sobre temas en los que pensábamos que ya teníamos una opinión definida. Y ayuda mucho poner algo de contexto y dejar volar la imaginación. Por ejemplo, si convenimos que internet ha sido una herramienta extraordinaria, que ha cambiado nuestra forma de relacionarnos y ha posibilitado una industria milmillonaria, ¿qué nos puede ofrecer un internet habilitado ahora con la capacidad de transmitir propiedad y valor en el tiempo, de persona a persona, en cualquier parte del mundo, de forma descentralizada? La respuesta la podemos volver a encontrar en Bitcoin. Y el libro que estás a punto de leer te va a ser de extraordinaria utilidad. Como digo, personalmente me ha resultado muy interesante la aproximación que realiza el autor sobre el concepto de *propiedad*, que está tan imbuido en nuestra ortodoxia. Sin embargo, como suele suceder, Bitcoin va más allá. Como leerás «Bitcoin nos permite pasar de la propiedad dependiente de un tercero a convertirnos en propietarios absolutos de forma radical». Si puedes, dedica unos segundos a pensar en esta idea y a ordenar tus creencias al respecto, antes de leer las reflexiones apuntadas en el libro.

Porque ¿realmente entendemos qué es la propiedad? ¿Qué seguridad real tenemos sobre nuestro derecho al uso y disfrute de nuestros bienes y posesiones? Al respecto solía incidir mucho en una idea que te expongo y que resulta muy gráfica. Imagínate que mañana hay una revolución violenta en tu país. Hasta el extremo de que tu vida corre peligro y la mayor necesidad vital que tienes es huir lo antes posible. ¿Cuántos ahorros y cuánta riqueza podrías llevarse en una mochila? ¿Serviría de algo? Esa mochila, en esta situación extrema, sería propiedad del que mejor pudiera ejercer la violencia. Sin embargo, Bitcoin te concede la oportunidad única de llevarte, allá donde vayas, todos tus ahorros en tu cabeza; sólo necesitas acordarte de las palabras que respaldan los saldos en tus direcciones. Este nuevo paradigma sobre el concepto de propiedad lo explica muy bien el autor y me ha resultado particularmente interesante. Encontrarás muchos argumentos para sumarte a la idea de que Bitcoin inaugura también una nueva definición del concepto de propiedad, optimizándolo al extremo. Y probablemente sea ésta una de las características más reseñables y valoradas en la era del Bitcoinismo.

En todas las áreas que abarca Bitcoin podemos ver cómo ejerce como un ente etéreo que une y relaciona a unas con otras. Y que unas y otras se entienden mejor por la presencia de Bitcoin. De las cuestiones políticas o históricas ayuda mucho conocer qué son los acuerdos de Bretton Woods de 1944 y preguntarnos si sigue vigente el orden económico y financiero establecido por los vencedores de la Segunda Guerra Mundial. ¿Qué consecuencias ha tenido la «decisión temporal» adoptada por Richard Nixon en 1971 para «proteger la posición del dólar estadounidense como pilar de la estabilidad monetaria en todo el mundo?». Una decisión política que inauguró una especie de experimento monetario global que no parece que vaya a acabar bien. Y mucho me temo que lo veremos. Los prolíficos datos y sucesos históricos aportados por el autor refuerzan mis peores temores. Y ahora los tienes a tu disposición, para que puedas forjar tu propia opinión.

Años después del inicio de mi viaje ya estaba atrapado por las cuestiones filosóficas, al extremo de que me sorprendí a mí mismo dando alguna charla sobre organizaciones descentralizadas. Y Bitcoin era ese ente etéreo que ejercía como un magnífico ejemplo, casi perfecto, si atendemos a los cinco pilares de las organizaciones descentralizadas enumeradas por Ori Brafman y Rod Beckstrom. El primero de estos principios hace referencia a la figura del «catalizador», es decir, aquel que pone «la fiesta en marcha». Y la figura de Satoshi Nakamoto es un ejemplo irreplicable. A veces no somos conscientes del inmenso regalo que nos hizo el padre de Bitcoin. Bien podría haber patentado su invento y haber ganado una ingente cantidad de dinero fiat. Y sin embargo, lo registró bajo una de las licencias más permisivas del mundo del software libre. Este hecho ha posibilitado, entre otras cosas, la aparición de una nueva industria y numerosas propuestas que de ninguna manera hubieran surgido sin la generosidad de Satoshi. Y que «kármico» es este ecosistema. A Nakamoto se le atribuyen entre setecientos mil y un millón de bitcoins. Y no ha tocado uno solo de ellos. También su desaparición del ecosistema es muy significativa y refuerza su figura como catalizador. Un hecho que sin duda ha contribuido al desarrollo de Bitcoin como organización descentralizada. Bitcoin no depende de nadie. Ni siquiera de su creador. Satoshi se fue cuando «la fiesta ya estaba en marcha», sin necesidad de dar mayores explicaciones sobre su comportamiento.

Pero hay algo evidente a día de hoy y siempre creo que es necesario recordarlo. Satoshi Nakamoto, con Bitcoin, logró resolver un problema que parecía irresoluble en el mundo de la informática, ya que existía desde sus comienzos. El problema del doble gasto. Y aunque sólo fuera por eso, ya deberíamos darnos cuenta de que hablamos de algo disruptivo. Cuando aprendes de la historia y orígenes de Bitcoin, descubres que no hubiera sido posible sin los descubrimientos y aportaciones de gente muy brillante en los últimos cincuenta años. Y ése fue el gran mérito y genialidad de Satoshi Nakamoto, coger todos los elementos que ahí estaban para combinarlos de forma mágica y elegante para alumbrar Bitcoin. Con una arquitectura distribuida y una filosofía descentralizada. Por eso —y aunque parezca exagerado mi entusiasmo— creo que Satoshi Nakamoto ha logrado trascender su condición humana para transformarse en mito y figura inspiradora. Y soy de los que desean que su anonimato se mantenga en el tiempo. No en vano, el anonimato siempre es la primera línea de defensa. Y además, ¿qué motivación tendría una persona, que ha trascendido su condición humana para convertirse en mito, en volver a su condición humana? Así que aprovecho la oportunidad que me brinda el autor con este prólogo para manifestar mi reconocimiento y admiración por la figura del catalizador.

En este libro encontrarás otra reflexión planteada por Adrián Bernabéu que personalmente me ha resultado muy original. Aunque reconozco que, si en mis primeros días en Bitcoin alguien la hubiera señalado, poco menos que hubiera esbozado una sonrisa de incredulidad. Pero a estas alturas de mi viaje le veo un sentido que antes hubiera sido incapaz de ver. «¿Y si realmente Bitcoin fuera un nuevo ser vivo digital?» se pregunta el autor. ¿Podríamos considerarlo «un ser vivo simbiótico»? Los distintos argumentos expuestos, la sucesión de opiniones y las comparaciones realizadas con el funcionamiento de lo que la biología señala como seres vivos me han parecido francamente interesantes. Cuando menos, es una opinión provocativa, de esas que te hacen pensar.

Quizás sea por este tipo de cosas por lo que, ahora, cuando alguien me pregunta qué es Bitcoin, soy incapaz de mostrar la elocuencia de mis primeros años. Entonces, mi discurso fluido y apasionado giraba en torno a un nuevo sistema monetario global y me hacía fuerte en sus características como buen dinero. Ahora, la verdad, no sé muy bien qué destacar de Bitcoin para tratar de llamar la atención de mi interlocutor. Así que trato de adivinar cuál de todas las áreas donde actúa Bitcoin le podría interesar más. Y empezar por ahí. En cualquier caso siempre tengo una frase preparada si dispongo de poco tiempo y he de ser lo más conciso posible. Bitcoin es la revolución más creativa e incruenta de la historia de la humanidad.

Y aunque pueda resultar un tanto pretenciosa, también cumple con otra función importante. Porque otra cosa que he aprendido en estos años es que no merece la pena perder tiempo con alguien que no posea ese interés ni esa curiosidad, características tan recurrentes en este texto. A estas alturas de mi viaje, tengo ya muy acreditado aquello de que los esfuerzos vanos conducen a la melancolía. Y no es buena idea tratar de convencer a nadie de las bondades de Bitcoin. Porque es un descubrimiento personal. Pero si posee estas dos características, encontrará una comunidad muy abierta y participativa y a muchas personas dispuestas a ayudarle en su camino. Sólo hay que saber encontrarlas, y el ejemplo dado y el valor aportado son excelentes pistas. Esa otra cosa maravillosa de Bitcoin que me congratulo mucho de haber encontrado, la magnífica comunidad de *bitcoiners* que existen en todo el mundo. ¡Y de la que tanto he aprendido!

Y en recuerdo a todos ellos y para finalizar este prólogo, me gustaría recurrir al último de los pilares de las organizaciones descentralizadas a las que hacía mención con anterioridad. Me refiero a la figura de los «adalides», todas esas personas que se enteran de que hay «una fiesta» y se suman entusiasmados, cumpliendo diferentes roles. Así es como se nutren de talento y usuarios las organizaciones descentralizadas. Y tenemos una larga lista en la historia de Bitcoin. A muchas de estas personas las he citado como ejemplo en mis charlas y, entre sus fotos, figuraba también una silueta en negro, con el siguiente texto: «¿Y tú?».

¿Y por qué no vas a convertirte en adalid de Bitcoin si lo deseas? No tienes que pedir permiso a nadie y tu ejemplo y contribución irá más allá de los satoshis que poseas o el año en el que te convertiste en *bitcoiner*. Aunque este libro sea tu primera aproximación a este ecosistema, piensa que no estás a más de unos pocos años de las personas más conocidas e influyentes en este ecosistema. Y que tú, como yo, somos contemporáneos al nacimiento de Bitcoin y a sus primeros años de desarrollo. Pero tendrán que transcurrir algunos más para que valoremos en su justa medida este afortunado hecho objetivo. Y si para entonces eres ya un activista veterano, reconocerás con inmensa satisfacción que, en su momento, fuiste capaz de adoptar una decisión personal, que de una forma u otra te cambió la vida. Y lo hiciste guiado por tu interés y curiosidad.

Íñigo Molero
Consultor en comunicación

Introducción

Imagina que en el futuro los avances tecnológicos y el conocimiento adquirido durante siglos por toda la humanidad nos permitieran descubrir, por fin, los elementos que faltaban para poder inventar lo más escaso, limitado y valioso que la historia haya conocido. Y que además, esta forma de riqueza que almacena energía ultravaliosa sea inconfiscable e incensurable si conoces el paso a paso exacto para conseguirlo a través de una correcta autocustodia. Imagina que esta riqueza secreta fuese accesible por cualquier persona, desde cualquier parte del mundo, para acabar con la distorsión económica, la intervención monetaria y el empobrecimiento sistemático de personas como tú y como yo. Todo esto de una manera silenciosa pero evidente, sin que la mayoría sea ni mínimamente consciente de la causa original. Parece utópico, pero es una realidad. Ese futuro ya ha comenzado con un nuevo movimiento histórico. Bienvenido a la era del Bitcoinismo.

Cada gran era de la humanidad ha estado marcada por un descubrimiento o invención que ha desencadenado cambios revolucionarios y transformadores para la sociedad, alterando por completo el curso de la historia.

En la prehistoria (2,5 millones de años a. C.), el descubrimiento del fuego y el dominio de la piedra tallada permitieron cocinar alimentos, desarrollar herramientas, y proporcionar calor y protección frente a los depredadores, facilitando así la vida en comunidad.

Durante la revolución cognitiva (40000 a. C.) el desarrollo del lenguaje y el pensamiento simbólico transformaron al *Homo sapiens* en el animal más poderoso de la tierra, permitiendo una comunicación más compleja, la cooperación en sociedad, y la transmisión de conocimiento entre generaciones.

La revolución agrícola (8000 a. C.) trajo consigo el desarrollo de la agricultura y la ganadería, proporcionando una fuente de alimento más estable, dando inicio al sedentarismo y la creación de las primeras aldeas con mayor complejidad social.

La Edad de los Metales (3000 a. C.), dio origen a la invención de la escritura y los sistemas de numeración que impulsaron el comercio y la interacción entre diferentes culturas.

Después, la Revolución Industrial (1760-1840), con la invención de la máquina de vapor y la mecanización de la producción, permitió la fabricación a gran escala y facilitó la economía de mercado, el ferrocarril, el telégrafo y otras tecnologías transformadoras.

Recientemente, en la era digital y de la información, que comenzó alrededor de 1940, la invención de las computadoras e internet revolucionaron la comunicación, facilitando el acceso a la información y la globalización, y permitiendo la conexión en tiempo real con personas de todo el mundo.

Hasta que, en 2008, la invención de un nuevo elemento disruptivo llamado Bitcoin, y con éste, el descubrimiento de la escasez absoluta inexistente hasta el momento, que además nos permite trasladar valor no sólo en el espacio, sino en períodos largos de tiempo. Durante toda la historia de la humanidad, hemos luchado por proteger el valor, la riqueza y la propiedad privada. Hemos tratado de diferenciar lo común de lo privado y conservar lo mejor posible nuestra riqueza a lo largo del tiempo, sin que se deteriore, sin que se diluya su valor, sin que nos sea arrebatado, expropiado o confiscado, ya sea por vecinos, por extraños o por una institución como el Estado —con el monopolio de la violencia—. Si te paras a pensar, todo lo que crees que tienes o posees te puede ser arrebatado y así ha sido siempre a lo largo de la historia, hasta la aparición de Bitcoin.

Bitcoin es la primera «cosa» en la historia de la humanidad que si se custodia correctamente es inconfiscable e incensurable, incluso hasta para el gobierno más poderoso del planeta. Porque además, Bitcoin se encuentra en un dominio fuera de la jurisdicción de cualquier ente de poder, donde éstos no tienen soberanía ni autoridad: el ciberespacio. Este hecho lo cambia todo y marca una línea naranja en la historia, un antes y un después, una nueva era que ha sido bautizada como Bitcoinismo.

Cada página de este libro te preparará para esta nueva era. No pretende ser una guía técnica sobre el funcionamiento interno de Bitcoin, sino un acompañamiento para alcanzar la comprensión global de su impacto en la historia y en nuestras vidas a partir de ahora. Inevitablemente, exploraremos algunos aspectos técnicos de manera sencilla, pero todo el interés que pueda haber en un inicio por sus detalles técnicos terminará siendo eclipsado con los años por sus utilidades, sus implicaciones sociales y principalmente por el cambio histórico que supone para la humanidad.

A lo largo del libro, también podrás encontrar respuesta a diferentes preguntas que probablemente te hayas cuestionado en algún momento como: ¿Qué es Bitcoin? ¿Por qué Bitcoin es tan volátil? ¿Realmente Bitcoin contamina y afecta al medio ambiente? ¿Pueden los Estados detenerlo o controlarlo? ¿Qué pasa si surge una criptomoneda con tecnología más avanzada y supera la de Bitcoin? ¿Es la tecnología *blockchain* lo que realmente tiene valor y Bitcoin es sólo una de sus aplicaciones? ¿Cómo afectarán a Bitcoin los avances de la computación cuántica? ¿Es Bitcoin una burbuja especulativa, una estafa piramidal o un esquema Ponzi? ¿Hay bitcoins suficientes para todos con sólo 21 millones? ¿Has llegado tarde para invertir? ¿Necesitas conocimientos sobre inversión o tecnología para entender Bitcoin? ¿Cómo puedes evitar estafas, *hacks* o robos? ¿Hasta qué punto Bitcoin no tiene valor porque no hay nada que lo respalde? ¿Cómo se determina su valor? ¿Qué usos reales o utilidades prácticas tiene? ¿Es sólo un activo especulativo?

Descubrirás que Bitcoin es mucho más que una monedita digital y por qué Bitcoin no es una inversión para que te hagas millonario en dos días. En cambio, encontrarás el camino para evitar la pobreza generacional, proteger la riqueza que produces y defenderte tanto a ti como a tu familia o amigos cercanos ante la tormenta sistémica, a través del refugio en el que salvaguardar tu futuro y votar sin urnas políticas por la libertad.

> Es el pueblo quien se esclaviza, quien corta su propia garganta, quien, con sus propias manos, destroza su libertad; es el pueblo quien, pudiendo elegir entre ser siervo o ser libre, abandona su franqueza y toma el yugo, consiente su daño y sigue a quienes lo hacen mal. [...] Si valoráramos la libertad tanto como valoramos la vida, la lucharíamos a cualquier precio. [...] Resuélvanse a no servir más, y serán libres.
>
> ÉTIENNE DE LA BOÉTIE (1576)[1]

Ahora mismo, estás a punto de acceder a un nuevo mundo. Pasa a la siguiente página para seguir los pasos del conejo blanco, pero antes, abre bien los ojos, la mente, y deja el ego a un lado. No lo olvides.

1. De La Boétie, Étienne, *Discurso de la servidumbre voluntaria*, Akal, Madrid, 2022.

Nadie ha encontrado el fondo de la madriguera de conejo de Bitcoin.[2]

JAMESON LOPP (2018)

Fuente: Autor: Alejandra Mayté Ibáñez González. Dueño de la obra: Carlos Francisco González Flores. Elaborada para el colectivo de arte Cryptypasta 2023.

2. Lopp, Jameson [@lopp], Twitter (X), 11 de noviembre de 2018, <https://x.com/lopp/status/1061415918616698881>.

1

El elefante naranja

Te explicaré por qué estás aquí. Estás porque sabes algo, aunque lo que sabes no lo puedes explicar, pero lo percibes, ha sido así durante toda tu vida, algo no funciona en el mundo, no sabes lo que es, pero ahí está, como una astilla clavada en tu mente y te está enloqueciendo, esa sensación te ha traído hasta mí. ¿Sabes de lo que te estoy hablando? ¿Te gustaría realmente saber lo que es? Está por todas partes, incluso ahora en esta misma habitación, puedes verlo si miras por la ventana o al encender la televisión, puedes sentirlo cuando vas a trabajar, cuando vas a la iglesia, cuando pagas tus impuestos. Es el mundo que ha sido puesto ante tus ojos para ocultarte la verdad.

¿Qué verdad? Que eres un esclavo. Igual que los demás, naciste en cautiverio, naciste en una prisión que no puedes ni saborear, ni oler, ni tocar, una prisión para tu mente. Por desgracia, no se puede explicar lo que es. Has de verla con tus propios ojos. Ésta es tu última oportunidad, después ya no podrás echarte atrás, si tomas la pastilla azul, fin de la historia, despertarás en tu cama y creerás lo que quieras creerte. Si tomas la *naranja*, te quedarás en el país de las Maravillas y yo te enseñaré hasta dónde llega la madriguera del conejo. Recuerda, lo único que te ofrezco es la verdad. Nada más.

MORFEO, *Matrix* (1999)

Para entender la solución que nos ofrece Bitcoin y comprender la magnitud de la era Bitcoinismo primero debemos entender el descomunal problema que arrastramos desde hace más de un siglo y que cada año hace aumentar la agonía. Como dice Ray Dalio —multimillonario, filántropo y codirector de inversiones del mayor fondo de cobertura del mundo, Bridgewater Associates (desde 1985)—, en el principio número 2 de su libro *Principios*: «Para conocer el futuro debemos conocer el pasado».[3]

Si nuestro sistema económico fuera una persona, y siguiendo la analogía de Milton Friedman (economista, ganador del premio Nobel de Economía de 1976), hemos estado dándole dosis de sustancias eufóricas que lo mantienen a tope, a máximo rendimiento, y siempre que han llegado las resacas lo hemos tratado de solucionar con dosis más fuertes, que como resultado empeoran la situación y postergan el trágico final.

Estamos en un punto en que esas dosis extraduras ya no son suficientes y nos encontramos en la unidad de cuidados intensivos del hospital, totalmente enchufados a distintos tipos de soluciones parche y temporales que sólo alargan la agonía.

Nos encontramos ante una inminente destrucción creativa,[4] a veces denominada «vendaval de Schumpeter», que fue así bautizada por el economista austriaco Joseph Schumpeter.

Espero que no te suceda como a la gran mayoría de las personas a las que cuando les hablas de los problemas más sistémicos relacionados con la política, la economía o la sociedad tienen la sensación de que es algo que no va con ellos. Por algún motivo, esas personas se sienten desplazadas de estos problemas o son tan ingenuas que piensan que no las afectarán, cuando lo cierto

---

3. Dalio, Ray, *Principios*, Paidós, Barcelona, 2023.
4. «Destrucción creativa», *Wikipedia*, <https://es.wikipedia.org/wiki/Des trucción_creativa>.

es que es a quienes más perjudican, pues no hacen nada para prepararse o protegerse.

> La indiferencia política —y económica— es una forma nada sofisticada de suicidio.
>
> MARIO CONDE (2024)[5]

Si crees que eso también te pasa a ti, ha llegado el momento de cambiarlo y darte cuenta de que barriendo bajo la alfombra no se acabarán los problemas y mucho menos vas a poder mejorar tu situación, sea cual sea.

Para facilitar la comprensión sobre el conflicto en el que estamos inmersos, vamos a hacer un repaso general con perspectiva de águila sobre los diferentes retos y problemáticas a superar. Cada problema tiene un nombre característico que lo identifica, y al conjunto de dichos nombres lo hemos denominado «el elefante naranja de siete patas». Del mismo modo que un elefante gigante naranja fosforito en medio de una habitación sería imposible de pasar por alto, los desafíos sistémicos que enfrentamos son igual de obvios, detectables a simple vista, y cada vez más irrefutables. Es hora de mirar de frente al elefante naranja de siete patas.

Veamos los siete principales factores que están fracturando el sistema:

1. El rey de reyes

Los cambios de era siempre han estado muy condicionados por la supremacía de un imperio o nación. La inestabilidad internacional en una anarquía geopolítica es una constante. El cambio de viejas por nuevas potencias hegemónicas ha sido un hilo conductor en la historia de las civilizaciones.

---

5. «Los secretos más oscuros de la élite al fin revelados. Mario Conde», Inversión racional [pódcast], Inversión Racional, 23 de abril de 2024.

Ray Dalio escribió otra obra magnífica titulada *Principios para enfrentarse al nuevo orden mundial. Por qué triunfan y fracasan los países*.[6] En el libro, Dalio detalla cuáles son las señales que nos muestran el cambio de orden mundial y, según sostiene el autor, la historia se repite en un gran ciclo arquetípico: «Todos los nuevos imperios han vivido una fase de liderazgo, crecimiento pacífico y prosperidad; una pérdida de competitividad y productividad, con una crisis fruto de la sobreexpansión; y un período de declive, en la forma de pérdida de poder financiero, conflictos internos y guerras o revoluciones. Todas estas "señales", que podemos identificar también hoy, preludian la consagración de la nueva potencia mundial, reiniciándose de nuevo el "Gran Ciclo"».[7]

Por otro lado, Ramón Menéndez Pidal, lo veía desde otra perspectiva cuando afirmaba que «no es la historia la que se repite, lo son los hombres que la realizan».

Estas señales posicionan ante las puertas de un cambio de poderes mundial del que no se salva nadie. En los momentos de cambio aumentan las tensiones, también las guerras geopolíticas y sociales.

En resumen, el mundo está cambiando de reyes. Quienes más poder sostienen perderán tal poder para ser sustituidos por nuevos líderes, generando enfrentamiento en su transición.

2. Rompiendo la baraja

Las tensiones sociales, políticas y económicas sostenidas en el tiempo y las consecuencias de todos estos problemas causan una ruptura del contrato social establecido, lo que ocasiona una degradación de la sociedad en la que se diluyen las ideas establecidas y se pierden algunas tradiciones o costumbres.

6. Dalio, Ray, *Principios para enfrentarse al nuevo orden mundial. Por qué triunfan y fracasan los países*, Deusto, Barcelona, 2022.

7. «Principios para enfrentarse al nuevo orden mundial, por Ray Dalio» [vídeo], YouTube, 6 de julio de 2022, <https://www.youtube.com/watch?v=R34NjxDnhi4>.

Las culturas y los hábitos cada vez son menos puros, las fronteras son más difusas y se intensifica el *sincretismo cultural*. Esta expresión describe el proceso por el cual elementos de diferentes culturas se combinan y crean nuevas prácticas, creencias o tradiciones. Es un fenómeno común en sociedades en las que coexisten múltiples mentalidades, especialmente en contextos de migración, colonización o globalización, donde las influencias culturales se entrelazan y enriquecen mutuamente.

Este hecho no tiene por qué ser negativo, pero sí es un cambio sustancial que debilita el consenso durante el proceso de cambio y polariza a la población, creando nuevos bandos con nuevos enemigos y mayor conflicto.

3. Más bocas que manos

Entre los muchos bandos y nuevos enemigos polarizados existe un gran bando más general que está separado entre los que más riqueza producen y los que más consumen dicha producción. Estés en el bando que estés, te afectará de una forma u otra, y es probable que te interese especialmente si esperas cobrar una jubilación algún día.

La búsqueda del bienestar social ecuánime ha popularizado los sistemas colectivistas socialdemócratas amigos de lo ajeno, promovidos por las ayudas sociales, subsidios y planes de jubilación cada vez más precarios.

Pero para sostener el creciente gasto y la abusiva redistribución selectiva de la riqueza se requiere de mayor producción y generación de riqueza o de mayor sustracción de la riqueza producida a quienes la producen. El principal problema es que cada vez hay menos personas que producen en proporción a los que reciben lo producido.

Hay varios motivos que dan pie al empeoramiento de esta situación, pero uno de ellos es el problema demográfico, sobre todo en los países más desarrollados con sistemas estatales desmedidos.

Según un estudio de la OCDE (Organización para la Cooperación y el Desarrollo Económico): «Para 2060, habrá más de diez mil millones de personas en la Tierra, en comparación con los casi ocho mil millones actuales, y muchas de ellas vivirán más tiempo. Como resultado, el número de personas mayores por cada 100 personas en edad de trabajar casi se triplicará: de 20 en 1980 a 58 en 2060»[8] (gráfico 1.1).

¿Cómo crees que afectará este crecimiento de la población y aumento de la media de edad mundial?

Gráfico 1.1. Aumento de la población por edad y países

En muchos países, la relación entre la vejez y la edad laboral casi se duplicará en los próximos 40 años.

Ejemplo de alta proporción	En 2060, habrá 9 ancianos por cada 10 personas en edad de trabajar en Corea del Sur.
Ejemplo de baja proporción	En 2060, habrá 2 ancianos por cada 10 personas en edad de trabajar en Sudáfrica.

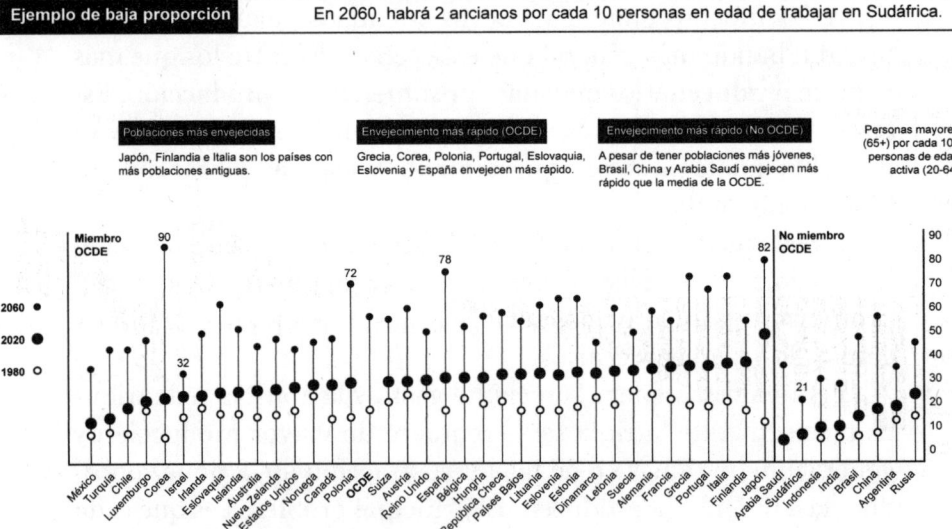

Fuente: Elaboración propia a partir de los datos de OCDE.

8. «World population prospects 2019: highlights», OCDE, junio de 2019, <https://population.un.org/wpp/Publications/Files/WPP2019_10KeyFind ings.pdf>.

Este hecho supone un problema gravísimo para la fuerza laboral de generación de riqueza, la cual se encuentra en declive absoluto a nivel mundial. El mismo estudio dice: «La población en edad de trabajar experimentará una disminución del 10 por ciento para 2060. Su caída más drástica será del 35 por ciento o más en Grecia, Japón, Corea, Letonia, Lituania y Polonia. En el otro extremo de la escala, aumentará más del 20 por ciento en Australia, México e Israel» (gráfico 1.2). El mayor aumento es en Israel, con un 67 por ciento por la alta tasa de fertilidad del país, comparable al *baby boom* de Estados Unidos tras la Segunda Guerra Mundial.

Gráfico 1.2. Población en edad de trabajo por países según la OCDE

La población en edad de trabajar disminuirá en un gran número de países de la OCDE.

Cambio de la población en edad de trabajar (20,64), 2020-2060.

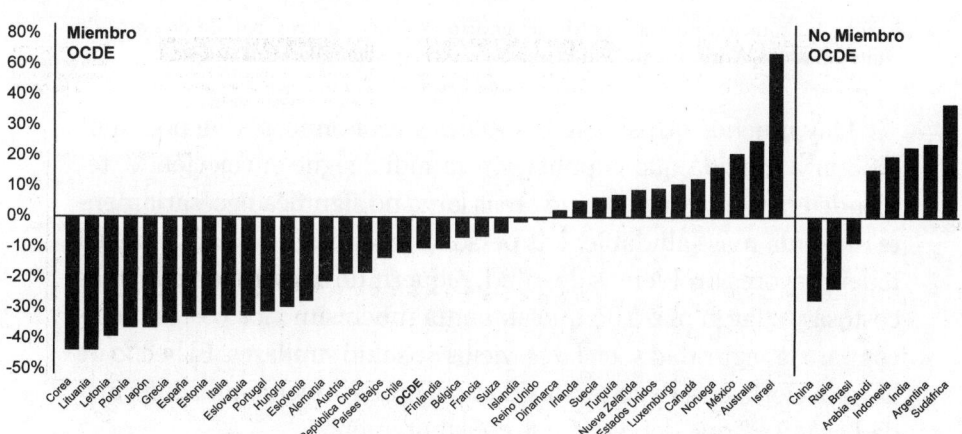

Fuente: Elaboración propia a partir del gráfico de Visual Capitalist basado en los datos de la OCDE.

De todos modos, la escasez de trabajadores es sólo uno de los impactos del envejecimiento de la población que ya se está resintiendo (gráfico 1.3).

Gráfico 1.3. El envejecimiento de la población mundial

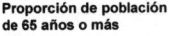

Proporción de población
de 65 años o más

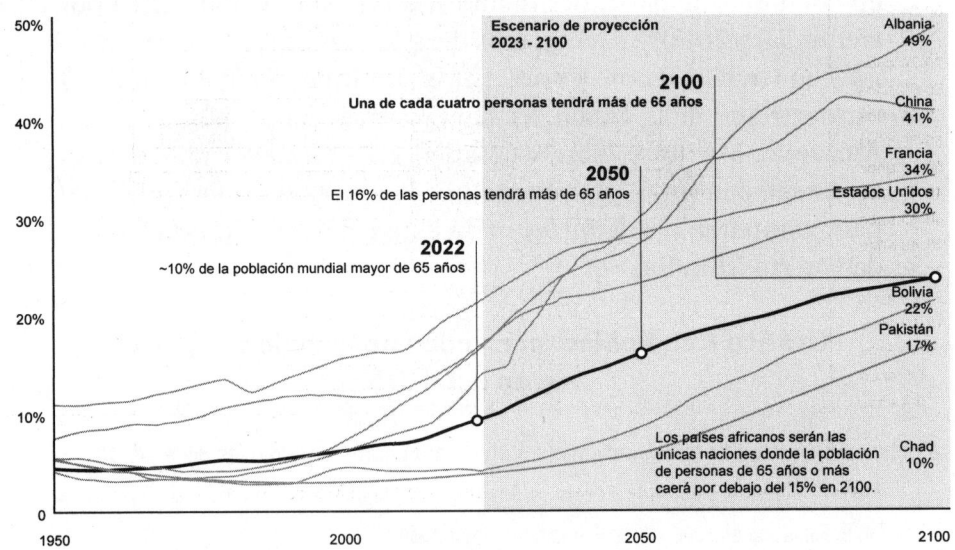

Fuente: Elaboración propia a partir del gráfico de Pablo Álvarez, basado en datos de United Nations World Population Prospects (2022) (vía OurWorldInData.org).

Hay muchos otros riesgos sociales y económicos[9] que podemos esperar a medida que la población mundial sigue envejeciendo, teniendo en cuenta que una vida más larga no significa necesariamente una vida más saludable. Las personas mayores de 65 años suelen tener mayores problemas de salud, requerir de mayor atención, más costosa y a largo plazo, lo que aumenta muchísimo los costes médicos para la seguridad social o servicios de salud similares. El hecho de llegar a cierta edad puede considerarse prácticamente una enfermedad crónica[10] que debe tratarse constantemente.

9. «For the economy to cope with an ageing population, we must identify new solutions — here's how», World Economic Forum, 16 de octubre de 2019, <https://www.weforum.org/agenda/2019/10/ageing-economics-population-health/>.

10. «Get the Facts on Healthy Aging», National Council on Aging, 20 de octubre de 2023, <https://www.ncoa.org/article/get-the-facts-on-healthy-aging>.

Gráfico 1.4. Pirámide de población en España

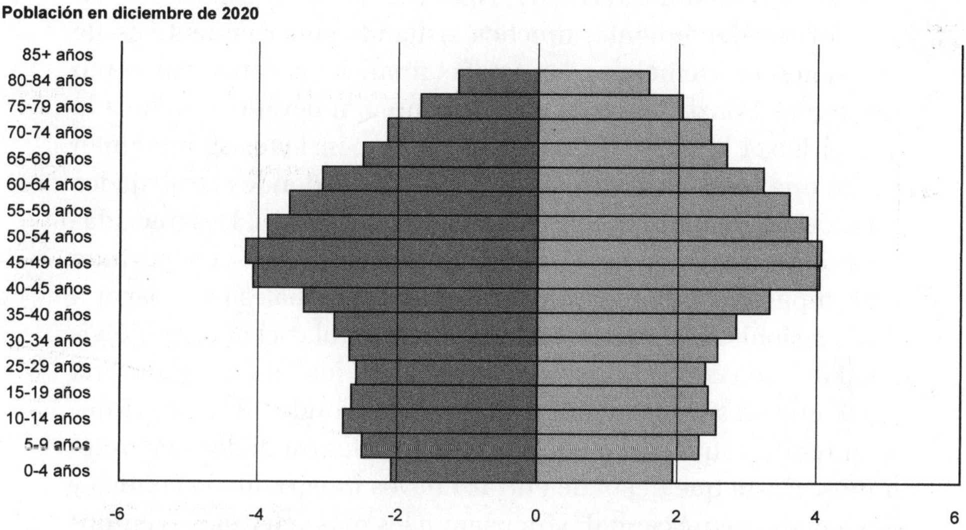

Población en diciembre de 2020

Fuente: Elaboración propia a partir de los datos de DatosMacro.org.

Por otro lado, los cambios tan drásticos de la fuerza laboral más capacitada (gráfico 1.4) pueden provocar que fluya el capital desde los países que más envejecen hacia los que menos, cambiando la distribución global del poder económico. Lo que acelera el proceso que hemos visto en el primer apartado de este mismo capítulo, «El rey de reyes».

Para finalizar, la OCDE asegura que «la presión sobre los sistemas de pensiones es quizás el signo más evidente de un drástico envejecimiento de la población. Aunque la edad promedio de jubilación está aumentando gradualmente en muchos países, la gente no está ahorrando lo suficiente para cubrir su mayor esperanza de vida, lo que resulta en un déficit estimado de 400 billones de dólares para 2050».[11] Luego veremos por qué razón aunque ahorren tampoco solucionarían la raíz del problema. Sin olvidar que la mayoría de los países del primer

11. Desjardins, Jeff, «The pension time bomb: $400 trillion by 2050», *Visual Capitalist*, 16 de abril de 2018, <https://www.visualcapitalist.com/pen sion-time-bomb-400-trillion-2050/>.

mundo tienden a hacer crecer el Estado con más funcionarios, lo que incrementa todavía más los costes estructurales.

Sorprendentemente, muchos sistemas gubernamentales de pensiones se asemejan a las estafas financieras conocidas como esquemas Ponzi,[12] pero en este caso no han llevado a nadie a la cárcel hasta la fecha. Estos sistemas de pensiones se imaginan como una bolsa de ahorro para la jubilación, donde el trabajador va destinando parte de sus ingresos para su futuro. Desgraciadamente no funciona así, el sistema de pensiones está soportado por impuestos cobrados a los trabajadores actuales para pagar a los pensionistas actuales, en lugar de acumular el ahorro individual de cada contribuidor a lo largo de la vida laboral. Funciona igual que un sistema de estafas piramidal donde los nuevos integrantes del esquema son quienes pagan a los estafados más veteranos. Hasta que dejan de entrar nuevos integrantes estafados y no hay suficiente capital para pagar a los más veteranos —entonces es cuando explota y todos pierden su dinero (gráfico 1.5).

Este sistema tuvo su origen en el Imperio alemán de 1871 por Otto von Bismarck, conocido como «el Canciller de Hierro» y reconocido por establecer el primer sistema de seguridad social en el mundo moderno. Bismarck esperaba que los ciudadanos se volvieran más leales al Estado alemán y lo confesó abiertamente cuando dijo: «Un hombre que ha recibido una pensión o subvención del gobierno se ha convertido en un sirviente del Estado».

Una vez que has destapado el funcionamiento del esquema, incluye un factor adicional determinante; cada vez hay menos cantidad de nuevos contribuyentes y los veteranos son más longevos y cobran durante más tiempo.

En resumen, aumentan las cigarras y disminuyen las hormigas trabajadoras. Por ello, visto de otro modo en la edad de jubilación, no son las cigarras las que tienen «enfermedad crónica». Son las hormigas sometidas a la «presión sobre los sistemas de pensiones».

¿Cómo crees que se puede soportar esta estructura a largo plazo?

---

12. Un esquema Ponzi es una estafa piramidal que paga a los primeros inversores con el dinero de los nuevos, creando la ilusión de un negocio legítimo mientras depende de la continua entrada de fondos frescos para sostenerse.

Gráfico 1.5. Longevidad y población activa trabajadora

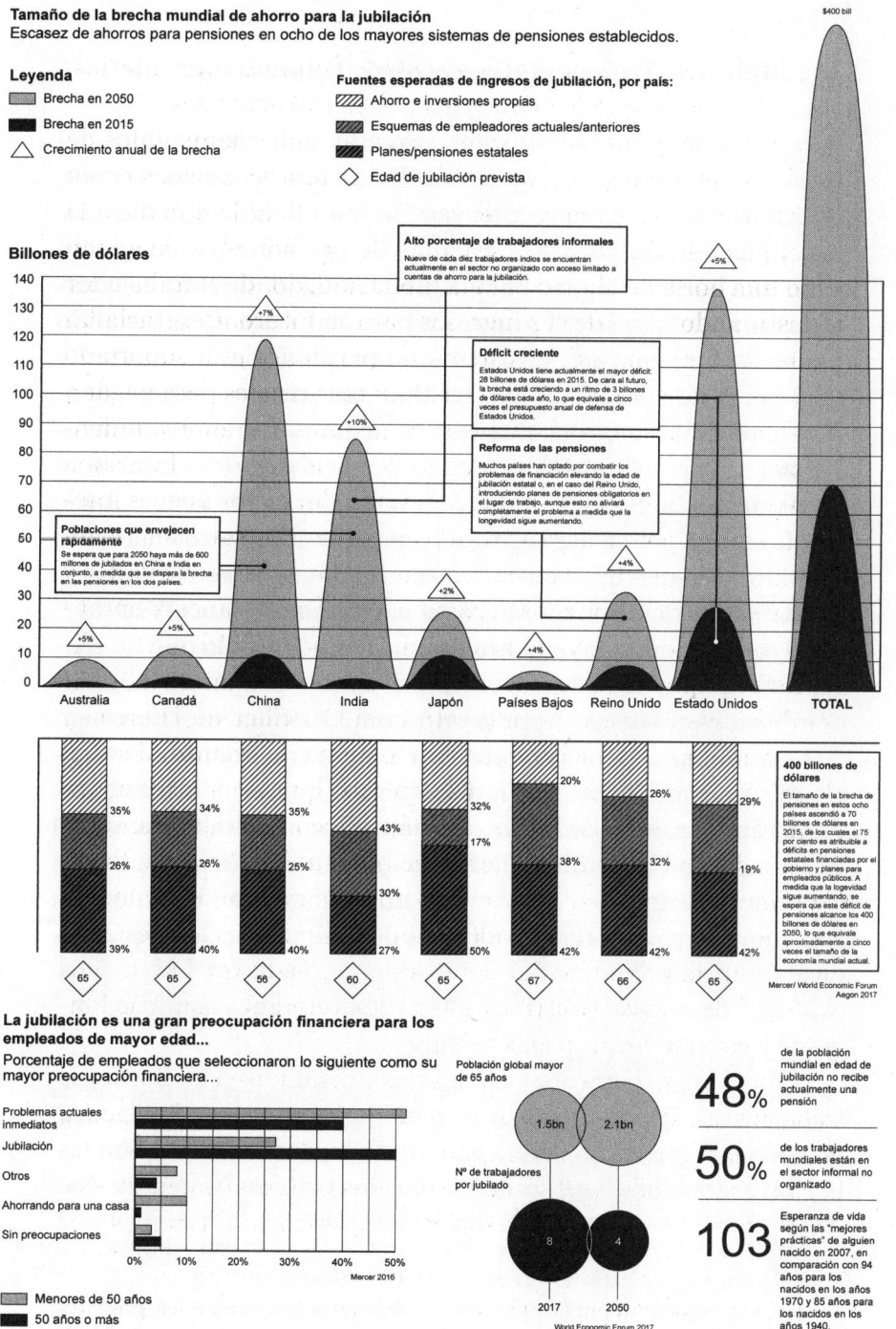

Tamaño de la brecha mundial de ahorro para la jubilación
Escasez de ahorros para pensiones en ocho de los mayores sistemas de pensiones establecidos.

Leyenda
- Brecha en 2050
- Brecha en 2015
- Crecimiento anual de la brecha

Fuentes esperadas de ingresos de jubilación, por país:
- Ahorro e inversiones propias
- Esquemas de empleadores actuales/anteriores
- Planes/pensiones estatales
- Edad de jubilación prevista

Billones de dólares

Alto porcentaje de trabajadores informales
Nueve de cada diez trabajadores indios se encuentran actualmente en el sector no organizado con acceso limitado a cuentas de ahorro para la jubilación.

Déficit creciente
Estados Unidos tiene actualmente el mayor déficit: 28 billones de dólares en 2015. De cara al futuro, la brecha está creciendo a un ritmo de 3 billones de dólares cada año, lo que equivale a cinco veces el presupuesto anual de defensa de Estados Unidos.

Reforma de las pensiones
Muchos países han optado por combatir los problemas de financiación elevando la edad de jubilación estatal o, en el caso del Reino Unido, introduciendo planes de pensiones obligatorios en el lugar de trabajo, aunque esto no aliviará completamente el problema a medida que la longevidad sigue aumentando.

Poblaciones que envejecen rápidamente
Se espera que para 2050 haya más de 600 millones de jubilados en China e India en conjunto, a medida que se dispara la brecha en las pensiones en los dos países.

400 billones de dólares
El tamaño de la brecha de pensiones en estos ocho países ascendió a 70 billones de dólares en 2015, de los cuales el 75 por ciento es atribuible a déficits en pensiones estatales financiadas por el gobierno y planes para empleados públicos. A medida que la longevidad sigue aumentando, se espera que este déficit de pensiones alcance los 400 billones de dólares en 2050, lo que equivale aproximadamente a cinco veces el tamaño de la economía mundial actual.

Mercer/ World Economic Forum
Aegon 2017

La jubilación es una gran preocupación financiera para los empleados de mayor edad...
Porcentaje de empleados que seleccionaron lo siguiente como su mayor preocupación financiera...

- Problemas actuales inmediatos
- Jubilación
- Otros
- Ahorrando para una casa
- Sin preocupaciones

Mercer 2016

- Menores de 50 años
- 50 años o más

Población global mayor de 65 años

1.5bn   2.1bn

Nº de trabajadores por jubilado

8   4

2017   2050

World Economic Forum 2017

48% de la población mundial en edad de jubilación no recibe actualmente una pensión

50% de los trabajadores mundiales están en el sector informal no organizado

103 Esperanza de vida según las "mejores prácticas" de alguien nacido en 2007, en comparación con 94 años para los nacidos en los años 1970 y 85 años para los nacidos en los años 1940.

Fuente: Elaboración propia a partir del gráfico de Raconteur.

4. Bailando al borde del precipicio financiero

Para soportar el problema anteriormente mencionado, donde el Estado se convierte en un pozo sin fondo que consume recursos sin miramientos ni consecuencias, éste se ve obligado a aumentar sin límite su deuda insostenible. Generando un crecimiento exponencial del déficit como nueva normalidad, situándose constantemente al borde del impago y la quiebra. Siempre gastando por encima de sus posibilidades y de la generación de riqueza.

El endeudamiento público ha alcanzado niveles sin precedentes en muchos países del mundo. Según datos del Fondo Monetario Internacional (FMI), la deuda pública global[13] ascendió al 97,3 por ciento del PIB mundial en 2020, un incremento notable desde el 83,3 por ciento registrado en 2019. Este rápido aumento ha sido en parte impulsado por las medidas de estímulo fiscal implementadas en respuesta a la pandemia de la COVID-19.[14]

Técnicamente, no hay ningún país en el mundo que no tenga ninguna deuda. Algunos son más cautos con endeudamientos de entre el 10 y el 25 por ciento, como Estonia, Liechtenstein o Luxemburgo, pero también hay países totalmente sobreendeudados como Estados Unidos,[15] Japón,[16] Grecia, Líbano, Italia[17] o España con deudas de entre el 110 por ciento hasta el 300 por ciento con relación al PIB —téngase en cuenta que la deuda se acumula a lo largo del tiempo, no se genera en un solo año, sino que se va acumulando a través de déficits fiscales recurrentes[18] (gráfico 1.6).

13. US debt clock, <https://www.usdebtclock.org/world-debt-clock.html>.

14. Fiscal Monitor Database of Country Fiscal Measures in Response to the COVID-19 Pandemic, <https://www.imf.org/en/Topics/imf-and-covid19/Fiscal-Policies-Database-in-Response-to-COVID-19>.

15. Federal Debt: Total Public Debt as Percent of Gross Domestic Product, <https://www.fiscal.treasury.gov/reports-statements/>.

16. Central government debt, total (% of GDP) — Japan, <https://data.worldbank.org/indicator/GC.DOD.TOTL.GD.ZS?locations=JP>.

17. Italy Government Debt to GDP, <https://tradingeconomics.com/italy/government-debt-to-gdp>.

18. Conte, Niccolo, «Visualizing $97 trillion of global debt in 2023»,

Gráfico 1.6. Deuda mundial por países

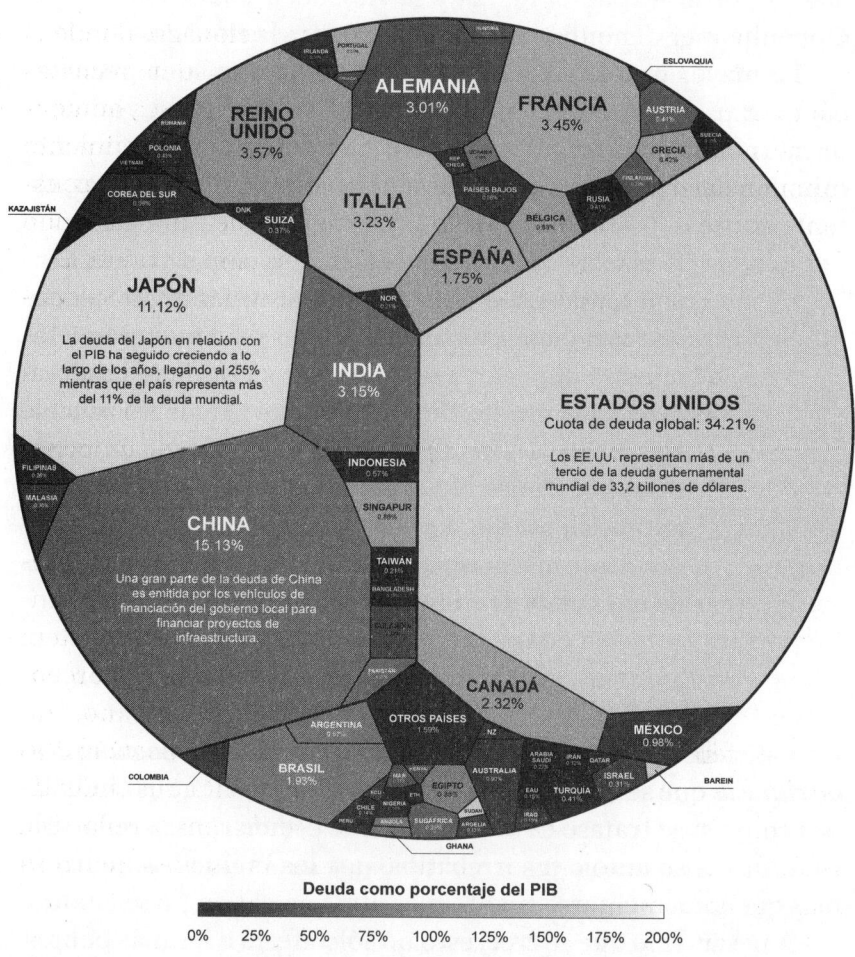

Fuente: Elaboración propia a partir del gráfico de Visual Capitalist en base a los datos de IMF.

El destacado sociólogo alemán Franz Oppenheimer señaló que existen dos vías mutuamente excluyentes para adquirir riqueza. Una, la vía de la producción y el intercambio voluntario, que llamó, la vía económica. La otra es más sencilla, porque no impli-

---

Visual Capitalist, 5 de diciembre de 2023, <https://www.visualcapitalist .com/97-trillion-of-global-debt-in-2023/>.

ca productividad, es la vía de incautación de bienes o servicios ajenos por el uso de la fuerza y la violencia. Ésta es la vía que Oppenheimer denominó la vía política para la riqueza.

La mayor problemática de este hecho no es sólo la parasitación por parte de unos en detrimento del resto, sino que además de mermar la producción de quienes sí producen, acaban por disminuir o destruir la fuente de abastecimiento para ambos grupos.

> El hombre masa, desconocedor de su propia historia, tiende a considerar al Estado más como una institución social que como una antisocial; y debido a esa fe irracional, se muestra dispuesto a proporcionar a los administradores del Estado una legitimidad absoluta para la bellaquería, la mentira y las manipulaciones [...]. El orden de intereses que defiende el Estado no es un orden social, sino antisocial; por eso, aquellos que lo administran, enjuiciados desde una perspectiva ética, resulten indistinguibles de una banda de criminales profesionales.
>
> ALBERT J. NOCK (1935)[19]

Este fenómeno convierte a las élites gobernantes en *vampiros de riqueza* que se obsesionan por extraer y expoliar a sus ciudadanos como si se tratase de vacas a las que ordeñar, para repartirlo o gastarlo a su antojo. Es irrebatible que los impuestos no hacen más que incrementarse cuanto más atrás en el tiempo se analiza.

A pesar de lo que se cree, esto no sólo afecta a los más pobres, perjudica sobre todo a la famosa clase media,[20] provocando un efecto de reducción de esta facción de la sociedad, también conocido como *squeezed middle class*[21] (gráfico 1.7).

19. Nock, Robert Jay, *Nuestro enemigo, el Estado*, Unión Editorial, Madrid, 2013.

20. «Reducción de la clase media», *Wikipedia*, <https://es.wikipedia.org/wiki/Reducción_de_la_clase_media>.

21. OECD, *Under Pressure: The Squeezed Middle Class*, OECD Publishing, París, <https://www.oecd-ilibrary.org/sites/689afed1-en/index.html?itemId=/content/publication/689afed1-en>.

Gráfico 1.7. Reducción de la clase media

La clase media cada vez más reducida...

% de población en hogares de ingresos medios por generación.

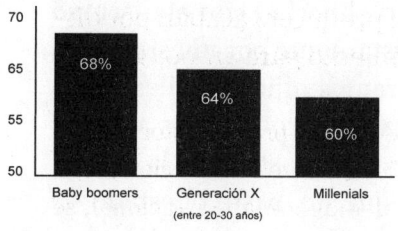

Los precios de la vivienda han aumentado mucho más rápido que los ingresos de la clase media...

Índice de evolución media de los precios reales de la vivienda y de la renta mediana de los hogares.

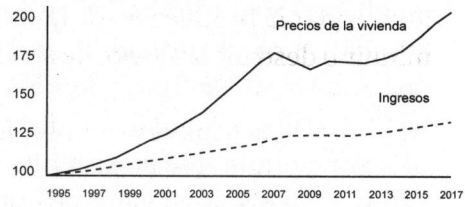

Empleos en riesgo de automatización...

1 de cada 6 empleos actuales de ingresos medios corren un alto riesgo de automatización.

Una proporción significativa son financieramente vulnerables...

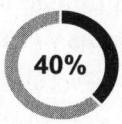

El 40% de los hogares de ingresos medios son financieramente vulnerables: o están en mora o no podrían absorber gastos inesperados o una caída repentina. en ingresos.

¿Cómo podemos ayudar a aliviar la presión?

Impuestos
- Reducir los impuestos efectivos sobre las ganancias.
- Ampliar la fiscalidad del capital y de las grandes herencias.

Alojamiento
- Construir viviendas más asequibles.
- Ayudar a los jóvenes a acumular riqueza.

Habilidades
- Modernizar la educación y formación profesional.
- Desarrollar el aprendizaje de adultos para mejorar las habilidades de los trabajadores (en particular, las habilidades digitales).

Fuente: Elaboración propia a partir de los datos de OCDE.

A medida que aumenta el número de personas que solicitan beneficios de pensión —y disminuye la cantidad de contribuyentes—, la carga fiscal para una fuerza laboral cada vez más limitada podría intensificarse, llevando potencialmente a pagar impuestos más altos de manera obligatoria.

El Estado adquiere mayor magnitud alimentándose en gran parte de la comida que produce el sector privado y robando deliberadamente a sus ciudadanos con argumentos lo más convincentes posible —que muchos incluso apoyan como si padeciesen el síndrome de Estocolmo—, y utiliza la magia de las palabras para generar trucos de ilusionismo.

Recurren a fórmulas lingüísticas muy *marketinianas* como «estado del bienestar». ¿Quién no quiere bienestar? Ésta es una trampa muy peligrosa, pues el Estado crea el problema y luego se presenta como la solución.

Cuando en realidad, a través de este viejo truco, nos hace dependientes y nos limita las opciones de libertad con el discurso del control y la seguridad. Todo supuestamente por nuestro bien, por nuestro «bienestar», como si fuéramos niños inútiles, débiles e indefensos y papá Estado tuviera que protegernos ante los peligros ciertamente inexistentes como el monstruo de la oscuridad que vive bajo la cama. Es obvio que no existe el estado de bienestar. Existe el bienestar del Estado.

A medida que los problemas se intensifican, parece que estamos dirigiéndonos hacia una economía cada vez más controlada y zombificada. Las personas y empresas asfixiadas buscarán más ayuditas del sector público, reforzando la percepción de que el Estado es la salvación, y parece obvio pensar que nos proporciona muchas ventajas, pero los monopolios nunca son beneficiosos y menos aun cuando los incentivos no están alineados.

El funcionamiento del sistema actual ha desarrollado una configuración donde los intereses de aquellos que se perpetúan en el poder normalmente no coinciden con los intereses de la ciudadanía. Ellos ganan cuando tú pierdes, y ganan aún más cuando tú ganas.

Perpetúan un saqueo a cara descubierta sin necesidad de amenazarte con un arma. Incluso, en algunas ocasiones, sí se llega al uso de armas o a la fuerza bruta, ya que sólo el Estado tiene el monopolio de la violencia y pueden ejercer dicha violencia contra nosotros en caso de creerlo conveniente. Este mismo acto es ilegal para el resto de la población, según la ley.

Por más que lo repitan, nosotros no somos el gobierno estatal. El gobierno lo forman los cargos políticos gubernamentales. Guardando las distancias, manteniendo el respeto y utilizando un ejemplo burdo pero impactante, si el razonamiento es que «todos formamos parte del Estado», los judíos asesinados por el gobierno alemán nazi —democráticamente elegido— podrían no haber sido asesinados, más bien se suicidaron porque eran parte del Estado.

Con esto no defiendo la violencia libre, al contrario. Trato de poner sobre la mesa el hecho empírico del poder desmesurado que supone disponer de barra libre para ejercer la violencia contra la población, teniendo el monopolio cedido voluntariamente por nuestra parte.

Hay una desalineación de intereses entre los ciudadanos y el poder político. Mientras los primeros «financian» la fiesta y son cada vez más dependientes, los segundos subsisten a base de estrangular a los primeros. Entre los ciudadanos —y eso es clave para el éxito de los políticos— hay quienes financian la fiesta y quienes se benefician de la extracción de riqueza que hacen los políticos y que, por tanto, votan a esos políticos, alineándose sus intereses para seguir con el expolio.

Milton Friedman lo explica de diferentes formas en varias de sus obras, de una forma muy evidente: Cuando uno compra algo para uno con su dinero, tiene mucho cuidado con lo que compra y tiene mucho cuidado con lo que paga. Cuando uno compra una cosa para uno con dinero de otro, tiene mucho cuidado con lo que compra, pero ya no tanto con lo que paga. Cuando uno compra una cosa para otro con dinero de uno, tiene mucho cuidado con lo que paga, pero ya no tanto con lo que compra. Finalmente, cuando uno compra una cosa para otro con dinero de otro, es raro, raro, pero que muy raro, que tenga cuidado con lo que compra y con lo que paga. Esto, precisamente esto, es lo que hacen todos los gobiernos representativos: los políticos con sus ciudadanos, los corporativos con sus accionistas, los gestores de fondos con sus partícipes, los presidentes del bloque o la urbanización con sus vecinos y así sucesivamente. Y ¿qué pasa con esos tipos raros, muy raros, que son cuidadosos con lo que compran y con lo que pagan cuando lo hacen para otros con dinero de otros? O los echan o se van porque nadie de alto vigor moral permanece allí donde la moralidad es nula.

> Todo el mundo quiere vivir a expensas del Estado, pero olvidan que el Estado vive a expensas de todo el mundo.
>
> FRÉDÉRIC BASTIAT

¿Sabes por qué aceptamos este tipo de gestión económica nefasta? A cambio de aparente seguridad.

5. Guardianes ciegos y sin el nuevo mapa

Los Estados han sido el estandarte de la protección para la población. A través de los ejércitos y las fuerzas del orden han dominado el monopolio de la violencia para controlar el servicio de la supuesta seguridad. A cambio de este tipo de servicios de seguridad te van imponiendo un tributo no pactado, como su propio nombre indica, ya que es obligatorio y decidido de forma unilateral.

En la historia antigua, podemos observar la transición de pequeñas comunidades y tribus a ciudades-Estado y luego a Estados territoriales más amplios. Un ejemplo temprano serían las ciudades-Estado de Mesopotamia entre los ríos Tigris y Éufrates, como Uruk y Ur o Babilonia (4000 y 3000 a. C.), que desarrollaron estructuras de gobierno para administrar tanto la seguridad como la economía y la justicia dentro de un área definida. Esta labor por parte del Estado sigue creciendo más que nunca en las jurisdicciones actuales.

En la era industrial este método proporcionaba estabilidad jurídica y garantía de seguridad para producir de manera homogénea y a gran escala en un espacio delimitado protegido. Así, el Estado puede sustraer lo que quiera a las empresas inmóviles a cambio de dicha seguridad. Desde entonces los impuestos no han hecho más que subir.

Desde la creación de internet y la era de la información, las grandes empresas ya no son fábricas, ahora son tecnológicas, por lo tanto, ya no necesitan seguridad física sobre las materias primas, sobre sus trabajadores en un lugar geográfico puntual o seguridad sobre atacantes exteriores. Simplemente, necesitan seguridad jurídica y el Estado no está capacitado para proporcionar seguridad en el ámbito del ciberespacio. En este ámbito, la potestad del Estado sufre, pues no tiene capacidad para proteger a los ciudadanos. En España, por ejemplo, más del 90 por ciento de los delitos informáticos no se resuelven y por si fuera poco, el Estado es incapaz de garantizar los datos personales privados y altamente sensibles que les proporcionamos —en muchas ocasiones de manera obligada—, lo que nos pone directamente en peligro de reiterados hackeos y filtraciones que suceden constantemente.

Ahora, el capital no sólo está fijo en fábricas, sobre todo es capital humano y capital portátil porque se sustenta en el ámbito digital. Las compañías más grandes del mundo como Apple, Microsoft, Alphabet (Google), Amazon, Berkshire Hathaway, Meta, y muchas otras, necesitan seguridad jurídica y garantías en otro tipo de ámbitos, como los fiscales o tributarios que son costes que las empresas tienen la capacidad de reducir trasladándose fácilmente a otras jurisdicciones. ¿Cómo se justifican entonces unos costes impositivos tan altos, si no son capaces de proporcionar la seguridad que prometen? Nos dedicaremos a esta cuestión con detenimiento en capítulos posteriores.

6. Ya no creemos en Santa Claus

> Es evidente la crisis de confianza creciente en las instituciones tradicionales como la banca, el gobierno, los medios de comunicación y los organismos oficiales de educación.
>
> Cuando los gobiernos temen a la gente, hay libertad. Cuando la gente teme al gobierno, hay tiranía.
>
> THOMAS JEFFERSON

Cuando vemos a un político en televisión, cada vez nos cuesta más creer sus palabras y sus promesas. Con tal de mantener el poder, los políticos mienten con descaro y sin preocuparse por las consecuencias —inexistentes— que generan incentivos perversos en nuestros gobernantes, lo que provoca resignación y desinterés de la población hacia la política.

Cuando usamos un banco, en la mayoría de las ocasiones lo hacemos por obligación al domiciliar pagos o contratar una hipoteca, y vemos con desconfianza las propuestas que nos hace para intentar vendernos el siguiente producto financiero de turno.

Cuando escuchamos las noticias, podemos percibir los sesgos políticos y las inclinaciones ideológicas que colorean la información y que tratan de contagiar a los espectadores, llegando a incidir más en estas ideas que en tratar de ser neutrales al comunicar la actualidad objetiva.

> Nuestra libertad depende de la libertad de prensa, y ella no puede limitarse sin perderla.
>
> THOMAS JEFFERSON[22]

Los medios de comunicación están siendo eclipsados por las redes sociales y vivimos una oleada de *fake news*, infoxicación (intoxicación de información) y duda constante ante la veracidad de lo que vemos con el vertiginoso crecimiento de la inteligencia artificial.

Por otro lado, sucede algo muy similar en la educación oficial, pues todo debe estar establecido por unos criterios políticos que determinan lo que está bien y lo que está mal según la ideología que gobierna, impregnando sus ideas en la enseñanza básica y también en la más avanzada de las universidades.

> Si una nación espera ser ignorante y libre, en estado de civilización, espera lo que nunca fue y nunca será. Los funcionarios de todo gobierno propenden a ordenar a voluntad sobre la libertad y la propiedad de sus constituyentes. No hay seguridad de ambas que no sea el mismo

22. «From Thomas Jefferson to James Currie, 28 January 1786» *Founders Online*, National Archives, <https://founders.archives.gov/documents/Jefferson/01-09-02-0209>. [En: P. Boyd, Julian (ed.), *The Papers of Thomas Jefferson*, vol. 9, *1 November 1785—22 June 1786*, Princeton University Press, pp. 239-240, Estados Unidos, 1954.]

pueblo, ni podrán estar seguras sin información. Donde la prensa sea libre, y todo hombre capaz de leer, todo estará seguro.

THOMAS JEFFERSON[23]

Centrándonos en la parte económica, esta falta de credibilidad y crisis de confianza se ha ido labrando en todos los rincones del mundo, a raíz de las atrocidades que ha ido causando la combinación demoníaca entre el Estado y la banca. El dúo que ha utilizado el dinero y el sistema financiero como una herramienta de control, como unos grilletes para esclavizar y mantener cautivos a los ciudadanos durante siglos. Probablemente, también lo esté haciendo ahora mismo contigo.

Para no extendernos demasiado y hacerlo más llevadero, simplemente recordaremos juntos algunos de los hitos más relevantes de la historia moderna, con el objetivo de no caer dos veces —o más— en la misma piedra.

¿Sabes qué sucedió en Argentina entre 1998 y 2001, en Ecuador en 1999, en Estados Unidos en 2008 y en España en 2017? Estos casos los veremos más en detalle y después encontrarás más de veinte casos adicionales ultrarresumidos, para que no creas que los anteriormente mencionados son excepcionales.

Miles de años cometiendo los mismos errores y no aprendemos

Una de las crisis económicas más conocidas de la historia sucedió en Argentina en diciembre de 2001, cuando el país latinoamericano implementó una serie de medidas económicas conocidas como el «corralito» mediante las cuales se restringió la

23. «Thomas Jefferson to Charles Yancey, 6 January 1816», *Founders Online,* National Archives, <https://founders.archives.gov/documents/Jefferson/03-09-02-0209>. [En: Looney J. Jefferson (ed.), *The Papers of Thomas Jefferson,* Retirement Series, vol. 9, *September 1815 to April 1816,* Princeton University Press, pp. 328-331, Estados Unidos, 2012.]

libre disposición de fondos bancarios, se congelaron las cuentas corrientes, los depósitos y las retiradas de efectivo. Es decir, las personas no podían acceder libremente a su propio dinero.

Antes de adentrarnos en los detalles sobre el corralito, déjame contarte un suceso posterior que no tanta gente conoce. Se trata de un evento muy interesante que ocurrió justo antes del colapso con los clubes del trueque y las cuasi monedas que crearon las propias provincias de forma espontánea para encontrar una salida viable a la insostenible situación que vivían.

Este acontecimiento localizado en Argentina es realmente interesante por las similitudes que existen con el proceso natural desde el trueque a la creación del dinero que hemos experimentado durante miles de años, de hecho, muchos de estos problemas están recogidos en la obra magistral de Robert L. Schuettinger y Eamonn F. Butler, *4.000 años de controles de precios y salarios*,[24] en la que se analizan los numerosos errores sobre políticas económicas y monetarias que han cometido la mayoría de las civilizaciones —incluida la nuestra—, y que se siguen repitiendo en bucle tras miles de años. A pesar de los numerosos ejemplos que brinda la historia durante siglos, muchos gobiernos y funcionarios públicos sostienen que estas medidas son efectivas para controlar la economía. En consecuencia, ponen en práctica políticas monetarias y fiscales que conducen a la inflación —empobreciendo a la población—, convencidos de que lo inevitable no sucederá. Así, cuando lo inevitable sucede, la política económica fracasa y las esperanzas se desvanecen. Los errores se multiplican y la confianza en los gobiernos que implementaron las medidas colapsa, lo cual termina empujando a la sociedad a situaciones verdaderamente indeseables.

En el caso de Argentina, se repitió este mismo episodio, de principio a fin. Además, este fenómeno de los clubes de trueque y las cuasi monedas es muy curioso porque supone un recorrido idéntico a la historia del dinero desde el principio de los tiempos, pero en este caso reducido a unos meses. Este incidente nos ayu-

24. Schuettinger, Robert L.; y Butler Eamonn F., *4.000 años de controles de precios y salarios*, Unión Editorial, Madrid, 2020.

da a entender cómo las necesidades monetarias humanas convergen en los mismos problemas y en las mismas soluciones, como un ciclo sin fin que Bitcoin puede terminar solventando. Sigue avanzando si quieres descubrir cómo lo logra solventar.

El ciclo de la marmota: del trueque al colapso financiero

Los clubes de trueque comenzaron a ganar popularidad en Argentina a mediados de la década de 1990, pero fue durante la crisis económica de finales de 2001 cuando su uso se disparó. Los participantes intercambiaban bienes y servicios utilizando «créditos» o «tickets de trueque», que funcionaban como una moneda alternativa inventada en una economía local y cerrada. Estos sistemas permitieron a las comunidades sostener un nivel básico de actividad económica pese a la escasez de dinero oficial.

Ante la crisis y la falta de liquidez, varias provincias argentinas emitieron sus propias «cuasi monedas» para poder pagar salarios y mantener en funcionamiento los servicios públicos. Estas cuasi monedas, aunque no eran de curso legal, fueron aceptadas para el pago de impuestos y servicios dentro de las provincias y, en muchos casos, también en el comercio local. Había de varios tipos dependiendo de la localización, como por ejemplo:

- **Patacones:** emitidos por la provincia de Buenos Aires en julio de 2001, los patacones eran bonos o títulos que funcionaban como una moneda alternativa. Estos bonos permitían al gobierno provincial pagar salarios y otros gastos sin recurrir al escaso efectivo.
- **Lecops (Letras de Cancelación de Obligaciones Provinciales):** fueron emitidos por varias provincias argentinas como una forma de moneda paralela para enfrentar la falta de efectivo. Estos instrumentos permitieron a las provincias continuar con sus operaciones y obligaciones financieras.

- **Lecor:** específico de la provincia de Córdoba.
- **Quebracho:** utilizado en la provincia del Chaco.

Las cuasi monedas se utilizaron para una amplia gama de transacciones, desde la compra de alimentos y bienes de primera necesidad hasta el pago de servicios. En muchos casos, los comercios y proveedores de servicios locales aceptaban estas cuasi monedas a la par del peso argentino —moneda oficial en Argentina—, aunque a veces con cierto grado de desconfianza o con descuentos.

La emisión de estas monedas alternativas tuvo un profundo impacto social, permitiendo a las comunidades mantener cierto nivel de actividad económica. Sin embargo, también generó confusión y problemas de aceptación, dado que dependía totalmente de la confianza entre los usuarios, además de otros factores que irás descubriendo a lo largo del libro.

Entre todas estas monedas alternativas que surgieron al mismo tiempo a nivel nacional, estaban el Federal en Entre Ríos y en Corrientes, el Cecacor. Tucumán y La Rioja tuvieron el Bocade; Mendoza, el Petrom; Misiones, el Cemis; Formosa, el Bocanfor y San Juan los Huarpes. En Chaco, estuvo el Quebracho; en Catamarca, el Bono Ley 4748...

Como ha sucedido numerosas veces en la historia de la humanidad, el dinero basado únicamente en la confianza no es suficiente para que una sociedad avanzada sobreviva y prospere. Es un error creer que el dinero está basado sólo en la confianza, una creencia, o un consenso social, se necesitan más ingredientes o, de lo contrario, siempre acaba colapsando.

La posibilidad de nueva creación sin límite de estos *tickets* y cuasi monedas, y la capacidad de manipular la contabilidad o incluso falsificar estos sustitutos del dinero, fueron los principales motivos de su derrumbe. Al final, se degradaron tanto que nadie los quería aceptar como pago, ni atesorarlos como ahorro. ¿Te resulta familiar esta dinámica económica? Si no es ahora, acabarás atando los cabos necesarios.

Además, hubo mucha presión por parte del gobierno nacional y organizaciones internacionales como el FMI para restablecer una economía más tradicional y unificada, lo que incentivó el abandono de las cuasi monedas y los sistemas de trueque.[25]

En resumen, siempre que se utiliza un tipo de dinero que no resiste a la ampliación excesiva de la masa monetaria —entendido como *dinero duro*—, acaba debilitándose tanto que pierde su valor. Éstas son las consecuencias habituales cuando se usa como dinero aquello que no cumple con un alto grado de *dinerabilidad*, del mismo modo que sucede con todas las divisas fíat como el dólar, el euro, la libra, los yenes, el yuan o el franco suizo entre otros.

Si quieres profundizar más sobre este curioso suceso de las cuasi monedas y los clubes de trueque en Argentina puedes descubrirlo en el episodio B2 que grabé con Nico Bourbon en *Bitcoinismo Podcast*.[26]

¡Cuidado! Que no salgan las gallinas del corral, ni su dinero

El corralito fue decretado en Argentina el 1 de diciembre de 2001. Esta medida restrictiva fue implementada por el gobierno del presidente Fernando de la Rúa[27] y anunciada por el entonces ministro de Economía, Domingo Cavallo, con el objetivo de detener una masiva fuga de capitales y preservar la estabilidad del sistema bancario argentino, limitando severamente la

25. «Se rescató el 80 por ciento de las cuasi monedas», *El Cronista*, 12 de noviembre de 2003, <https://www.cronista.com/impresa-general/Se-rescato-el-80-de-las-cuasi-monedas-20031112-0092.html>.

26. «La historia monetaria de la humanidad comprimida en 12 meses. Argentina con Nico B | B2» [pódcast], Bitcoinismo Podcast, 14 de enero de 2023, <https://www.youtube.com/watch?v=8o5q_4P3DWA&list=PLFNq_MUXH5BImtn49uHH-LjVXstB-0Lp0&index=17>.

27. «Fernando de la Rúa: el "presidente aburrido" que fue el símbolo del corralito», *El Comercio*, 9 de julio de 2019, <https://elcomercio.pe/mundo/latinoamerica/fernando-rua-muere-presidente-aburrido-simbolo-corralito-videos-youtube-noticia-ecpm-653859-noticia/>.

retirada de efectivo de los bancos y congelando las cuentas bancarias.[28]

La medida provocó una crisis de confianza, disturbios sociales y el posterior colapso del gobierno. Los ahorradores no podían retirar a la semana más de una cantidad limitada a 250 pesos —o su equivalente en dólares— de sus cuentas.

Esta medida pretendía evitar la bancarrota del sistema financiero por una fuga masiva de capitales, ya que ningún banco del mundo —hablando en plata— dispone del dinero líquido suficiente para poder hacer frente a la retirada masiva en caso de que gran parte de los clientes quieran sacar sus fondos. En la práctica, los intentos por evitar la quiebra resultaron en vano.

En 1991 el peso argentino estaba fijado al dólar estadounidense en una correlación de uno a uno debido a la Ley de Convertibilidad del Austral.[29] En ese momento se estableció un tipo de cambio fijo de 10.000 australes a 1 dólar, y una nueva moneda: el peso convertible, que también equivalía a 1 dólar y debía mantener un cien por cien de respaldo en dólares. Por lo tanto, 1 peso equivalía a 1 dólar estadounidense. En 2024, mientras escribo estas líneas, 1 dólar equivale a 1.235 pesos, según la cotización actual del dólar *blue*,[30] lo que supone una devaluación aproximadamente del 123.400 por ciento con respecto al dólar estadounidense en el mercado *blue*. Aunque se respira esperanza con la presidencia de Javier Milei para mejorar la situación.

Como inciso anecdótico con un toque de humor, cuando viajé a Argentina en noviembre de 2023 para estudiar este suceso de primera mano y preguntaba a los argentinos por qué lo llamaban dólar *blue*, me decían que era por no llamarlo dólar negro.

Los estrictos controles de cambios en Argentina, el famoso «cepo», y la complejidad de las regulaciones vigentes desde 2019

28. Ares, Carlos, «Argentina levantará el "corralito" financiero casi un año después de su implantación», *El País*, 22 de noviembre de 2002, <https://elpais.com/diario/2002/11/23/economia/1038006001_850215.html#>.

29. «El corralito, el grito final de la historia de la convertibilidad», *La Capital*, 27 de noviembre de 2011, <https://www.lacapital.com.ar/economia/el-corralito-el-grito-final-lahistoria-la-convertibilidad-n400196.html>.

30. Cotización en tiempo real del Dólar *blue*: <https://dolarhoy.com/>.

—y anteriormente entre 2011 y 2015— han generado decenas de tipos de cambio que existen con diferentes precios (dólar mayorista, dólar minorista, dólar ahorro, dólar turista, dólar MEP, dólar cripto, dólar soja, etcétera), parece ciencia ficción. La del conocido dólar *blue* es la cotización del dólar que se mueve en el mercado libre de la calle, el mercado informal o ilegal, el que no está controlado y manipulado por el Estado, pero que los propios individuos valoran libremente por oferta y demanda.

En 2001 la población de Argentina era de 37 millones de personas. En los bancos quedaron atrapados unos 19.000 millones de pesos —equivalentes a 19.000 millones de dólares— y 47.000 millones de dólares de personas y empresas. Esto se conoce como el corralón, que perjudicó a millones de argentinos por las restricciones impuestas, tanto aquellos con ahorros en plazos fijos como aquellos que utilizaban cuentas corrientes o cajas de ahorro para sus movimientos diarios.

Por aquellos días, en las calles del corazón financiero de Buenos Aires corría el rumor de que 627 personas pudieron anticipar la implementación del corralito[31] gracias a sus conexiones con el sistema bancario o el gobierno, lo que les permitió retirar sus fondos o transferirlos al extranjero antes de que se impusieran las restricciones, logrando salvar sus ahorros. Estos tipos supieron implementar diversas estrategias que bordeaban los límites de la legalidad y la ética, mientras que otros se apoyaban en lagunas legales o en conocimientos específicos del sistema financiero. Dichas acciones, en muchos casos, requerían conexiones poderosas, información privilegiada y una comprensión profunda de las leyes y regulaciones financieras.

El resto, de los aproximadamente 37 millones de personas, se encontró de repente sin acceso a su dinero, lo que afectó a su capacidad para pagar gastos diarios como alimentos, facturas y alquileres. Las tarjetas de crédito y los cheques quedaron inser-

---

31. Cecchini, Daniel, «El corralito: la trampa mortal para los argentinos y las 627 personas que "salvaron" sus ahorros», *Infobae*, 3 de diciembre de 2021, <https://www.infobae.com/sociedad/2021/12/03/el-corralito-la-trampa-mortal-para-los-argentinos-y-las-627-personas-que-salvaron-sus-ahorros/>.

vibles, ya que muchos comercios exigían pagos en efectivo debido a la desconfianza en el sistema bancario.

En sus respectivos libros, Eduardo Blaustein, Martín Zubieta y Martín Redrado analizan en profundidad lo sucedido en el corralito, resaltando cómo la información privilegiada y las conexiones dentro del sistema financiero y político tuvieron un papel crucial en la capacidad de ciertos individuos y entidades para sortear la crisis más eficazmente que otros. Esto pone de relieve la importancia de la transparencia y la equidad en el acceso a la información crítica durante períodos de inestabilidad económica. Además de lo esencial que supone asumir una responsabilidad por cada uno de nosotros para adquirir los conocimientos y habilidades necesarios que nos protegen ante este tipo de situaciones límite. Como habrás logrado hacer una vez termines de integrar todos los secretos que contiene el libro.

Tras el abandono de la Ley de Convertibilidad en 2002, el peso argentino se devaluó significativamente. El dinero en dólares de muchos argentinos fue convertido a pesos a una tasa menos favorable que la del mercado (1 dólar equivalía a 4 pesos), lo que dio como resultado una pérdida sustancial del valor real de su dinero, sin poder hacer nada para evitarlo debido a las limitaciones impuestas. Para que puedas empatizar con la situación, fue como si de la noche a la mañana todo fuese cuatro veces más caro o como si tu dinero se hubiera dividido entre cuatro. Los ahorros de toda la vida de millones de argentinos se esfumaron, y para aquellos que no tenían ahorros todo se encareció brutalmente.

Desde entonces sólo ha empeorado. En 2023 todo ha aumentado de precio aproximadamente unas 1.234 veces desde 2002 hasta los días previos a la presidencia de Javier Milei. Aunque la clave de este asunto no es que las cosas hayan subido de precio, sino que el dinero ha perdido su valor respecto a las demás cosas.

Este acontecimiento ha quedado profundamente grabado en la memoria colectiva de la población, de la misma forma que un accidente grave de coche puede marcar la vida de una persona.

No sólo representó un impacto económico en aquel momento, sino que también generó un cambio duradero en la psicología y el comportamiento de los argentinos respecto al sistema financiero y la confianza en las instituciones bancarias y gubernamentales. En 2022, sólo el 9,6 por ciento de los argentinos logró ahorrar, según un estudio del Observatorio de la Deuda Social de la UCA. Las personas ya no ahorran, la gran mayoría vive al día y eso se ve reflejado directamente en un aumento de la pobreza. La última cifra oficial del INDEC ubicaba la pobreza en el 40 por ciento de la población, pero probablemente cuando leas esto ya haya superado el 50. El motivo principal de la falta de ahorro está relacionado con la emisión monetaria y la devaluación de la moneda.

En resumidas cuentas, el sistema financiero controlado por la banca y el Estado forzó a la población a cambiar su mentalidad respecto al ahorro, incentivándolos a no ahorrar, puesto que tras lo vivido, ahorrar suponía perder sus ahorros en el largo plazo. Se dieron cuenta de que con este sistema tiene más sentido gastar el dinero hoy, ya que mañana valdrá menos, es decir, con el mismo dinero podrán comprar menos cosas el día de mañana. Entonces, ¿qué sentido tiene ahorrar?

Los cambios en el comportamiento de la gente se volvieron más evidentes cuando la gran mayoría nunca volvió a confiar en los bancos del mismo modo para guardar su dinero. El ratio Depósitos/PBI no se volvió a alcanzar desde 2001[32] (gráfico 1.8).

Este dramático suceso se ha convertido en un punto de referencia histórico para cada rincón del planeta y todavía influye en cómo los argentinos perciben y manejan sus finanzas personales, así como en sus expectativas y temores respecto a la estabilidad económica y política del país. Después de esta catástrofe, la mayoría de los argentinos mantuvieron una desconfianza hacia los bancos y prefirieron guardar su dinero en efectivo o invertir en bienes tangibles como propiedades o dólares estadounidenses

32. «Evolución de los préstamos y depósitos del sistema financiero bancario en Argentina», <https://www.bcsf.com.ar/doc_news/IElEvoluciondelosprestamosydepositos.pdf>.

Gráfico 1.8. Préstamos y depósitos argentinos

Años 1991, 2001, 2011 y 2021. En porcentaje.

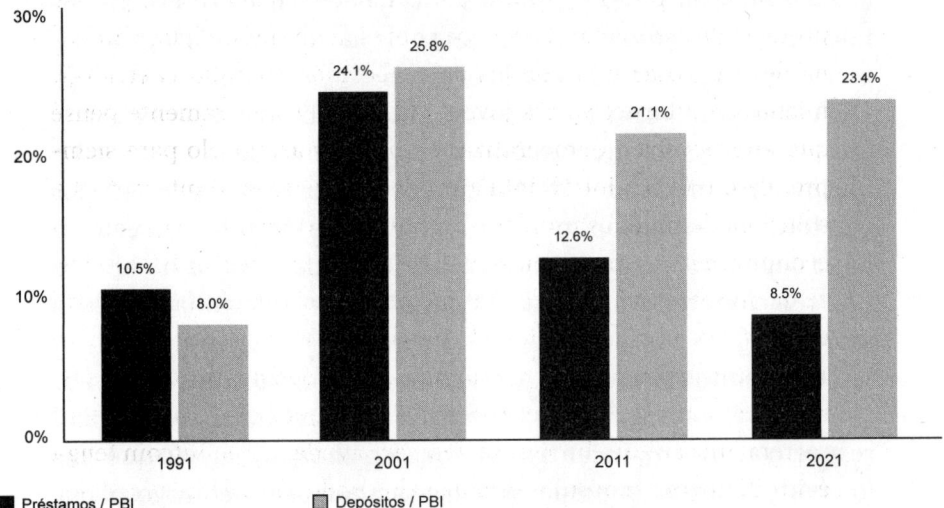

■ Préstamos / PBI   ☐ Depósitos / PBI

Fuente: Elaboración propia a partir de los datos de CES-BCSF en base a datos del Banco Central de la República Argentina, INDEC y el Banco Mundial.

—o en Bitcoin, como veremos más adelante—. Las palabras del gran Wences Casares sobre su experiencia al respecto son sorprendentes:

> Crecí en la Patagonia, Argentina, donde mis padres son ganaderos de ovejas. Mientras crecía, vi a mi familia perder todos sus ahorros tres veces: la primera debido a una enorme devaluación, la segunda debido a la hiperinflación y la última porque el gobierno confiscó todos los depósitos bancarios. Parecía que cada vez que nos recuperábamos, una tormenta económica nueva y diferente nos aniquilaría nuevamente. Mi recuerdo de estos hechos no es económico ni financiero, sino muy emotivo. Recuerdo a mis padres peleando por dinero, recuerdo estar asustados, recuerdo que todos los que nos rodeaban estaban asustados y regresaban a un comportamiento desesperado, casi animal. También recuerdo haber pensado en lo injusto que era que estas crisis golpearan más a los pobres. Las personas que tenían suficiente dinero para conseguir algunos

dólares estadounidenses se protegían de esa manera, la gente que tenía aún más dinero y podía permitirse comprar una casa o un apartamento se protegía de esa manera, y la gente que tenía aún más dinero y podía tener una cuenta bancaria en el extranjero se protegía de esa manera. Pero los pobres no pudieron hacer ninguna de esas cosas y fueron los más afectados. Cuando vi el surgimiento de internet yo era joven e idealista y sinceramente pensé que internet iba a democratizar el dinero y arreglarlo para siempre. Pero han pasado treinta años desde que se creó internet y ha solucionado muchos problemas, aunque el aumento de la libertad económica no es uno de ellos. Estaba a punto de perder la esperanza de que internet solucionara este problema cuando me encontré con Bitcoin por accidente. Al principio era muy escéptico, pero cuanto más aprendía sobre esto más curiosidad sentía, después de seis meses de estudiar y usar Bitcoin decidí dedicar el resto de mi carrera, mi capital y mi reputación para ayudar a que Bitcoin tenga éxito. Nada me enorgullecería más que poder decirles a mis nietos que formé parte de una comunidad muy grande que ayudó a Bitcoin a tener éxito. Y que Bitcoin tuvo éxito y ahora miles de millones de personas pueden enviar, recibir y almacenar de forma segura cualquier forma de dinero que quieran, tan fácilmente como pueden enviar o almacenar una imagen. Para que lo que viví que les pasó a mis padres y a muchas otras personas nunca vuelva a suceder.[33]

En 2024 Argentina se encuentra sumergida en una de sus mayores crisis financieras y trata de resurgir de las cenizas con nuevas propuestas alternativas como la dolarización, que acabaría por completo con el peso argentino y su desplome final.

En el siguiente caso que analizamos ya se optó por la alternativa de la dolarización (en enero del año 2000) al encontrarse en una situación muy similar.

33. Wences Casares, CEO de Xapo Bank y fundó Internet Argentina, Wanako Games, Patagon, Lemon Wallet y Banco Lemon.

Feriado bancario suena mejor que colapso bancario

Como de costumbre los políticos utilizan los juegos de palabras para desarrollar una percepción en el pueblo receptor muy diferente a su significado real. Son como los nuevos ilusionistas, que conociendo el arte de la palabra hacen magia con el mensaje que quieren transmitir para manipular a la masa social. Se apropian del léxico y controlan el discurso público. La ejecución de esta habilidad se plasma de manera brillante en la obra distópica *1984* de George Orwell, donde el poder político trata de controlar la mente de sus ciudadanos y los pensamientos del pueblo contrarios al poder son catalogados como «crimentales» —crímenes mentales—. Por ello, para evitar el pánico social, la crisis bancaria de Ecuador fue bautizada como «feriado» en lugar de «corralito» o *default*.

El feriado bancario fue una medida tomada por el presidente Jamil Mahuad el 8 de marzo de 1999 desde el gobierno ecuatoriano para tratar de enfrentar una grave crisis financiera. Al día siguiente, el 9 de marzo de 1999, el superintendente de bancos de ese momento anunció un feriado (festivo) bancario de un día, pero luego se extendió hasta el viernes 12 de marzo —teniendo en cuenta que los días posteriores también permanecería cerrado al ser fin de semana—. El propósito principal era evitar la retirada masiva de depósitos que se estaba produciendo debido a la desconfianza en el sistema financiero.

El jueves, 11 de marzo, el presidente Mahuad ordenó el congelamiento de los depósitos por un año completo en cuentas corrientes con más de 500 dólares (2 millones de sucres) y las de ahorros con más de 5 millones de sucres. Esta medida se tomó para controlar la hiperinflación, proteger la reserva monetaria y bajar el precio del dólar. Fíjate, siempre se alegan argumentos con la premisa de salvaguardar nuestra seguridad y nuestro bienestar, nunca se reconoce la incompetencia ni los errores políticos. Sin embargo, como has comprobado en el caso argentino, estas medidas no funcionaron. Durante la obra también aprenderás que la historia se repite o, como decía Mark Twain, al menos rima, y que los líderes suelen cometer errores similares presuponiendo su omnisciencia.

El lunes 22 de marzo de 1999, a pesar de congelar los fondos de sus ciudadanos y de hacer todo lo posible con las medidas que trataron de imponer, no pudieron evitar que el Banco del Progreso cerrara sus puertas debido a su falta de liquidez. El colapso se contagió a los principales bancos del país que cerraron durante el feriado bancario, incluyendo el Banco de Préstamos, Filanbanco, Banco La Previsora, Banco Popular, Banco del Pacífico, Banco Territorial, Banco del Litoral, Banco Amazonas, Banco Continental, Banco del Austro, Banco del Trabajo, y Banco de Los Andes entre otros, cayendo todos como un castillo de naipes.

Según cifras oficiales, alrededor de 2,7 millones de personas se vieron afectadas por el feriado bancario, y se calcula que se perdieron aproximadamente 8.200 millones de dólares en depósitos bancarios, según el informe final de la Comisión Especial de Investigación creada por la Asamblea Nacional de Ecuador en 2007.

Durante el feriado bancario, muchas personas perdieron sus ahorros de toda la vida y enfrentaron gravísimas dificultades financieras. Familias enteras perdieron sus hogares y negocios debido a la imposibilidad de acceder a su dinero. Hubo numerosas manifestaciones masivas frente a los bancos cerrados con pancartas que decían «Devuélvanme mi plata» y «No al corralito», todas sin ningún resultado favorable para las familias afectadas.

En enero del año 2000, en un intento de estabilizar la economía, Ecuador adoptó el dólar estadounidense como su moneda oficial y eliminó la nacional, el sucre.

La inflación se había disparado de forma exponencial durante las décadas anteriores al colapso total del Sucre. Un dólar estadounidense pasó de valer 15 sucres en 1950 a 25.000 en el año 2000. Para ilustrarlo mejor, observa en el gráfico 1.9 como el precio de un billete de autobús pasó de 0,10 sucres en 1930 a más de 2.000 sucres en el año 2000.

En los últimos cinco años del sucre, los precios se multiplicaron por diez debido a la devaluación de la moneda. Millones de personas perdieron sus ahorros y los de las generaciones anteriores. El feriado bancario tuvo un impacto duradero en Ecuador, aunque las consecuencias no terminaron ahí. Se implementaron reformas financieras y regulatorias significativas. La confianza en el sistema bancario se erosionó y la población se volvió más cautelosa con sus finanzas. El evento también influyó en la toma de decisiones gubernamentales y políticas económicas a largo plazo. En un viaje a Ecuador en 2023, durante la conferencia que impartí en la Universidad Regional Amazónica Ikiam —además de mantener numerosas conversaciones con los ecuatorianos de diferentes pueblos— pude comprobar de primera mano que el recuerdo del feriado bancario y el colapso del sucre sigue presente en el imaginario colectivo como un grave episodio de la historia económica y financiera de Ecuador.

Gráfico 1.9. Aumento de precios en un billete de autobús ecuatoriano

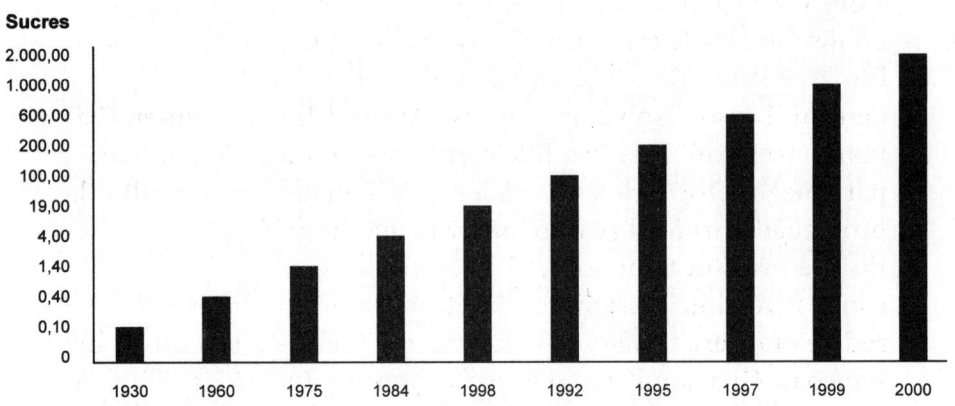

Fuente: Elaboración propia.

    ¿Sabes adivinar quién aprovechó esta crisis para terminar mejor posicionado y ganar muchísimo dinero por el camino? El presidente de Ecuador hasta noviembre de 2023 fue una figura controvertida en relación con el feriado bancario. Según diversas fuentes, Lasso ocupó importantes cargos en el sector bancario y gubernamental durante el período previo y durante el feriado bancario. En 1993 fue nombrado presidente del Banco de Guayaquil y presidente de la Asociación de Bancos Privados, lo que implicó una vocalía en la Junta Bancaria. Posteriormente, en 1994, lideró la aprobación de la Ley General de Instituciones del Sistema Financiero, que liberalizó el sistema bancario.

Durante el feriado bancario en 1999, Lasso era vicepresiden-te de la Asociación de Bancos y gobernador de Guayas. Luego, ocupó el cargo de superministro de Economía en el gobierno de Jamil Mahuad, aunque sólo durante treinta y un días.

Varias fuentes, como los periódicos *Página/12*[34] y *El Telégrafo*,[35] señalan que Guillermo Lasso intentó reorganizar su patrimonio antes de las elecciones del 2 de abril de 2017, sin lograr ocultar su vinculación con cuarenta y nueve empresas *offshore* en Panamá, islas Caimán y Delaware. Con tan sólo 22 años, recibió un banco por parte de su cuñado Danilo Carrera, y para 2012 ya se había postulado a la presidencia, perdiendo ante Correa. Su fortuna creció espectacularmente entre 1999 y 2000, de 1 a 31 millones de dólares, especulando con bonos durante la crisis financiera ecuatoriana, similar al corralito argentino. En 2011, anticipándose a su candidatura presidencial, Lasso disolvió la empresa Andean Investment en Caimán y trasladó activos a fideicomisos a nombre de familiares, para luego retornarlos a Ecuador, posiblemente para ocultar la propiedad durante la campaña. Esta maniobra revela una práctica de evasión tributaria, al hacer pasar capitales nacionales como inversión extranjera directa para evadir impuestos. La red de empresas *offshore* de Lasso, que incluye a ejecutivos del Banco de Guayaquil como Angelo Caputti y Julio Macklif, plantea cuestionamientos éticos y legales sobre su conducta financiera y política.

⚠ *Disclaimer*: estas informaciones provienen de fuentes que pueden tener diferentes perspectivas sobre los acontecimientos y las figuras políticas involucradas.

Lo llamen como lo llamen, el feriado bancario es un ejemplo claro de cómo los bancos no son inmunes de las crisis financieras

---

34. García, Cynthia, «Lasso, el magnate de las offshore», *Página/12*, 15 de marzo de 2017, <https://www.pagina12.com.ar/25889-lasso-el-magnate-de-las-offshore>.

35. «Empresa de Guillermo Lasso ganó 30 millones tras el feriado bancario», *El Telégrafo*, 17 de marzo de 2017, <https://www.eltelegrafo.com.ec/noticias/economia/8/lasso-tiene-49-empresas-en-paraisos-fiscales>.

y cómo estas decisiones gubernamentales drásticas afectan a la población más vulnerable, generan un profundo impacto social y arruinan el futuro de varias generaciones.

Para que no parezcan dos casos aislados en la historia, o para que no pienses que los motivos de las crisis son sólo temporales por haber ocurrido en años similares, quiero incluir más casos para que puedas apreciar que son hechos casi gemelos en diferentes partes del mundo y en diferentes momentos. Solemos creer que estos sucesos son ajenos a nosotros, que no nos sucederá lo mismo, o simplemente desconocemos por ignorancia que esto ha sucedido y puede volver a suceder. Probablemente, ésta sea la misma sensación que tenían los millones de personas afectadas en todos estos casos de colapso y crisis.

El líder tampoco se salva del colapso

Cuando hablamos de problemas económicos, crisis bancarias o financieras, la mayoría de las personas recurren mentalmente a países problemáticos e inestables y con conflictos sociales y políticos. Sin embargo, también puede ocurrir en naciones desarrolladas e incluso en la primera potencia mundial.

En 2008 la destacada firma financiera Lehman Brothers quebró debido a su exposición excesiva a activos tóxicos respaldados por hipotecas *subprime*,[36] desencadenando así una crisis financiera mundial. Era considerada uno de los cinco grandes bancos de inversión en Estados Unidos junto con Goldman Sachs, Morgan Stanley, Merrill Lynch y Bear Stearns, y tenía 639.000 millones en activos y 619.000 millones en deudas en el momento de su bancarrota, según publicaciones especializadas en finanzas como *The Wall Street Journal*, *Financial Times*, *Bloomberg* y *Forbes*. El colapso afectó a millones de personas en todo el mundo. Miles perdieron sus empleos y sus ahorros, incluidos empleados de bancos, inversores y otros vinculados al sistema financiero.

36. «Crisis de las hipotecas *subprime*», *Wikipedia*, <https://es.wikipedia .org/wiki/Crisis_de_las_hipotecas_subprime>.

Además de Lehman Brothers, otros bancos tuvieron que hacer frente a serias dificultades, como Bear Stearns, Merrill Lynch, y Washington Mutual.

La crisis llevó a una mayor regulación y supervisión del sector financiero, incluyendo la implementación de la Ley Dodd-Frank[37] (Ley de Reforma de Wall Street y Protección al Consumidor Dodd-Frank). Todo esto fomentó un debate sobre la importancia de la gestión del riesgo y la necesidad de más transparencia en los mercados financieros. A largo plazo, la crisis financiera influyó en políticas monetarias expansivas por parte de la Reserva Federal y otras instituciones financieras globales. Estos eventos resaltan la fragilidad y la interconexión de los sistemas financieros globales, y cómo la caída de una entidad importante puede tener un efecto dominó sobre toda la economía mundial. Consecuencias que probablemente te hayan llegado a afectar personalmente de una manera u otra, independientemente de tu lugar de residencia habitual.

Una de las películas más destacadas que explora la crisis financiera de 2008 es *La gran apuesta*, dirigida por Adam McKay y basada en el libro homónimo de Michael Lewis. Esta película ofrece una mirada perspicaz y entretenida sobre cómo se gestó la crisis y cómo el famoso inversor Michael Burry detectó las debilidades del mercado hipotecario con antelación y pudo ganar cientos de millones de dólares. Es una excelente fuente para comprender la crisis financiera y entender la importancia de saber cómo leer lo que sucede en el mundo, las señales y los mercados. Puede ayudarte considerablemente a cultivar un futuro próspero, por supuesto, bajo una superproducción de Hollywood, con buen guion, buenos actores y fórmula de entretenimiento.

En 2023 hubo otros colapsos como el de First Republic Bank o el colapso del Silicon Valley Bank (SVB).[38] Este último, ocurri-

37. «Ley Dodd Frank de reforma de Wall Street y protección al consumidor», *Wikipedia*, <https://es.wikipedia.org/wiki/Ley_Dodd-Frank_de_Reforma_de_Wall_Street_y_Protección_al_Consumidor>.

38. «Silicon Valley Bank», *Wikipedia*, <https://es.wikipedia.org/wiki/Silicon_Valley_Bank>.

do el 10 de marzo de 2023, supuso la quiebra de la entidad, después de que sus acciones bajasen el día anterior un 60 por ciento y el Nasdaq suspendiera su cotización,[39] generándose un pánico bancario[40] que provocó la mayor quiebra bancaria desde la crisis financiera de 2008[41] y la segunda más grande en la historia de Estados Unidos. El colapso de SVB ha tenido un impacto significativo en las empresas emergentes[42] (*start-ups*) de Estados Unidos y en el extranjero, causando que muchas de estas empresas no puedan retirar su dinero del banco. Evidentemente, miles de personas y otras grandes empresas también se vieron afectadas por estos colapsos.

El presidente de Estados Unidos, Joe Biden,[43] discutió el colapso con el gobernador de California, Gavin Newsom,[44] el 11 de marzo de 2023. En declaraciones televisadas desde la Casa Blanca antes de que abrieran los mercados el 13 de marzo 2023, Biden expresó su confianza en la resiliencia del sistema bancario, prometió que el gobierno garantizaría la disponibilidad de depósitos sin recompensar a los inversores con fondos de los contribuyentes y prometió responsabilizar a los ejecutivos[45] de los bancos y proponer cambios en las reglas para evitar fallos futuros. ¿Recuerdas lo que vimos sobre la credibilidad de los políticos? Joe

39. Sánchez, Álvaro, «El colapso de Silicon Valley Bank extiende el miedo en las bolsas mundiales», *El País*, 10 de marzo de 2023, <https://elpais.com/economia/2023-03-10/la-crisis-del-silicon-valley-bank-extiende-el-miedo-en-las-bolsas-mundiales.html>.

40. «Pánico bancario», *Wikipedia*, <https://es.wikipedia.org/wiki/Pánico_bancario>.

41. «Crisis financiera de 2007-2008», *Wikipedia*, <https://es.wikipedia.org/wiki/Crisis_financiera_de_2007-2008>.

42. «Empresa emergente», *Wikipedia*, <https://es.wikipedia.org/wiki/Empresa_emergente>.

43. «Joe Biden», *Wikipedia*, <https://es.wikipedia.org/wiki/Joe_Biden>.

44. «Gavin Newsom», *Wikipedia*, <https://es.wikipedia.org/wiki/Gavin_Newsom>.

45. «Baker, Peter», «Biden assures Americans: "Our banking system is safe"», *The New York Times*, 13 de marzo de 2023, <https://www.nytimes.com/2023/03/13/business/biden-assures-americans-our-banking-system-is-safe.html>.

Biden llamó a la calma y afirmó que los ahorradores serían rescatados con el dinero de los contribuyentes, aunque los inversores tuvieron una suerte distinta, pues como dijo Biden: «Así es cómo funciona el capitalismo». ¿Qué tiene que ver el capitalismo en este acto político populista? El capitalismo promueve el capital, entendido como ahorro o trabajo acumulado no consumido, que es justo lo contrario a sufragar socialmente las quiebras privadas. El capitalismo no representa este tipo de situaciones donde los beneficios de los bancos se privatizan y las pérdidas se socializan, arrebatándole el dinero a unos a través de impuestos para dárselo a otros en una decisión unilateral no consensuada. ¿Recuerdas lo que decía el economista Milton Friedman sobre utilizar el dinero de unos para necesidades de otros? Pues eso.[46]

El primer banco en quebrar, Silvergate Bank,[47] anunció que cerraría el 8 de marzo a consecuencia de las pérdidas sufridas en su cartera de préstamos. Tras la quiebra se produjo el pánico bancario en Silicon Valley Bank, que había prestado grandes sumas de dinero a nuevas empresas tecnológicas. Signature Bank también fue intervenido por los reguladores dos días después alegando riesgos sistémicos. Ambos casos representan el segundo y el tercer fallo bancario más grande en la historia de Estados Unidos, sólo superados por el de Lehman Brothers y Washington Mutual[48] durante la crisis financiera de 2008.

En respuesta a las quiebras, la Junta de Gobernadores de la Reserva Federal, la Corporación Federal de Seguro de Depósitos[49] y el Departamento del Tesoro de Estados Unidos[50] anunciaron en un comunicado conjunto que se tomarían medidas ex-

46. «Quiebras bancarias de Estados Unidos en 2023», *Wikipedia*, <https://es.wikipedia.org/wiki/Quiebras_bancarias_de_Estados_Unidos_de_2023>.

47. Silvergate Bank, *Wikipedia*, <https://es.wikipedia.org/wiki/Silvergate_Bank>.

48. Washington Mutual, *Wikipedia*, <https://es.wikipedia.org/wiki/Washington_Mutual>.

49. «Corporación Federal de Seguro de Depósitos», *Wikipedia*, <https://es.wikipedia.org/wiki/Corporación_Federal_de_Seguro_de_Depósitos>.

50. «Departamento del Tesoro de Estados Unidos», *Wikipedia*, <https://es.wikipedia.org/wiki/Departamento_del_Tesoro_de_los_Estados_Unidos>.

traordinarias[51] para garantizar todos los depósitos de los bancos en quiebra. Además, la Reserva Federal[52] anunció la creación del Programa de Financiación a Plazo Bancario (BTFB), un programa que ofrecía préstamos de hasta un año de duración a bancos, asociaciones de ahorro, uniones de crédito y otras instituciones de depósito elegible que se comprometieran con los bonos del tesoro de Estados Unidos, deuda de agencia y valores respaldados por hipotecas y otros activos calificados como garantía. ¿Crees que estas medidas darán resultado y acabarán con los futuros colapsos sistémicos?

Cómo comprar en rebajas un banco por 1 euro en España

El 7 de junio de 2017 el Banco Popular fue adquirido al precio de tan sólo 1 euro en una venta extraordinariamente ágil que fue calificada de operación relámpago. Este evento marcó un hito significativo al ser la primera intervención de la Junta Única de Resolución (JUR) europea, un organismo instaurado tras la crisis financiera de 2008 para manejar tales emergencias bancarias.

La caída del Banco Popular, uno de los bancos más antiguos y prominentes de España, afectó directamente a miles de accionistas y depositantes. Se estima que alrededor de 305.000 accionistas perdieron toda su inversión debido a la resolución del banco y a su posterior venta por un precio simbólico. Muchos empleados del banco enfrentaron incertidumbre laboral y despidos. Los altos cargos sabían que el banco estaba en una situación crítica e intentaron recaudar fondos con una ampliación de capital. Dieron instrucciones a sus empleados de ejercer la máxima presión a los clientes para que invirtieran. Muchos clien-

51. Joint Statement by Treasury, Federal Reserve, and FDIC, 12 de marzo de 2023, <https://web.archive.org/web/20230312222042/https:/www.federalreserve.gov/newsevents/pressreleases/monetary20230312b.htm>.

52. «Sistema de la Reserva Federal», *Wikipedia*, <https://es.wikipedia.org/wiki/Sistema_de_la_Reserva_Federal>.

tes alegan que meses antes del suceso tenían que soportar continuas llamadas telefónicas —a veces durante horas— en las que se les instaba a que «metieran» más dinero.

Entre los afectados hubo pequeños ahorradores y autónomos[53] que vieron en el Banco Popular un «valor seguro» para sus inversiones y futuras pensiones. La falta de coherencia en la justicia y la aplicación de resoluciones europeas han dejado a muchos sin opciones para recuperar sus inversiones,[54] exacerbando la sensación de desamparo entre los antiguos accionistas.

La estimación precisa del dinero perdido es complicada debido a la intrincada naturaleza de los activos y pasivos involucrados. No obstante, se calcula que los accionistas y los poseedores de deuda subordinada experimentaron una pérdida de aproximadamente 11.400 millones de euros. Este desenlace se produjo bajo el marco de las nuevas normativas bancarias europeas, implementadas tras la crisis financiera para prevenir rescates con fondos públicos que encontraron su primera aplicación en el caso del Banco Popular. En ese momento, el valor de mercado del Banco Popular se desplomó de más de 1.300 millones de euros a exactamente 1 euro en el momento de su compra por parte del Banco Santander.[55]

La venta ha sido objeto de considerable controversia y especulación. Si bien el relato oficial subraya la prevención de una mayor inestabilidad financiera como la razón principal tras la

53. Alquézar, B., «Cinco años desde la caída del Popular: "A los accionistas nos han dejado con el culo al aire"», *Heraldo de Aragón*, 7 de junio de 2022, <https://www.heraldo.es/noticias/economia/2022/06/07/accionista-zarago za-cinco-anos-de-la-caida-del-banco-popular-a-los-accionistas-nos-han-deja do-con-el-culo-al-aire-1579737.html>.

54. Morcillo, Nuria, «La investigación judicial por la caída del Popular llega a su fin tras cinco años y medio», *Cinco Días*, 5 de mayo de 2023, <https:// cincodias.elpais.com/companias/2023-05-05/la-investigacion-judicial-por -la-caida-del-popular-llega-a-su-fin-tras-cinco-anos-y-medio.html>.

55. Sánchez, Rosa María, «La justicia europea confirma que los accionistas del Popular no tenían derecho a una compensación europea», *Activos*, 22 de noviembre de 2023, <https://www.epe.es/es/activos/20231122/justicia-euro pea-confirma-accionistas-popular-94945146#>.

decisión, hay varios factores y actores que podrían haberse beneficiado o influido en el proceso, directa o indirectamente.

- **Banco Santander:** como adquirente se benefició al obtener los activos del Banco Popular, incluyendo su cartera de clientes, sucursales y operaciones, a un precio simbólico. Esto le permitió aumentar su cuota de mercado, especialmente en el segmento de pequeñas y medianas empresas (PYME) donde el Banco Popular tenía una fuerte presencia. Sucedió de manera muy similar a la jugada que hizo en 1994, cuando le fue adjudicado el banco Banesto por ser el mayor pujador.[56]
- **Acreedores sénior y depositantes:** los acreedores sénior y los depositantes del Popular no sufrieron pérdidas directas gracias a la intervención, ya que la estructura de la resolución protegió sus intereses, evitando un efecto dominó que podría haber causado mayores retiradas de depósitos y desestabilizado aún más el sistema financiero.
- **Acciones y Bonos Contingentes Convertibles (CoCos):** los accionistas y los tenedores de bonos contingentes convertibles (CoCos) del Banco Popular fueron los más perjudicados, ya que sus inversiones se esfumaron. Esta situación generó un amplio debate sobre la equidad y transparencia del proceso de resolución, especialmente en lo que respecta a la valoración de los activos del banco y la comunicación previa a la intervención.
- **Reguladores y autoridades de resolución:** la JUR y el Fondo de Reestructuración Ordenada Bancaria (FROB) en España desempeñaron roles clave en la gestión de la crisis. Su decisión de vender el banco al Santander ha sido vista por algunos como una medida preferente que benefició a un gran actor bancario, posiblemente a expensas de una mayor competencia en el sector.

56. Sainz de los Terreros, Juan, «Las dos jugadas maestras de Emilio Botín», *Libre Mercado*, 18 de diciembre de 2012, <https://www.libremercado.com/2012-12-17/emilio-botin-absorbe-banesto-con-dos-jugadas-maestras-1276477203/>.

La transparencia y equidad en la resolución del Banco Popular en 2017 han sido ampliamente cuestionadas. Las críticas se centran en la evaluación de activos y la falta de exploración de alternativas para proteger a accionistas y bonistas. La rapidez de la operación impidió respuestas adecuadas de los afectados y desencadenó numerosas demandas legales que cuestionaban la legalidad y ética de las decisiones regulatorias. Este proceso ha dañado la reputación del sistema financiero español y ha intensificado el debate sobre la gestión de crisis bancarias, pues se considera que debería haber un equilibrio entre la estabilidad financiera, por un lado, y la protección inversora y la justicia procesal, por el otro. Personalmente, tengo un amigo que perdió más de 850.000 € en este suceso, perdiendo los ahorros de hasta tres generaciones.

A nivel nacional, la caída del Banco Popular disparó la desconfianza hacia el sistema bancario español y afectó negativamente a la inversión extranjera y a la percepción mundial de la economía española. Ha dado como resultado un escrutinio más riguroso de la salud financiera de los bancos y un debate continuo sobre la efectividad de las medidas de resolución bancaria. La consolidación bancaria en España se ha acelerado al reducirse la competencia y aumentar el oligopolio. El caso también ha impactado profundamente en la psicología de inversores y depositantes, que ahora buscan diversificar inversiones y mitigar riesgos futuros.

Es habitual que las personas que no sufren en su propia piel o les sucede a alguien muy cercano, no se dan cuenta de la gravedad. Por lo tanto, la mayoría no mueve un solo dedo para buscar soluciones hasta que les estalla en la cara y les perjudica personalmente. ¿No sería mejor prevenir y protegerte ante una posible situación similar que esperar hasta ese punto límite? porque ya sabemos que volverán a ocurrir eventos muy parecidos y estás a tiempo de tomar medidas.

A continuación veremos otros casos similares que demuestran que estas crisis no son aisladas ni excepcionales.

1. España - crisis de las cajas de ahorro (2012): durante la crisis financiera en España, varias cajas de ahorro enfren-

taron graves problemas debido a inversiones arriesgadas y activos tóxicos. Esto llevó a la intervención y reestructuración de muchas de ellas, lo que supuso pérdidas para algunos depositantes y accionistas.

2. Líbano - crisis bancaria (2019-presente): Líbano ha estado lidiando con la escasez de dólares estadounidenses, restricciones en las retiradas de efectivo y la pérdida de confianza en los bancos. Hubo familias que irrumpieron en su propia sucursal bancaria armadas con fusiles para tratar de recuperar los fondos depositados en sus cuentas. Este acto refleja el creciente caos y la desesperación generados por una profunda crisis económica.[57]

3. Grecia - crisis de la deuda griega (2012): afectó gravemente a su sistema bancario. Se impusieron restricciones a las retiradas de efectivo y transferencias al extranjero para evitar una fuga de capitales. Además, se llevaron a cabo reestructuraciones bancarias para depositantes y accionistas.

4. Turquía - congelación de fondos (2019): El gobierno turco congeló las cuentas bancarias de hasta 3,3 millones de personas (particulares y empresas). La congelación repentina de las cuentas causó una gran conmoción y preocupación entre los afectados, ya que se interrumpió el pago de salarios de las empresas afectadas.

5. Italia - intervención de Banca Monte dei Paschi di Siena

---

57. Pita, Antonio, «Los libaneses "roban" su propio dinero en los bancos a punta de pistola y con bidones de gasolina», *El País*, 4 de diciembre de 2022, <https://elpais.com/internacional/2022-12-04/los-libaneses-roban-su-propio-dinero-en-los-bancos-a-punta-de-pistola-y-con-bidones-de-gasolina.html>.

Biosca Azcoiti, Javier, «Los libaneses están robando sus bancos para recuperar su propio dinero a punta de pistola: "El uso de la fuerza es legítimo"», *elDiario.es*, 29 de enero de 2023, <https://www.eldiario.es/internacional/libaneses-robando-bancos-recuperar-propio-dinero-punta-pistola_1_9903583.html>.

Mroue, Bassem, «Líbano: Depositantes irrumpen en 5 bancos», *The San Diego Union-Tribune*, 16 de septiembre de 2022, <https://www.sandieguniontribune.com/en-espanol/noticias/story/2022-09-16/depositantes-sacan-dinero-a-la-fuerza-de-bancos-en-libano>.

(2016): El banco italiano fue intervenido por el gobierno. Se llevaron a cabo medidas para recapitalizar la entidad, lo que provocó la pérdida de valor para algunos accionistas y bonistas.

6. Grecia - controles de capital (2015): en medio de la crisis de deuda, Grecia impuso controles de capital que limitaron la cantidad de dinero que los ciudadanos podían retirar de sus cuentas bancarias (60 euros al día) y transferir al extranjero. Esta medida tuvo un impacto inmediato en la vida cotidiana de los ciudadanos, afectando tanto a particulares como a empresas. Las restricciones llevaron a años de austeridad y reformas económicas.

7. Irlanda - rescate bancario (2008): Irlanda enfrentó una crisis bancaria que llevó al rescate de varios de sus bancos por parte del gobierno. Esto tuvo un impacto en los depositantes y contribuyentes, ya que el gobierno asumió deudas bancarias.

8. Portugal - crisis bancaria (2014): el país enfrentó problemas en su sistema bancario que llevaron a la intervención y recapitalización de varios bancos. Algunos depositantes y tenedores de bonos experimentaron pérdidas.

9. Uruguay - corralito (2002): se implementaron medidas similares a las de Argentina en 2002, incluyendo restricciones a la retirada de depósitos bancarios.

10. Irán - crisis bancaria (2021): se produjo debido a la insolvencia de varios bancos y la falta de confianza en el sistema bancario.

11. India - quiebra del Yes Bank (2020): la entidad experimentó dificultades financieras y fue intervenida por el gobierno debido a su insolvencia.

12. Reino Unido - crisis del Northern Rock (2007): el banco británico sufrió una crisis de liquidez y se vio obligado a buscar el respaldo del Banco de Inglaterra. Esto generó preocupación en el sistema financiero británico.

13. Malasia - crisis financiera asiática (1997): el país tuvo problemas bancarios y tuvo que reestructurar todo su sector financiero.

14. Chipre - corralito bancario (2013): afectó no sólo a la población local, sino también a inversores extranjeros con depósitos en los bancos chipriotas. El plan de rescate financiero incluía un impuesto único sobre los depósitos bancarios (9,9 por ciento), forzando a los ciudadanos y depositantes a contribuir directamente al rescate del país. Los bancos más afectados por esta medida fueron el Banco de Chipre y Laiki Bank. La imposición de este impuesto y las restricciones subsiguientes en el acceso a los fondos causaron un impacto significativo en la capacidad de los ciudadanos para manejar transacciones diarias y obligaciones financieras. Especialmente afectados fueron los empresarios y comerciantes, que se encontraron incapaces de pagar salarios o a proveedores, lo que llevó a una serie de problemas económicos y a una paralización de actividades comerciales en el país. En los años posteriores, Chipre ha dedicado esfuerzos significativos a restaurar la confianza en su sector bancario, mejorando la regulación y supervisión financiera e incluso ha mostrado signos de recuperación económica en años recientes.

15. Croacia - crisis bancaria (década de 1990): supuso la quiebra de varios bancos y la pérdida de ahorros de los depositantes.

16. Perú - crisis bancaria (década de1980): se produjo la quiebra de varios bancos y la pérdida de ahorros de los ciudadanos.

17. Estonia - crisis bancaria (1992): llevó a la quiebra de bancos y a la pérdida de ahorros de los depositantes.

18. Bulgaria - crisis bancaria (1996-1997): involucró la quiebra de bancos y problemas en el sistema bancario.

19. República Checa - quiebra del Agrobanka (1997): resultó en la pérdida de ahorros para los depositantes.

20. Polonia - crisis bancaria (1981-1982): quebraron varios bancos y hubo problemas financieros.

21. Eslovenia - quiebra del Factor Banka (2013): La quiebra del Banco Factor Banka en Eslovenia en 2013 resultó en la pérdida de ahorros para los depositantes.

22. Túnez - crisis bancaria (2019): Túnez enfrentó una crisis bancaria en 2019 que involucró la intervención y reestructuración de bancos, lo que resultó en pérdidas para algunos depositantes.
23. Nigeria - crisis bancaria (2009): Nigeria experimentó una crisis bancaria en 2009 que involucró la intervención gubernamental y la reestructuración de bancos en dificultades, con pérdidas para algunos depositantes.
24. Venezuela - crisis bancaria (2009-2010): Intervención gubernamental en varios bancos.
25. Islandia - colapso bancario (2008) El gobierno implementó medidas para proteger a los depositantes, pero aun así algunos enfrentaron pérdidas.
26. Estados Unidos - crisis de los *savings and loan* (décadas de 1980 y 1990).

Y podríamos seguir...

7. La enfermedad del dinero

A lo largo de la historia, cada forma de dinero ha pasado por ciclos de auge y caída. En la actualidad nos encontramos en un momento de declive del dinero vigente. Este fenómeno se caracteriza por un deterioro continuo del concepto de dinero, que se evidencia por la expansión ilimitada de la masa monetaria que ocasiona inflación de los precios, empobrece a la población y pone en peligro el futuro de los ahorradores. Este declive es el resultado de la interacción entre el Estado y la banca, un dúo dinámico demoníaco que ha manipulado las políticas monetarias a su favor, comprometiendo la estabilidad económica y social.

¿Quieres descubrir cómo hemos llegado a este trágico punto de no retorno y cómo puedes encontrar un salvavidas para librarte del naufragio? En el siguiente capítulo entramos en profundidad a descubrir la enfermedad del dinero, sus orígenes y consecuencias.

2

Dinero enfermo

El dinero es uno de los mayores instrumentos de libertad
que jamás haya inventado el ser humano.

FRIEDRICH HAYEK, exponente de la escuela
austriaca. Premio de Ciencias Económicas del Banco
de Suecia en Memoria de Alfred Nobel en 1974

Dinero no es un sustantivo, es un adjetivo

A través de los complejos episodios de la historia humana, la batalla entre diferentes formas de dinero ha tenido un efecto curioso: devalúa aquellas formas monetarias que son más fáciles de
obtener y eleva el valor de las que resultan más difíciles de producir. Este juego de supervivencia financiera no sólo ha definido
el curso económico de las civilizaciones, sino que ha afinado
nuestro entendimiento del verdadero valor del dinero, como si
fuera un diamante en bruto sometido a la presión del tiempo y
de las circunstancias.

En consecuencia, se ha producido una lenta desmonetización
de los dineros más fáciles y una progresión continua hacia alternativas más duras. Las conchas marinas, las cuentas de vidrio,

las piedras rai y la sal, dieron paso a los metales que eran difíciles de producir, y entre los metales, los más fáciles de producir e inflar dieron paso a los más duros, como el oro o la plata.

El dinero debe ser, en cualquier contexto, el bien que toda persona está más incentivada a crear o encontrar con los medios que tenga disponibles, y por ende toda la sociedad. Por eso la «dureza» del dinero, entendida como la cantidad de energía necesaria para crear una unidad nueva, es lo que determina su supervivencia y supremacía sobre las demás opciones dinerarias, ya que determina su capacidad de resistir frente al intento de todas las personas de crear unidades nuevas.

Hubo una época en la que el hierro fue dinero, pero se desmonetizó hace miles de años; el cobre hace cientos de años, y la plata empezó a perder su rol monetario en el siglo xix. A principios del siglo xx, casi toda la humanidad estaba en un patrón oro y tenía la posibilidad de resguardar el valor de su riqueza en un formato de dinero cuya oferta total aumentaba en torno al 2 por ciento anual, con una previsibilidad confiable de que su valor se mantendría en el tiempo, apreciándose respecto al resto de cosas más fáciles de producir.

Si hay formas dinerarias circulando a la vez y todo el mundo intenta generar nuevas unidades de ambas, la forma de dinero que sea más capaz de resistir esa inversión de tiempo y energía en producir más unidades será la que se expanda en menor grado, y la que más se expanda terminará devaluándose respecto a la otra, hasta que la primera absorba todo el poder adquisitivo que originalmente estaba repartido. El principio de Ley de Gresham dice que en un sistema monetario formado por formas monetarias de distinto valor, aquella forma menos apreciada será desplazada y se dejará de demandar siendo sustituida por la de mayor valor.

Con la llegada del dinero fiat, el dinero empezó a enfermar y puso freno e incluso revirtió esta marcha hacia formas de dinero cada vez más resistentes al desgaste del tiempo y a la erosión de su valor. La oferta del dólar estadounidense —considerada la mejor divisa del mundo— se infla de media un 7 por ciento anual durante las últimas décadas —de igual manera sucede también con el franco suizo y las coronas danesa y sueca que tienen ese «honor»— según Saifedean Ammous, pues dedica un capítulo entero en el libro *El patrón fiat. La esclavitud por deudas como alternativa a la civilización humana*[58] a analizar la historia de la inflación en las principales monedas fíat. Aunque las autoridades públicas ofrecen otros datos, entre susurros y medias verdades justificadas con datos manipulados para camuflar la inevitable inflación de precios. De todas formas, la realidad empírica nos muestra que la inflación real generalizada es muy superior.

Además, con la inflación pasa como con los kilos de grasa que acumulamos. Cuando en las noticias económicas dicen que la inflación ha bajado al 4 por ciento no quiere decir que hayamos perdido peso, quiere decir que estamos engordando más lentamente que antes. Es decir, si un año engordamos siete kilos y al año siguiente engordamos cuatro no quiere decir que hemos conseguido adelgazar tres kilos, quiere decir que hemos engordado once kilos en total. Por lo tanto, con una inflación del 7 por ciento en unos diez años has perdido el 50 por ciento del poder adquisitivo de tu dinero: puedes comprar la mitad de cosas con el mismo dinero.

En algunos casos es muchísimo peor, como sucede en Turquía con 62,5 por ciento anual, en Argentina con más del 120 por ciento, o en Venezuela con más del 300 por ciento, según *Statista*.[59] Hay que tener en cuenta que éstos son datos oficiales, pero atenuados a conciencia para quitarle hierro a la grave situación. Unos datos muy lejanos (e inferiores) a la realidad que se vive en las calles de cada uno de estos países.

Que la inflación aumente suele conllevar el aumento de los precios, pero no son exactamente lo mismo. Inflación viene del latín *inflare*, y significa aumentar la masa monetaria; el incremento de los precios es una consecuencia de la inflación y tienen

58. Ammous, Saifedean, *El patrón Fíat: La esclavitud por deudas como alternativa a la civilización humana*, Konsensus Network, 2022.

59. «Los 20 países con la tasa de inflación media más alta en 2023 y 2024», *Statista*, <https://es.statista.com/estadisticas/495527/paises-con-la-tasa-de-inflacion-mas-alta-mundial/>.

una relación causa-efecto. No obstante, es muy simplista reducir la inflación a un número; aunque nos ayuda a tener una foto fija rápidamente, no es un dato completamente acertado.

La inflación como vector

> Un vector es una cantidad matemática que tiene magnitud, dirección y sentido, y que se utiliza para representar y operar con variables que tienen estas características en el espacio tridimensional o en cualquier otro contexto donde sea aplicable.
>
> MICHAEL SAYLOR, presidente ejecutivo
> de MicroStrategy

La idea de la inflación como vector, que explica Saylor, implica que la inflación no se limita a ser una métrica como medida económica abstracta, sino que tiene consecuencias importantes en múltiples aspectos de la economía y la sociedad en general.

No existe una tasa de inflación universal que mida los aumentos de los precios de todos los bienes y servicios por igual, ya que la inflación afecta a los distintos bienes de manera diferente. Si se considera la inflación como un vector en el que cada bien tiene su propia tasa de inflación de precios, resulta mucho más fácil identificar los impactos de la inflación en los individuos y su previsión para el futuro. Nos permite ver cómo las tasas de inflación varían entre los bienes en función de algunas propiedades clave, como su costo variable de producción y su deseabilidad. Los bienes que son abundantes, que no son muy codiciados y que requieren un bajo costo variable de producción, son los que registran una menor inflación de precios.

La industrialización y la automatización modernas reducen continuamente los costos, permitiendo que estos bienes resistan las subidas de precios, ya que su oferta puede aumentarse con un costo marginal adicional relativamente pequeño. Como dice Saylor, si mañana no se presentara nadie a trabajar en Google, su motor de búsqueda seguiría funcionando y el usuario medio sólo notaría los problemas más tarde por no actualizarse los posibles errores del software. Es muy probable que los bienes digitales experimenten una inflación de precios negativa, como siempre ha ocurrido.

Fijémonos ahora en alimentos industriales producidos a gran escala. Incluso con toda la inflación monetaria de las últimas décadas, el precio de una lata de refresco, una caja de cereales o los alimentos procesados ha aumentado muy poco. Estos bienes tienen una tasa de inflación de precios baja, del orden del 1 al 4 por ciento anual.

Categorías de bienes

Podemos dividir los bienes en cuatro grandes categorías:

- **Sin coste marginal de producción:** como un software reproducible, una canción en Spotify o una cuenta de Netflix.
- **Producciones industriales:** con grandes costes fijos y muy bajos costes variables (por ejemplo: azúcar, harina). La producción puede aumentarse con bajo coste, ajustándose mínimamente al incremento de la base monetaria.
- **Producciones de largo plazo y de alto coste variable:** por ejemplo, un kilo de ternera. Como no es posible aumentar la producción significativamente a corto plazo, los precios tienen que ajustarse mucho al alza.
- **Activos de difícil producción o escasos:** como el oro, los bienes inmuebles o bitcoin —el único finito.

Donde más se manifiesta el vector de inflación es en los bienes intrínsecamente escasos. Este fenómeno se evidencia especialmente en el mercado inmobiliario, donde las propiedades más codiciadas en zonas deseables experimentan revalorizaciones que superan ampliamente las tasas del Índice de Precios al Consumo (IPC), principalmente porque este índice no considera los precios de la vivienda. Además es un medidor poco fiable a

pesar de su uso normalizado, como explica Ammous: «La inflación, su causa, e incluso forma de medirla, son motivos de acalo-
rados debates y discusiones entre economistas de diferentes es-
cuelas de pensamiento. La palabra *inflación* es comúnmente
empleada para referirse al incremento de los precios, pero, cuando la inflación se ve incorrectamente a través de este lente y se
intenta medir por entes centralizados usando el IPC, se presentan retos como innumerables problemas con los criterios de inclusión en la canasta, la forma en que se ajustan los precios para
tener en cuenta las mejoras tecnológicas y todo el concepto de
una canasta representativa de bienes. [...] El IPC no tiene una
unidad definida con la cual se pueda realizar la medición, con lo
cual, su medida se convierte en un juicio subjetivo y no de precisión numérica».[60]

Impacto en bienes escasos

Las matrículas en universidades de prestigio, así como los precios de bienes de lujo y obras de arte, que también llevan implí-
cita una prima de escasez, se incrementan a ritmos comparables
a los de los inmuebles de alta gama, atrayendo una demanda creciente.

En otro capítulo profundizaremos en cómo puedes protegerte para que no te afecte la devaluación monetaria —que tu dinero
tenga menor poder de compra— y cómo compiten estos bienes
escasos por ser utilizados para refugiar el valor ante la inflación.

A diferencia de los bienes industriales, cuya oferta puede
aumentar para satisfacer un incremento en la demanda, los bienes escasos, de lujo y de estatus no tienen esta capacidad, dando
como resultado continuas subidas de precios. La inflación anual
de estos bienes escasos y altamente deseables se sitúa en torno al
7 por ciento. Además, la durabilidad emerge como una métrica
relevante: los bienes duraderos, con mayor probabilidad de conservar valor en el tiempo, atraen la demanda como reservas de

---

60. Ammous, Saifedean, *op. cit.*, p. 75.

valor y tienden a apreciarse, mientras que los bienes perecederos y consumibles suelen experimentar tasas de inflación más bajas respectivamente.

La inflación y la preferencia temporal

La idea más brillante de Saylor, presidente ejecutivo de Micro-Strategy (una empresa de inteligencia empresarial que cotiza en bolsa y que fundó en 1989, con más de doscientos mil BTC en su poder), es que la inflación no sólo encarece lo que compramos día a día, sino también el precio de adquirir activos financieros que nos generen ingresos futuros. Esto se refleja en los bonos, cuyos rendimientos han caído debido a las bajas tasas de interés, complicando la acumulación de ahorros suficientes para la jubilación. La consecuencia directa es que valoramos más el presente que el futuro, ya que el retorno de nuestras inversiones a largo plazo disminuye. En estas circunstancias, no es de extrañar que asistamos a un aumento considerable de la *preferencia temporal* —tendencia a valorar más los beneficios inmediatos en detrimento de los beneficios a largo plazo—, condicionando a la sociedad a ser más cortoplacistas, lo que históricamente nos ha hecho más pobres.

Es crucial identificar las características que tienen en común aquellos bienes o activos menos afectados por la inflación y comprender su relevancia. Independientemente de cómo se mida, la inflación es una degradación del poder adquisitivo que afecta directamente al valor del dinero. Es la confiscación del valor de tu trabajo diario y de la energía y esfuerzo que dedicas a obtener las unidades monetarias que posees.

> La inflación es un robo. Les están robando el valor del dinero de los ahorradores. Por lo tanto, si es del 2 o 10 por ciento, el valor de la moneda se pierde. Y, realmente, destruye una parte importante de la economía que es el ahorro.
>
> Ron Paul, Miembro de la Cámara de Representantes de EE. UU.

La inflación erosiona nuestra capacidad de preservar valor para el futuro, sumergiéndonos en un mar de incertidumbre creciente. Cuanto más incierto se vuelve el mañana, más subestimamos lo que nos espera y priorizamos el presente en detrimento del futuro. Esta mayor preferencia por lo inmediato crea un círculo vicioso que afecta nuestras decisiones y moldea nuestras economías de manera devastadora.

En el primer capítulo de *Monarquía, democracia y orden natural*,[61] Hans-Hermann Hoppe explica cómo ciertos eventos afectan a nuestra preferencia temporal. Por ejemplo, ser víctima de un ataque o de un robo incrementa nuestra preferencia temporal —nos hace más cortoplacistas—, pero Hoppe distingue entre un robo puntual (como podría ser el matón que un día te quita el almuerzo en el colegio), que sólo tiene efecto a corto plazo, y el robo sistemático (te roban todos los días el almuerzo). Si los robos son cometidos por quienes deberían protegernos, como los profesores en la escuela, el efecto es mucho más demoledor. Este robo sistemático de quienes deberían protegernos nos lleva a adaptarnos forzosamente, cambiando nuestros incentivos y moldeando nuestra sociedad.

En relativamente poco tiempo ha cambiado mucho la perspectiva sobre los impuestos y la inflación en la sociedad actual, que ha terminado por agachar la cabeza y tragar sin rechistar. Pero no siempre ha sido así, por ejemplo, los padres fundadores de Estados Unidos que pagaban unos 67 centavos de la época en impuestos, fueron a la guerra contra Gran Bretaña entre las décadas de 1750 y 1760, alegando que el impuesto sin representación es tiranía con el lema *No taxation without representation* (No hay tributación sin representación).

El confuso laberinto financiero contemporáneo, marcado por los ciclos económicos y la incesante intervención de los bancos centrales, nos lleva a cuestionar la inmunidad de los bancos ante el colapso. Los bancos, al ostentar el monopolio de funciones eco-

---

61. Hoppe, Hans-Hermann, *Monarquía, democracia y orden natural*, Unión Editorial, Madrid, 2020.

nómicas cruciales, raramente enfrentan el colapso, ya que tanto los políticos como la sociedad concuerdan en la catástrofe que esto implicaría, impulsando intervenciones para inyectar liquidez en el sistema financiero por parte del Banco Central y el gobierno.

Este proceder, con el Banco Central creando liquidez mediante decreto, no sólo evita supuestamente el descalabro financiero de empresas e individuos, sino que también es reflejo de la política monetaria de bancos centrales monopolísticos, que, irónicamente, son los artífices de la fase recesiva del ciclo económico, creando crisis cada vez más consecutivas y cercanas en el tiempo. A lo largo de un siglo del reinado fíat se ha cultivado un consenso entre académicos y políticos para eludir la contracción monetaria. Estos académicos, medios de comunicación y políticos que defienden la inflación abusiva, están alineados con incentivos perversos que les benefician egoístamente —ya que viven de este dinero—. Es decir, en las universidades, los medios de comunicación y los discursos políticos, se suele mostrar un lado positivo a la inflación monetaria deliberada, pues su historia nos ha mostrado que la hiperinflación emerge para solucionar problemas de solvencia gubernamental y monetización de la deuda pública, impregnada de la impresión excesiva de papel moneda.

Imaginemos un depósito de agua que debe saciar la sed de todo un pueblo, pero que pierde agua lentamente. Con el tiempo y los avances tecnológicos, se logra reducir la pérdida de agua. Idealmente, queremos que este depósito no pierda ni una sola gota, dado que cualquier pérdida es contraproducente. Históricamente sucedía lo mismo con las *tecnologías dinerables* que teníamos disponibles, sólo éramos capaces de minimizar esta pérdida al 2 por ciento como máximo, y se aceptaba como lo mejor posible, valorando al oro como la reserva de valor por excelencia, debido a su estabilidad relativa. En la nueva era, Bitcoin representa una evolución de este concepto y funciona como un depósito que, en teoría, minimiza al máximo estas pérdidas con el tiempo.

Sin embargo, podría argumentarse que un depósito que pierde más agua, pero está más accesible y disponible para quienes realmente la necesitan, podría ser más valioso en determinados contextos. Por lo tanto, las pérdidas no son el único factor a considerar cuando se evalúa la utilidad o eficacia de un recurso. La conclusión simplificada es que el dinero está enfermo.

El dinero fíat ha tratado de ser un fármaco para curar un problema económico, pero ha terminado siendo veneno mortal.

> Phármakon es una sustancia que comprende a la vez el remedio y el veneno; no una cosa u otra, sino ambas a la vez. Como dijo Paracelso: «Sólo la dosis hace de algo un veneno». En el primer tratado de botánica científica, un discípulo de Aristóteles lo expresa diáfanamente a propósito de la datura metel: «Se administra una dracma (3,2 gramos) si el paciente debe simplemente animarse y pensar bien de sí mismo; el doble de esa dosis si debe deliberar y sufrir alucinaciones; el triple si debe quedar permanentemente loco; se administra una dosis cuádruple si el hombre debe morir».

Antonio Escohotado[62]

Esta reflexión de Escohotado, uno de los hombres más sabios y que más admiro, se centra en la dualidad del remedio y el veneno dependiendo de la dosis y nos ofrece una analogía —advirtiendo que no es una analogía perfecta— que puede ayudarnos para comprender la trayectoria del papel moneda en nuestra historia económica.

Originalmente, el papel moneda fue concebido como un remedio a las limitaciones del oro —dinero fiduciario, en formato papel con respaldo o representación en oro. Muy distinto al actual dinero fíat—, sin embargo, con la eliminación del patrón oro y el posterior abuso de darle a la *maquinita* para imprimir dinero —apuntes contables digitales, no físico en billetes— por parte de los bancos centrales, comenzamos a adentrarnos en dosis más peligrosas —aunque nunca hubo dosis que no lo fueran—. El sistema, alentado por esta sobreimpresión, comenzó a delirar y su-

---

62. Escohotado, Antonio, *Aprendiendo de las drogas: usos y abusos, prejuicios y desafíos*, Anagrama, Barcelona, 2006.

frir alucinaciones, manifestadas en inflaciones artificiales, burbujas económicas y un desapego del valor real de la moneda.

> Lo que importa no es el dinero. El dinero sí que crece en los árboles, el dinero sí que se puede hacer el que se quiera. El banco central le da a un botón y nos pone un cero más a todos. Lo que nos hace ricos o pobres es la producción de bienes y servicios.

> MIGUEL ANXO BASTOS, economista y politólogo

El problema que no matiza el profesor Bastos es que el cero sólo se le pone a unos cuantos privilegiados, lo que hace que los demás sean cada vez más pobres. El riesgo es continuar incrementando esta dosis de impresión descontrolada hasta que nuestra economía quede «permanentemente loca», o incluso peor, administrar esa dosis «cuádruple» que llevaría al colapso total del sistema —la muerte—, empobreciendo y dañando de manera irreversible a la sociedad.

> El dinero del Estado es veneno.

> ALFREDO ROMEO

La advertencia de Escohotado sobre el equilibrio entre el remedio y el veneno se aplica de manera poética y profunda a nuestra situación monetaria actual. Ahora el dinero fíat emitido por los bancos centrales se ha convertido en puro veneno para las personas, ya que nos empobrece hasta morir, literalmente. Sí, hasta morir de envenenamiento por pobreza. La historia está repleta de sangre por causa del mismo tropiezo sistemático de los líderes que no soportan la tentación de manipular el valor del dinero, a través del poder para alterar su cantidad total.

Ésta es la problemática más relevante a la que nos enfrentamos, ya que hay soluciones para transportar valor en el espacio, pero no para transportarlo en el tiempo. Ése es el nicho que cubre Bitcoin.

> Más de sesenta episodios de hiperinflación han tenido lugar en países que utilizan sistemas monetarios fiat en el último siglo.
>
> STEVE H. HANKE[63]

Entre 1969 y 2020, 167 países tuvieron una tasa promedio de crecimiento anual de la masa monetaria del 29 por ciento, aunque este dato es inexacto y únicamente orientativo, pues la capacidad para medirlo a nivel global es más compleja que un simple número y no refleja la realidad de cada país. Algunos países han experimentado un crecimiento mucho más rápido, mientras que otros han tenido un crecimiento más lento (gráfico 2.1).

Gráfico 2.1. Los principales balances de los bancos centrales desde la crisis financiera

Billones de dólares

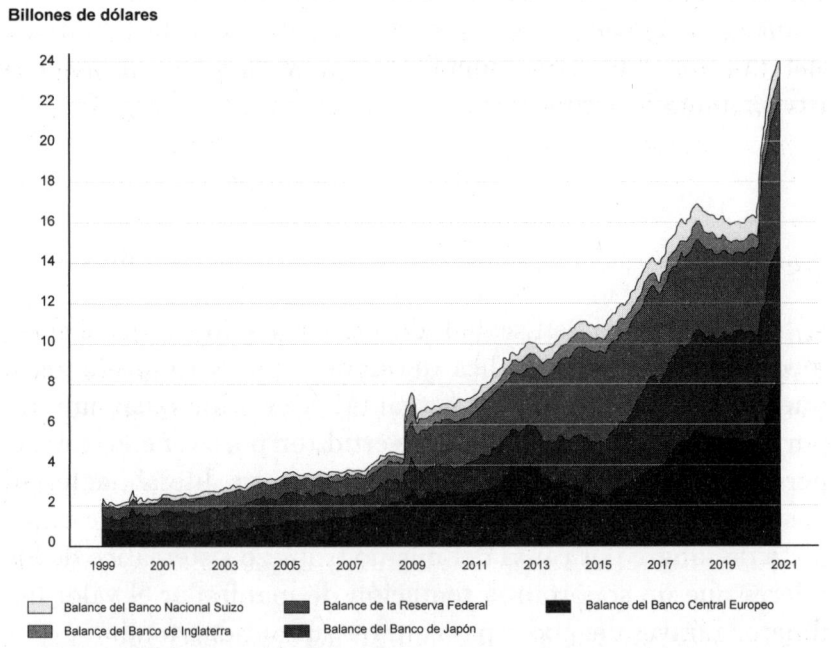

Fuente: Fed, ECB, BoJ, BoE, SNB, Bloomberg.

63. Hanke, Steve H., *Lebanon hyperinflates*, Cato Institute, 23 de julio de 2020, <https://www.cato.org/commentary/lebanon-hyperinflates>.

El destino del dinero fíat acelera la hiperbitcoinización

El crecimiento insaciable del dinero fíat contrasta drásticamente con la predictibilidad y la constancia media del oro, cuya tasa de crecimiento se ha mantenido entre el 1 y el 2 por ciento anual. Bitcoin no sólo comparte la predictibilidad de la tasa de crecimiento de la oferta como el oro, además es auditable de forma continua en tiempo real y su oferta irá descendiendo cada cuatro años hasta llegar al 0 por ciento en el año 2140, gracias al evento conocido como *halving*: la oferta finita de bitcoin acabará cuando alcance los 21 millones de unidades casi infinitamente divisibles.

La variabilidad, impredecibilidad y artificialidad en el crecimiento de la oferta monetaria fíat subrayan la inestabilidad intrínseca del sistema y la generación de crisis a lo largo de la historia. Todos los países, sin excepción, sufren un deterioro de su moneda, aunque algunos casos son más graves que otros.

Esta aceleración imparable de creación monetaria alocada del dinero fíat, que degrada en hiperinflaciones, es opuesta a la oferta limitada e inflexible de bitcoin, provocando y acelerando la *hiperbitcoinización* (adopción masiva de bitcoin).

Incertidumbre del sistema fíat

Analicemos juntos esta incertidumbre[64] intrínseca del sistema fíat. Tomemos el euro como referencia y el Banco Central Europeo (BCE) para intentar responder las siguientes preguntas:

1. **¿Cuántas unidades de euros hay exactamente en circulación?**

   En realidad no lo sabemos y no podemos averiguarlo con precisión y veracidad. Si buscamos en Google, probablemente encontremos un número que hace referencia a la cantidad que el BCE estima que existe en la actualidad.

---

64. ¿Qué es el dinero y por qué importa?, Bitcoin Bridge, <https://bitcoin-bridge.de/es/que-es-el-dinero-y-por-que-deberia-importarte/>.

2. **¿Podrías verificar tú mismo ese número o tienes que confiar en un tercero para que te lo diga?**

    No tenemos forma de verificar el monto total, simplemente, confiamos. Tenemos que creer en la estimación del BCE como si fuese un guía canino y estuviéramos completamente ciegos.

3. **¿Cuántas unidades de euro existirán en una semana? ¿En un mes? ¿En un año?**

    Nadie en el mundo conoce la respuesta a esa pregunta, ni siquiera el máximo responsable del BCE podría responder sin mentir, ya que aún no han decidido cuántos euros van a ser creados o destruidos en una semana.

4. **¿Quién tiene el poder de cambiar las respuestas a cualquiera de las preguntas anteriores?**

    Adivina. También el BCE.

5. **¿Seguirá existiendo esta forma de dinero dentro de cien años?**

    Nadie tiene la respuesta a esta pregunta, ni siquiera el BCE.

6. **¿Te parece que esto responde a una moneda segura y confiable?**

Reflexiona sobre ello durante un momento antes de seguir leyendo.

Estas mismas preguntas se pueden extrapolar a cualquier otra divisa o banco central. Veamos la respuesta a estas preguntas en el caso de bitcoin:

1. **¿Cuántas unidades de bitcoin hay exactamente en circulación?**

    Podemos saber con absoluta precisión cuántos bitcoins existen en la actualidad. Por tanto, si tengo 1 BTC, sé exactamente qué porcentaje del monto total me pertenece sin que puedan diluirlo.

2. **¿Podrías verificar tú mismo ese número o tienes que confiar en un tercero para que te lo diga?**

    Puede ser verificado por cualquier persona en cualquier momento. Podrías hacerlo a través de un explorador de bloques como mempool.space, pero si no quieres confiar en absolutamente nadie, podrías hacerlo a través de un nodo propio que ejecuta el protocolo de Bitcoin y tiene una copia sincronizada de toda la información en tiempo real. Mientras escribo estas líneas he consultado a mi propio nodo y existen exactamente 19.719.431 BTC, pero no puedo hacer lo mismo con los euros o los dólares.

3. **¿Cuántas unidades de bitcoin existirán en una semana? ¿En un mes? ¿En un año?**

   Se calcula muy fácilmente y podemos saber casi con absoluta precisión cuántos bitcoins existirán incluso dentro de cien años. Así, sabiendo lo que tengo hoy, a diferencia de cualquier dinero fíat, también sabré qué porcentaje de éstos serán míos como mínimo, aún en caso de que no consiga adquirir ni uno más.

4. **¿Quién tiene el poder de cambiar las respuestas a cualquiera de las preguntas anteriores?**

   Nadie.

5. **¿Seguirá existiendo esta forma de dinero dentro de cien años?**

   Sí, con una certeza muy alta. No hay forma de saber cuál será su precio o si será utilizado, pero si hay al menos un par de ordenadores en el mundo con conexión a internet, existirá Bitcoin y funcionará como lo hace hoy.

6. **¿Te parece que esto responde a una forma de riqueza segura y confiable?**

Reflexiona sobre ello durante un momento antes de seguir leyendo.

El valor del dinero fíat se derrite como un cubito de hielo

Funcionar con una forma de dinero tan impredecible y cambiante afecta directamente al poder adquisitivo a largo plazo, al poder de compra de cada uno de nosotros. No nos damos cuenta porque en el corto plazo todo parece estable, pero visto con la perspectiva de los años la gravedad aumenta. Es como si tu dinero fuese un cubito de hielo que se va derritiendo conforme pasa el tiempo y los bancos centrales cada vez suben más la temperatura, provocando que el hielo se derrita a mayor velocidad.

Cada día eres un poquito más pobre porque con el mismo dinero puedes comprar menos cosas. La expansión de la masa monetaria total es un impuesto oculto o un robo encubierto, puedes llamarlo como prefieras porque el resultado es el mismo, te empobrece (gráfico 2.2).

Gráfico 2.2. Volatilidad de bitcoin vs. dinero fíat

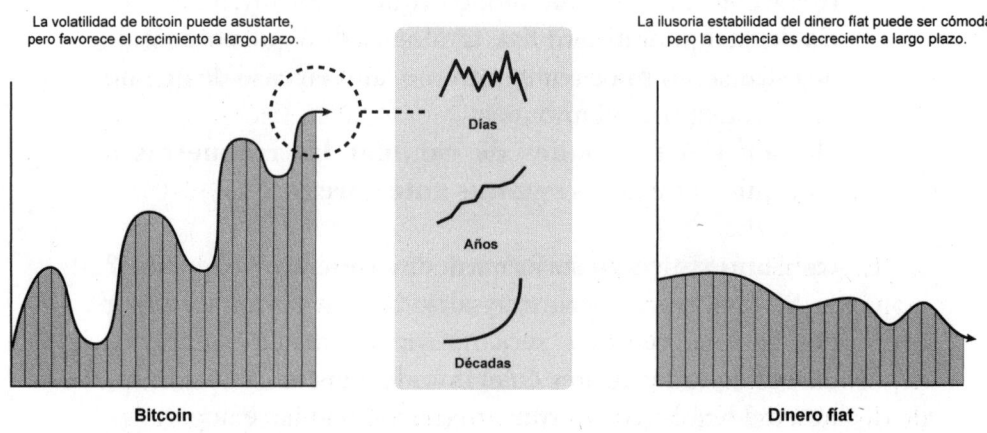

Fuente: Elaboración propia.

Al contrario que Bitcoin, el sistema fíat fue evolucionando progresivamente a través de procesos complejos entre concesiones, limitaciones políticas y conveniencia por amiguismo. Como explica Ammous, tampoco podemos negar que el sistema fíat empezó como una solución a un problema evidente: «A pesar de todos sus defectos, no se puede escapar a la conclusión de que el patrón fíat fue, en efecto, una solución a un problema real y debilitante del patrón oro: su baja vendibilidad espacial. La escasa vendibilidad temporal del fíat seguía siendo un problema, pero tolerable, debido a sus ventajas de transferencia de valor a través del espacio».[65]

65. Ammous, Saifedean, *op. cit.*

La vendibilidad a la que se refiere Ammous es la liquidez de un bien o la facilidad de venderlo sin asumir un descuento en su valor. Es decir, cambiar 10 euros por un libro que tiene un precio de 10 euros es muy fácil e inmediato. Hacer el cambio contrario también es posible, pero requiere tiempo —esperar a encontrar un comprador que pague ese precio— o asumir un descuento —ofrecerlo por menos dinero—. Por tanto, el libro es menos vendible que los 10 euros y, por ende, menos líquido. De ahí la superioridad de Bitcoin por su extrema liquidez a nivel global, en la que profundizaremos en el capítulo 6, pero que vamos a ir revelando, poco a poco, con ciertos destellos de luz.

> Bitcoin combina de forma efectiva la vendibilidad temporal con la vendibilidad espacial del dinero fíat en un paquete apolítico e inmutable de código abierto.
>
> SAIFEDEAN AMMOUS[66]

El problema para transportar riqueza en el espacio lo solucionaron los sustitutos monetarios similares a los billetes que utilizamos habitualmente. Gracias al empleo de los sustitutos del oro, del telégrafo y de las cámaras de compensación, el mundo disfrutó del período de mayor progreso de la historia, pero los efectos secundarios de este *phármakon* supusieron destruir la función que sí cumplía el oro para transportar riqueza en el tiempo.

Dinero de uso forzoso por obligación divina y ley de hierro

«El nombre común para la moneda gubernamental regulada es dinero fíat, de la palabra latina fíat, "hágase", origen de dinero creado por decreto, orden o autorización.»[67]

66. Ibídem.
67. Ibídem.

La palabra latina *fiat* significa 'hágase' utilizada del mismo modo que aparece en la Biblia con la frase *fiat lux*, en el libro del Génesis, capítulo 1, versículo 3, como parte del relato de la Creación, y la traducción más común al español es 'hágase la luz'. En inglés el término *fiat* se usa para denominar un *decreto formal*, una autorización o una regla, adecuado para el patrón monetario actual, ya que sustituye el juicio libre de las personas por imposiciones gubernamentales. El dinero fíat que se denomina como «de curso legal», es en realidad «de curso forzoso».

Jörg Guido Hülsmann en *The ethics of money production*[68] define el dinero fíat como una combinación de cuatro imposiciones gubernamentales:

1. **Decretar que un certificado tiene que cotizar a la par:** Si alguien posee un certificado por 10 € de deuda de David, lo puede usar como dinero, pero seguramente el receptor lo acepte a cambio de menos de su valor nominal ya que tiene que tener en cuenta el riesgo de impago. Un billete, originalmente un título de deuda, cotizará por menos de su valor nominal en un mercado libre. Decretar lo contrario es el primer paso al fíat.

2. **Suspender la redimibilidad del certificado:** el billete ya no otorga ningún derecho más allá de pasarlo a otra persona y libera la responsabilidad del emisor de tener reservas para hacer frente a esa demanda.

3. **Decretar que el certificado es moneda de curso legal:** obliga al receptor a aceptarlo como pago quiera o no. Por ejemplo, es legal comprar cualquier cosa usando cualquier otra —puedo comprar el pan pagando con cigarrillos si el vendedor acepta—, pero si quiero pagar con euros el vendedor no lo puede rechazar, tiene la obligación de aceptar los euros.

4. **Decretar monopolio en la emisión de moneda:** sólo una entidad puede emitir esos certificados como dinero fíat.

68. Hülsmann, Jörg Guido, *The ethics of money production*, Ludwig von Mises Institute, Estados Unidos, 2018.

Únicamente cuando se dan estas cuatro circunstancias tenemos dinero fíat al completo.

Bitcoin, responsabilidad sin imposición

Bitcoin no busca imponer qué es el dinero, simplemente se propone como la mejor opción y te permite elegir libremente. En cambio, el dinero fíat se impone a lo largo del curso forzoso y se obliga a la población a pagar un impuesto en la misma moneda que ellos generan para perpetuar su uso y mantenernos esclavos. Así lo expresa el presidente de Argentina Javier Milei: «El curso forzoso es lo que les permite a los políticos robarte con el impuesto inflacionario, con Bitcoin esto es imposible, ya que viene predeterminado» y también el profesor de economía Saifedean Ammous: «El valor en la capa base del fíat no se basa en la mercancía física de libre comercio, sino que está dictado por la autoridad, que puede controlar su emisión, oferta, compensación y liquidación, e incluso confiscarlo en cualquier momento que considere oportuno [...]. Con el paso a la moneda fíat, el intercambio pacífico en el mercado ya no determinaba el valor y la elección del dinero».

Bitcoin respeta la riqueza y el trabajo que realizamos para obtenerla, porque no altera ni diluye la propiedad del prójimo. Esto nos ayuda a planificar con mayor horizonte temporal y escoger el proyecto de vida que deseamos. Como lo expresa el intelectual economista argentino Alberto Benegas Lynch cuando habla de una filosofía de vida alineada con el liberalismo: «La libertad de cada persona para escoger cómo desea vivir su vida y el respeto incondicional por el proyecto de vida del prójimo».

Definitivamente, el dinero creado por las instituciones de poder es dinero por decreto, no por el valor que le otorga la sociedad de forma orgánica y natural. A través de los impuestos nos obligan a utilizar y aceptar este tipo de dinero enfermo —más o menos enfermo de gravedad, dependiendo de la jurisdicción y la divisa que sea, pero el resultado final es el mismo.

El final del patrón oro y la era del dinero fíat

Desde que el Banco de Inglaterra anunció en 1914 el final del patrón oro como medida temporal de emergencia para financiar la Primera Guerra Mundial, la conversión de billetes en oro nunca se reanudó. Exceptuando un breve período entre la Primera y la Segunda Guerra Mundial, cuando el patrón oro se reinstauró de manera limitada, ya que sólo se redimía en *bullion* —similar a los lingotes—, por lo que la mayoría de la población nunca tenía suficientes libras para reclamarlo. Además, se hizo con la misma tasa de cambio preguerra, por lo que había una enorme disparidad entre el oro equivalente a todas las libras en circulación y el oro que realmente había disponible.

Este sustituto temporal se convirtió en la normalidad. Más de un siglo después, la conversión de billetes en oro sigue siendo la esperanza un hecho incumplido y sin indicios de que vuelva a la condición anterior. Este acontecimiento puede que te suene familiar a otro hecho histórico similar que ocurrió cincuenta y siete años más tarde.

La intervención del Estado y la inflación perpetua

El economista británico John Maynard Keynes propuso la intervención del Estado en la economía y abogó por la inflación perpetua como solución. Aunque Hayek, un contemporáneo y crítico, advirtió de los peligros de esta estrategia, Keynes persistió en su enfoque sin aceptar que ésa era la causa del desastre. En su *Teoría general de la ocupación, el interés y el dinero*,[69] publicado en 1936, Keynes incluyó a sindicatos y partidos políticos en la nómina del Estado, otorgándoles el título de élite reguladora en nombre del ideal social del pleno empleo, abriendo la puerta y aceptando la paternidad de la economía planificada, dirigida, intervenida y regulada por el Estado, que ha ocupado una posición hegemónica

69. Keynes, John Maynard, *Teoría general de la ocupación, el interés y el dinero*, Fondo de Cultura Económica, México, 2018.

en la economía occidental desde la Segunda Guerra Mundial. Su premio —después de lapidar todos los principios de la economía clásica para obtener un fin— fue el título de barón Keynes of Tilton y un sillón en el consejo del Banco de Inglaterra.

Bien es cierto que no vivió para ver el resultado de su teoría: al estar sometido al patrón oro —aunque ya mínimamente— y constituirse éste en el último liquidador de deuda externa, las reservas de oro americanas no paraban de disminuir, lo que evidencia desfase entre lo que se importa y lo que se exporta, obligando a que el presidente Richard Nixon cerrara unilateralmente la ventanilla del oro, el último vínculo existente entre los billetes y su valor convertible en metal, que ya había sido devaluado dos veces y que Francia fue la última en exigir a cambio de sus reservas de dólares. Todo ello para poder seguir inflando sin límite.

El Nixon shock *y el abandono del patrón oro*

El presidente estadounidense ejecutó esta tomadura de pelo a la ciudadanía y al sistema económico mundial el 15 de agosto de 1971 con el famosísimo *Nixon shock*. Junto a unas declaraciones públicas donde recitaba una serie de decretos gubernamentales destinados a contener la creciente inflación y el desempleo. Unas declaraciones insultantes hacia la inteligencia de la población, visto con la perspectiva de los años, ya que sus pronósticos y garantías resultaron totalmente erróneas y equivocadas. Aun así, la acogida de las medidas fue muy positiva a corto plazo y llevaron a su reelección en 1972.[70] Sin embargo, sucedió todo lo contrario a lo prometido, los precios se dispararon en las décadas siguientes, demostrando que el espejismo de dinero sólido sólo duró hasta 1973.

Antes de 1971 el dólar estaba respaldado por oro. Desde entonces, los sistemas monetarios predominantes nunca más se basaron en monedas totalmente redimibles en oro. Este cambio marcó el inicio de una era de inflación y expansión monetaria sin

70. Garten, Jeffrey E., *Three days at Camp David: How a secret meeting in 1971 transformed the global economy*, HarperCollins, Estados Unidos, 2022.

precedentes. Así se agravó la enfermedad del sistema mundial hasta un proceso severo de metástasis irrefrenable.

La pirámide invertida de Exter y el rol de bitcoin

La pirámide invertida de John Exter, colaborador de Paul Volcker en la FED (Sistema de la Reserva Federal), es un concepto gráfico creado por el economista y banquero estadounidense John Exter para representar el nivel de riesgo y liquidez de diferentes tipos de activos financieros. La pirámide invertida muestra cómo, a medida que se asciende en la pirámide, los activos se vuelven más arriesgados y menos líquidos (es decir, más difíciles de convertir en efectivo rápidamente), mientras que en la base, los activos son los más seguros y líquidos. Es una representación de la solidez de diferentes activos. Exter advertía que el oro era la base de un sistema monetario sólido y que los economistas keynesianos no comprendían la diferencia entre dinero y deuda. Predijo que Estados Unidos sufriría una depresión financiera grave y que la FED no podría evitarla con sus herramientas de política monetaria. Hoy, la pirámide ha crecido enormemente, y bitcoin se ha añadido a su base, a la misma altura que el oro, incluso con ventajas adicionales (gráfico 2.3).

Gráfico 2.3. La pirámide invertida de John Exter

Fuente: Elaboración propia a partir de los datos del Instituto Mises Hispano (via Mises.org.es).

Desde entonces, las consecuencias de ignorar las advertencias de John Exter han sido devastadoras. En la página web *WTF Happened in 1971?*[71] se recopilan datos que ilustran el aumento de los precios, la disminución implacable de los salarios, el aumento de los alquileres y el precio de la vivienda media, así como el crecimiento descontrolado de la deuda, y otros indicadores alarmantes (gráfico 2.4).

Gráfico 2.4. Productividad vs. salarios

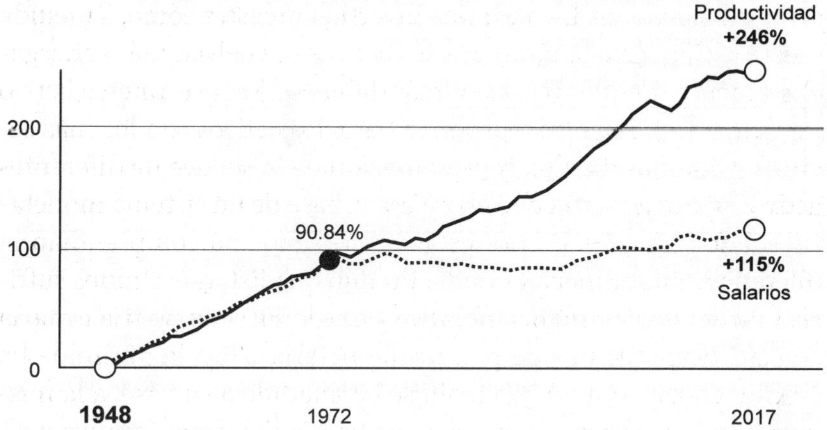

Nota: Los salarios incluyen los sueldos y prestaciones de los trabajadores de producción y no supervisores.

Fuente: Elaboración propia a partir de los datos de Economic Policy Institute.

¿Qué sucedió para que llegáramos a esa situación tan grave y aún sigamos pagando las consecuencias?

Para entender cómo llegamos a esta situación, hagamos un breve recorrido histórico. A finales del siglo XIX el Imperio británico dominaba la economía mundial. Sin embargo, después de la Primera Guerra Mundial, a principios del siglo XX, comenzó a perder poder. Estados Unidos, el último país en abandonar el patrón oro,[72] emergió como la nueva potencia económica mun-

71. *WTF Happened in 1971?*, <https://wtfhappenedin1971.com>.
72. «Patrón oro», *Wikipedia*, <https://es.wikipedia.org/wiki/Patrón_oro>.

Gráfico 2.5. Inflación acumulada en una lata de tomate
Campbell's desde 1913 hasta 2015

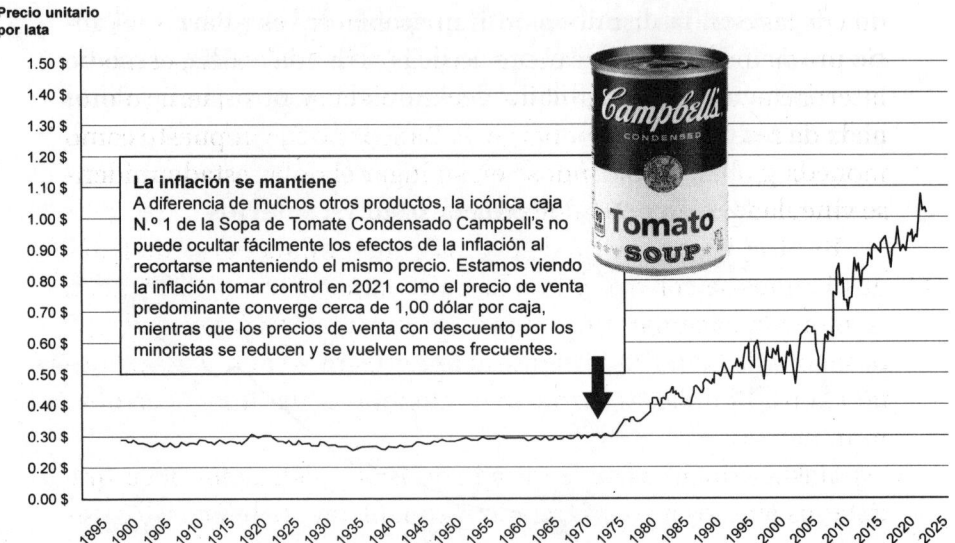

Precio unitario
por lata

La inflación se mantiene
A diferencia de muchos otros productos, la icónica caja N.º 1 de la Sopa de Tomate Condensado Campbell's no puede ocultar fácilmente los efectos de la inflación al recortarse manteniendo el mismo precio. Estamos viendo la inflación tomar control en 2021 como el precio de venta predominante converge cerca de 1,00 dólar por caja, mientras que los precios de venta con descuento por los minoristas se reducen y se vuelven menos frecuentes.

Nota: Por lata nos referimos a la icónica lata N.º 1 «picnic» de Campbell's Condensed Tomato Soup.

Fuente: Elaboración propia a partir de anuncios seleccionados en periódicos de Estados Unidos desde 1897.

dial. En 1933, bajo la Orden Ejecutiva 6102 del presidente Franklin D. Roosevelt, Estados Unidos confiscó el oro, consolidando una gran cantidad de éste en Fort Knox (gráfico 2.5).

La época dorada del dólar

Con los países europeos en guerra, enviaron barcos y más barcos al otro lado del océano Atlántico para confiar a Estados Unidos la custodia del oro europeo, lejos de las manos nazis. Corría el año 1944, cuando cuarenta y cuatro naciones independientes se reunieron en un hotel de Bretton Woods (Nuevo Hampshire) para elegir una nueva base común financiera y evitar que se repitiera otro caos monetario como el que hubo tras la Gran Depresión de 1929.

En Bretton Woods, Keynes impulsó la idea del Bancor, una unidad monetaria internacional. Inicialmente el valor del Bancor sería establecido en relación con treinta mercancías básicas,[73] una de las cuales sería el oro.[74] El propósito era estabilizar el precio promedio de las mercancías básicas con el del valor del medio internacional de intercambios y acumulación de riqueza (o moneda de reserva).[75] Sin embargo, el Bancor no fue impuesto como moneda global, empleándose en su lugar el dólar estadounidense vinculado al oro a 35 dólares por onza.

Bretton Woods sirvió de excusa o metonimia para que Estados Unidos se convirtiera en la única superpotencia situando a su moneda nacional como la predominante a nivel mundial, por posicionarla como equivalente al material más valioso del planeta, el oro. El dólar se hizo con el monopolio del tipo de cambio mundial.

Hasta principios de la década de 1960, podríamos decir que Estados Unidos hizo un trabajo razonablemente bueno y los dólares se convirtieron en el medio de intercambio dominante para liquidaciones internacionales, respaldado por una promesa de pago o convertibilidad en oro. Promesa que sólo podían reclamar los bancos centrales extranjeros, ni los propios ciudadanos de Estados Unidos tenían esa posibilidad.

Sin embargo, tras el asesinato del presidente Kennedy en 1963, con los costes del Plan Marshall[76] a Europa, los programas sociales, la invasión de Vietnam y el sueño de crear la Great Society, entre 1964 y 1965, durante la presidencia de Lyndon B. Johnson,[77] todo cambió de rumbo y la deuda de Estados Unidos se disparó por las nubes.

73. «Materia prima», *Wikipedia*, <https://es.wikipedia.org/wiki/Materia_prima_(economía)>.

74. «Oro», *Wikipedia*, <https://es.wikipedia.org/wiki/Oro>.

75. «Moneda de reserva», *Wikipedia*, <https://es.wikipedia.org/wiki/Moneda_de_reserva>.

76. «Gran Sociedad», *Wikipedia*, <https://es.wikipedia.org/wiki/Gran_Sociedad>.

77. «Lyndon B. Johnson», *Wikipedia*, <https://es.wikipedia.org/wiki/Lyndon_B._Johnson>.

Crisis de confianza

A finales de 1960, los déficits públicos de Estados Unidos eran insostenibles y algunos de los 44 países que pertenecían al acuerdo de Bretton Woods como Francia comenzaron a cuestionar la capacidad de Estados Unidos para mantener la paridad del dólar en 35 por onza de oro y, por lo tanto, para cumplir su promesa de poder canjearlo por el oro contante y sonante cuando se necesitara. Detonado a partir de un famoso discurso[78] de Charles De Gaulle, que denunció el «privilegio exorbitante» de Estados Unidos por poder endeudarse sin límites ni consecuencias, gratuitamente a costa de los demás países. Francia recriminaba a Washington que estaba explotando su condición de moneda de reserva, para cobrar el señoreaje (derecho económico de reservarse para sí mismo parte de la moneda creada por su fabricación) a los acreedores extranjeros de EE. UU. imprimiendo dólares. La deuda estadounidense había crecido demasiado, teniendo 24 mil millones de dólares, respaldados solamente por 11 mil millones de dólares en oro, lo que suponía menos de la mitad.

Francia tenía claro que quería recuperar su oro antes de la devaluación o el desplome total del dólar. Entre 1959 y 1971, Estados Unidos perdió aproximadamente el 50 por ciento de su oro. En agosto de 1971, el presidente francés Georges Pompidou envió una nave acorazada que cruzó el océano hasta la ciudad de Nueva York para recolectar físicamente las reservas de oro de su nación. Los británicos también solicitaron retirar su oro de Fort Knox por valor de 3 mil millones de dólares.

Poco después, el día 15 de agosto de 1971, el presidente Richard Nixon apareció en todas las televisiones del país recitando un discurso que será recordado para siempre. Como medida reactiva contra la alta demanda mundial por recuperar el oro que custodiaba Estados Unidos a cambio de los dólares, Nixon comunicó al mundo que se suspendía temporalmente la convertibilidad del dólar por oro. El presidente trató de presentarlo

78. «De Gaulle predicted the dollar crisis in 1965 and advocates the gold standard», [vídeo], YouTube, 1 de febrero de 2013, <https://www.youtube.com/watch?v=eYgnGAr3-kM>.

como una salvación para la economía y así poder defender el dólar contra los especuladores. Lo que supuso un antes y un después para siempre, el acuerdo de Bretton Woods dejó de existir, el dominio geopolítico de Estados Unidos se cuestionó y comenzó la era de la inflación descontrolada sin fin.

A pesar de que el acuerdo de Bretton Woods finalizó, siguieron vigentes de todos modos dos instituciones que continúan teniendo mucho poder sobre el sistema financiero y que se fundaron en el mismo acuerdo: el Fondo Monetario Internacional y el Banco Mundial.

En 1973 los exportadores árabes del petróleo (OPEP), decidieron cuadriplicar el precio del petróleo mundial (más tarde pasó de 2 a casi 12 dólares por barril de petróleo crudo) y aplicar un embargo a Estados Unidos lo que supuso una crisis muy grave de escasez de energía —recuerda esto para capítulos posteriores—, que más tarde acabó generando una especie de nueva paridad entre el petróleo y el dólar, que desencadenó varias guerras como la de Irak o la de Afganistán.

Los 13 minutos de televisión que transformaron el sistema monetario global

Para comprender el impacto del abandono del patrón oro y la transformación del sistema monetario global, hagamos un repaso del discurso del presidente Richard Nixon el 15 de agosto de 1971, también conocido como el *Nixon Shock* (imagen 2.1).

Después de hacer la introducción, Nixon dijo:

> El tercer elemento indispensable para construir la nueva prosperidad está estrechamente relacionado con la creación de nuevos puestos de trabajo y la detención de la inflación. Debemos proteger la posición del dólar estadounidense como pilar de la estabilidad monetaria en todo el mundo [...].

Es increíble que dijera «detención de la inflación» haciendo referencia a la subida de precios —la consecuencia de la creación

Imagen 2.1. Portada del periódico *The New York Times* el 15 de agosto de 1971

Fuente: Portada del periódico *The New York Times* el 15 de agosto de 1971. Mockup: Designed by Freepik.

monetaria—,[79] que consiguió frenar temporalmente fomentando la economía de escala, los avances tecnológicos y otras cuestiones, pero al final sólo pospuso lo inevitable.

En realidad, el aumento de la masa monetaria es la verdadera inflación que siempre llevará, tarde o temprano, a subidas de precios y a la confiscación oculta del poder adquisitivo (gráfico 2.6).

La abundancia de dinero hace que todo sea más caro.

RICHARD CANTILLON[80]

79. Quantitative easing and helicopter money: not so distant cousins, <https://cepr.org/voxeu/columns/quantitative-easing-and-helicopter-money-not-so-distant-cousins>.

The Very Real Limits of More Quantitative Easing, <https://thesoundingline.com/the-very-real-limits-of-more-quantitative-easing/>.

80. Cantillon, Richard, *Ensayo sobre la naturaleza del comercio en general*, Unión Editorial, Madrid, 2021.

Gráfico 2.6. Reducción del consumo de carne de calidad

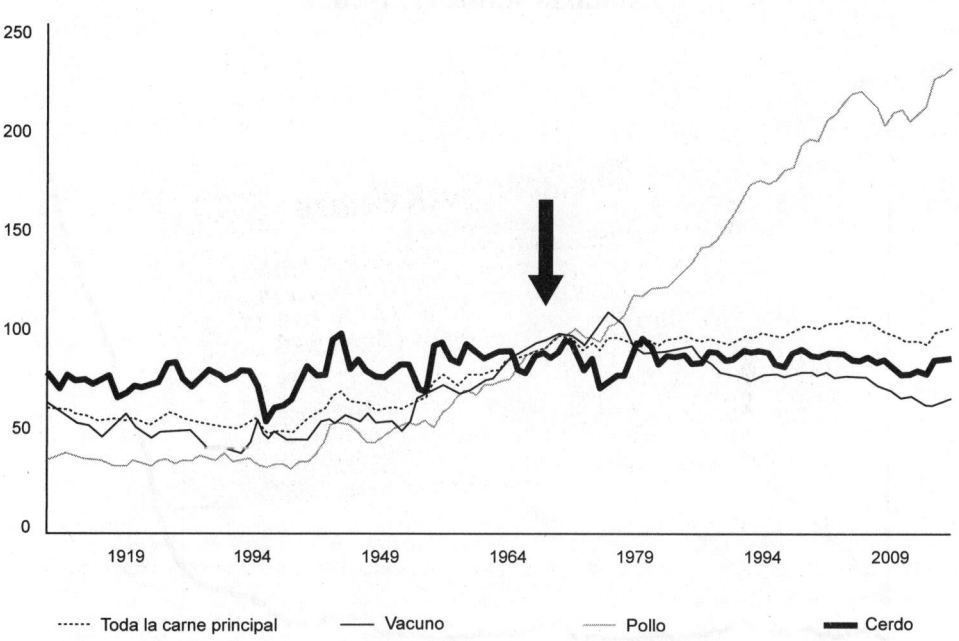

⋯⋯ Toda la carne principal   —— Vacuno   ⋯⋯⋯ Pollo   ▬▬ Cerdo

Fuente: USDA (https://www.usda.gov/).

La confusión entre la causa (aumento de la masa monetaria) y el efecto (ajustes al alza de los precios) es el triunfo de los gobiernos y los medios de comunicación que están a su servicio, para manipular a los ciudadanos de a pie más ingenuos que desconocen la diferencia. Tal y como explica Richard Cantillon, la inflación y la distribución del dinero recién creado benefician primero a quienes están más cerca de la fuente de este dinero (como bancos y gobiernos), lo que les permite gastar antes de que los precios suban (reacción causa-efecto por la creación de dinero), mientras que aquellos más alejados experimentan el aumento de precios antes de ver algún beneficio del nuevo dinero. Esto se conoce como «efecto Cantillon»[81] (gráfico 2.7).

81. «Efecto Cantillon», *Economipedia*, <https://economipedia.com/defi niciones/efecto-cantillon.html?nab=0>.

Gráfico 2.7. Índice de precios al consumidor, Estados Unidos 1775-2012

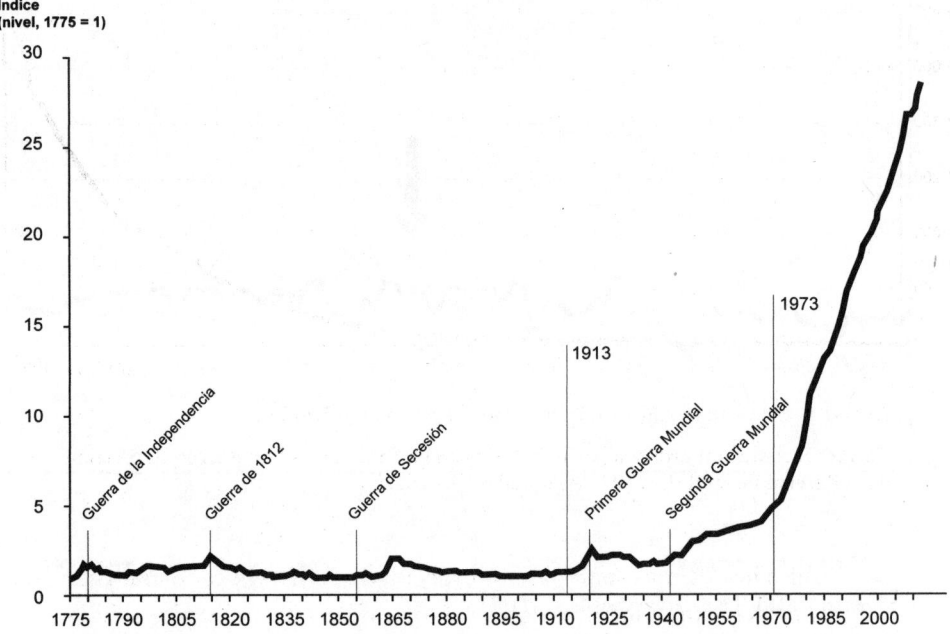

Fuente: Elaboración propia a partir de los datos de la Oficina de Estadísticas Laborales, Estadísticas Históricas de Estados Unidos, y Reinhart y Rogoff (2009).

La curva de emisión y de devaluación del dólar (USD) es casi vertical. Empezó a subir exponencialmente desde 1971 y también vemos una gran expansión en 2020 con la pandemia de la COVID-19 que también aprovecharon como excusa para crear nuevo dinero sin miramientos con consecuencias desastrosas para los que estamos más alejados del origen (gráfico 2.8).

Sigamos con el discurso de Nixon:

En los últimos siete años ha habido un promedio de una crisis monetaria internacional por año. ¿Quién se beneficia de estas crisis? El trabajador, no; el inversor, no; los verdaderos productores de riqueza, no. Los que ganan son los especuladores monetarios internacionales.

Gráfico 2.8. Moneda en circulación según la FED

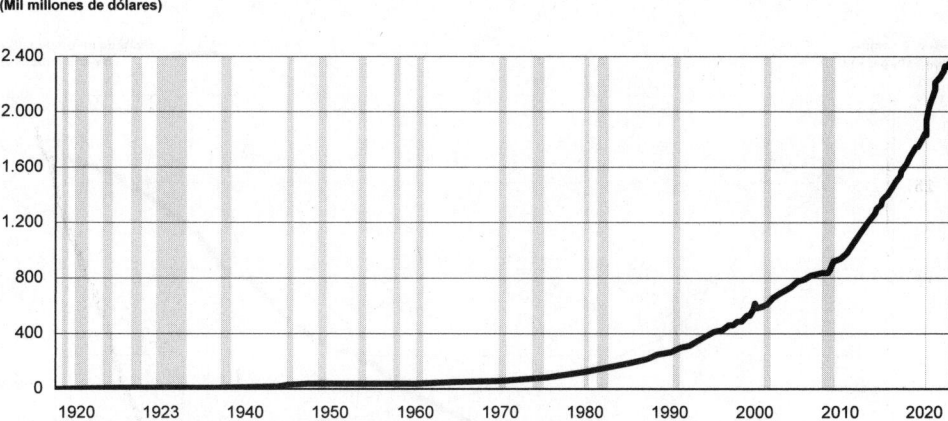

(Mil millones de dólares)

Nota: Las zonas sombreadas indican recesiones en Estados Unidos.

Fuente: Elaboración propia a partir de los datos de Junta de Gobernadores del Sistema de la Reserva Federal (EE. UU.) (vía Fred.Stlousfed.org).

En las últimas semanas, los especuladores han librado una guerra sin cuartel contra el dólar estadounidense. La fortaleza de la moneda de un país se basa en la fortaleza de su economía, y la economía estadounidense es, por mucho, la más fuerte del mundo. En consecuencia, he ordenado al secretario del Tesoro que tome las medidas necesarias para defender el dólar contra los especuladores.

En este fragmento del discurso vemos cómo Nixon encuentra un enemigo común para poder justificar las nuevas medidas del país, rompiendo todo acuerdo previo. En este caso, el enemigo son los malvados «especuladores monetarios internacionales», cuando lo cierto es que algunos de los países que habían participado en el acuerdo de Bretton Woods como Francia o Inglaterra simplemente querían su oro de vuelta. La especulación era evidente, el dólar iba a derrumbarse porque no tenía reservas suficientes, por eso la especulación no tiene por qué ser negativa, simplemente es una previsión o expectativa futura. Básicamente nos está avisando de que hay algo que no funciona como debería en el mercado (gráfico 2.9).

Gráfico 2.9. Pérdida del poder de compra de un dólar estadounidense

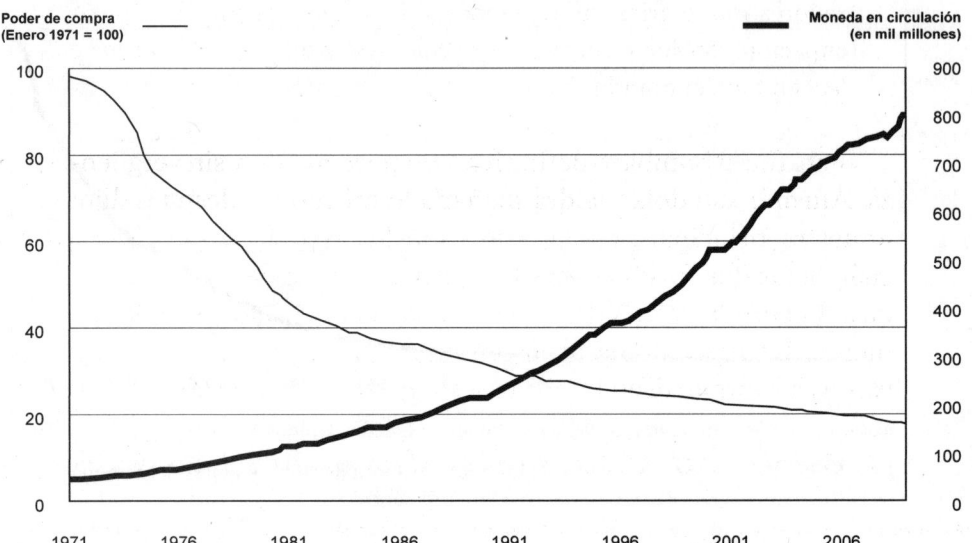

Poder de compra
(Enero 1971 = 100)

Moneda en circulación
(en mil millones)

Fuente: Elaboración propia a partir de los datos de www.DollarDaze.org.

Por si acaso quedan dudas de esta visión sobre los especuladores, ya que todos somos conscientes de la mala imagen social que tienen, recuerda qué pasó con el aviso de Michael J. Burry en 2008 con la famosa crisis de la burbuja hipotecaria por las *subprime*, en la que se basa la película *The Big Short* —totalmente recomendada—. Continuamos con el análisis del discurso de Nixon:

He ordenado al secretario Connally que suspenda temporalmente la convertibilidad del dólar en oro u otros activos de reserva, salvo en las cantidades y condiciones que se determinen en beneficio de la estabilidad monetaria y en el mejor interés de Estados Unidos. Ahora, ¿qué es esta acción —que es muy técnica—, qué significa para ustedes? Permítanme que aclare el tema de la llamada devaluación. Si quiere comprar un coche importado o hacer un viaje al extranjero, las condiciones del mercado pueden hacer que su dólar valga algo menos. Pero si se encuentra entre la inmensa mayoría de los estadounidenses que compran productos fabricados en Estados

Unidos, su dólar valdrá mañana lo mismo. El efecto de esta acción, será estabilizar el dólar.

Ahora bien, esta acción no nos hará ganar amigos entre los operadores monetarios internacionales. Pero nuestra principal preocupación son los trabajadores estadounidenses y la competencia leal en todo el mundo.

Éste fue el bombazo definitivo, con poco miedo y sin vergüenza. Afirmó: «su dólar valdrá mañana lo mismo», y después dijo: «nuestra principal preocupación son los trabajadores». No sé cuál de las dos frases es más bochornosa viendo la escena a toro pasado pero la realidad es que el dólar perdió valor progresivamente. En lugar de basarnos en opiniones o juicios subjetivos, vamos a ver qué dicen los números objetivamente (gráfico 2.10).

Gráfico 2.10. Descenso de los salarios (trabajadores)

Nota: Las zonas sombreadas indican recesiones en Estados Unidos.

Fuente: Elaboración propia a partir de los datos de la Oficina de Análisis Económico de Estados Unidos.

Es evidente que el desastre ha sido y sigue siendo monumental. Las consecuencias son extremadamente graves y dolorosas, sobre todo para los trabajadores que luchan cada día para que la energía que destinan a sus trabajos se vea traducida en un dinero que conserve su valor en el tiempo.

Si no lo has hecho ya, te irás dando cuenta de que se ha vuelto imposible conservar el valor en el dinero fíat y debemos encontrar formas alternativas para depositar nuestro valor energético. «Desde 1914, han perdido más del 95 por ciento de su valor en relación con el oro. El proceso de instalación del patrón fíat ha sido largo, pero ha tenido estos rasgos distintivos: confiscación del oro, aumento de precios, controles de precios, planificación centralizada, expansión inflacionaria del crédito, auges y caídas, la aspiración de exportar inflación tratando de endosar monedas con respaldo fraccionario a regímenes extranjeros. La historia del fíat es la historia de las instituciones financieras dirigidas por los gobiernos que gestionan los *default*.[82] No fue una tecnología diseñada conscientemente para proporcionar dinero sólido o transferencias de pagos», explica Saifedean Ammous.

Dinero deuda con forma de tokens[83]

El sistema fíat puede definirse como la implementación obligatoria de una tecnología de estados contables centralizada y basada en deuda, no creada para optimizar la experiencia financiera de las personas, sino para manejar deudas sin respaldo en oro. Este sistema permite que las promesas de pago futuro se consideren tan válidas como el dinero actual, siempre y cuando provengan del gobierno o de entidades autorizadas por éste para otorgar préstamos.

---

82. Un impago o default, en finanzas, es el incumplimiento de las obligaciones legales o condiciones de un préstamo, por ejemplo, cuando un comprador no puede pagar su hipoteca, o cuando una corporación o gobierno no es capaz de pagar un bono que ha llegado al final del acuerdo.

83. Un token es una representación digital de un activo o utilidad concretos.

A diferencia de sistemas basados en activos reales sin riesgo de contrapartida como el oro o bitcoin, donde sólo los recursos ya existentes pueden usarse para liquidar deudas o realizar pagos, el dinero fíat permite crear tokens de la nada al otorgar un préstamo. Esto provoca un aumento exagerado de la cantidad de dinero en circulación, devaluando el valor de cada token existente.

Como dice Philipp Bagus: «Es como el Señor de los Anillos, si tienes el poder de crear dinero a un coste ínfimo cercano a cero, estás condicionado a hacerlo, ya que la tentación de utilizar ese poder es inmensa». Es muy difícil luchar contra esta tentación, el incentivo es muy fuerte a corromperse. Por ello hay que eliminar la opción de corrupción humana con Bitcoin.

Además, la intervención arbitraria del sistema bancario emite crédito que se convierte en oferta monetaria disponible de nueva creación, lo que significa que cualquier banco al otorgar un crédito o conceder una hipoteca está «creando nuevo dinero». A fin de cuentas, se utiliza el mismo dinero para prestarlo varias veces, permitiendo a los bancos hacer un doble gasto[84] En un mercado libre donde coexistan el dinero fíat y un sistema de dinero más «duro» o estable, se esperaría que los inversores prefieran mantener su riqueza en la forma de dinero que no se deprecia para financiar créditos. A largo plazo, es inevitable que el valor económico se concentre en la forma monetaria más fuerte y resistente al paso del tiempo. Sin embargo, los gobiernos, al monopolizar las redes de pago modernas, pueden forzar a la población a asumir el riesgo de la inflación del dinero fíat durante períodos significativos. Así lo explica Ammous: «La red fíat comprende unos 190 bancos centrales miembros del FMI, así como decenas de miles de bancos privados, con muchas sucursales físicas. En este momento, la red fíat ha logrado una adopción casi universal, y casi todas las personas en el mundo están tratando con un nodo fíat o manejando billetes de papel fíat emitidos por estos nodos. La adhesión a la red fíat no es voluntaria, sino que puede compararse con un *malware* obligatorio. Con la excepción de unas pocas tribus primitivas y aisladas a las que todavía no se las sometió ante el fíat,

---

84. <https://es.wikipedia.org/wiki/Doble_gasto>.

todos los humanos de la Tierra están asignados a un nodo regional en el que deben pagar sus impuestos en su *fiatcoin* local. No pagar en el *fiatcoin* local puede suponer la detención física, el encarcelamiento e incluso el asesinato. Éstos son poderosos incentivos para la adopción que tanto bitcoin como el oro no tienen».

Good Money

Cuando el gobierno pone palos en las ruedas, las personas buscan nuevas soluciones ingeniosas. En el libro *Good Money: Birmingham button makers, the royal mint, and the beginnings of modern coinage, 1775-1821*[85] [Good Money: los fabricantes de botones de Birmingham, la casa de la moneda real y los inicios de la moneda moderna, 1775-1821] George Selgin narra cómo los fabricantes de botones en Inglaterra en el siglo XIX crearon su propia moneda privada (*Good Money*), para suplir la escasez de dinero en circulación durante los primeros años de la Revolución Industrial (aproximadamente entre 1775 y 1850).

En ese momento el gobierno no estaba dispuesto a emitir más moneda. Esto provocó una escasez de dinero en circulación y dificultades para realizar transacciones comerciales. En respuesta a esta situación, los empresarios comenzaron a emitir sus propios vales y recibos que podían usarse como medio de intercambio.

Los fabricantes de botones en particular tenían una gran demanda de dinero debido a que su industria requería una gran cantidad de mano de obra y materiales. Ellos comenzaron a emitir Good Money, una moneda respaldada por los botones que producían. La moneda era aceptada ampliamente en la comunidad local y se convirtió en una alternativa popular a la moneda nacional.

Sin embargo, el gobierno británico no estaba dispuesto a permitir que los empresarios emitieran su propia moneda, ya que

---

85. Selgin, George, *Good Money: Birmingham button makers, the royal mint, and the beginnings of modern coinage, 1775-1821*, Independent Institute, Estados Unidos, 2011.

consideraba que esto socavaba su propio monopolio en la emisión de moneda. El gobierno eventualmente promulgó leyes que prohibían la emisión de moneda privada y los fabricantes de botones tuvieron que abandonar la emisión de Good Money.

Aunque la historia de esa moneda fue breve, su legado continúa siendo objeto de estudio y debate en el campo de la teoría monetaria y la historia económica.

Funciones del Banco Central en el sistema fíat

Según Saifedean Ammous cada banco central tiene cuatro funciones importantes:

1. El **monopolio para suministrar el *fiatcoin* nacional** y determinar su oferta y precio.
2. El **monopolio de la compensación de pagos internacionales**.
3. **Autoridad monopólica para autorizar y regular los bancos nacionales**, mantener sus reservas y compensar los pagos entre ellos.
4. **Prestar a su respectivo gobierno nacional comprando sus bonos**.

La combinación de estas funciones es la raíz de todas las crisis financieras y monetarias del siglo pasado.

En este punto, puede que estés pensando: «De acuerdo, el dinero fíat ya no está respaldado por el oro, pero al menos es físico y podemos tocarlo». Correcto, hay una pequeña parte del dinero fíat que es físico, pero es inferior al 7 por ciento[86] y sigue disminuyendo año tras año. Sólo un pequeño porcentaje de la moneda de cualquier país existe en formato físico, la mayoría existe en forma digital, creado por el monopolio del Estado que

---

86. Desjardins, Jeff, «All of the world's money and markets in one visualization», *Visual Capitalist*, 27 de mayo de 2020, <https://www.visualcapitalist.com/all-of-the-worlds-money-and-markets-in-one-visualization-2020/>.

cede a los bancos, por decreto no democrático y voluntad unilateral no consensuada.

> Lo primero que hay que comprender es que el banco central es una estafa, es un mecanismo por el cual los políticos estafan a las personas de bien con el impuesto inflacionario.
> Bitcoin está representando la vuelta del dinero a sus orígenes. [...], por eso planteo eliminar el banco central.
>
> JAVIER MILEI

El dinero emitido por los bancos es deuda, una deuda impagable. No sólo se crea nuevo dinero cuando se imprimen billetes, sino también cuando se emite nueva deuda. No es necesaria la impresión física para crear más unidades monetarias. La impresión de billetes sólo convierte parte de la oferta monetaria ya existente digitalmente en efectivo. Es importante recalcar que se trata solamente de una parte de la masa monetaria ya emitida.

Los gobiernos crearán su propia criptomoneda y acabarán con Bitcoin

En este punto es cuando muchos piensan: «De acuerdo, si el dinero es digital principalmente, los gobiernos junto a los bancos centrales harán su propia moneda digital basada en la misma tecnología *blockchain* y no permitirán que Bitcoin triunfe». Para una respuesta breve podemos recurrir a las palabras de Andreas Antonopoulos: «Las *Central Bank Digital Currencies* (CBDC) son el destino final del dinero como medio de control, son el Nirvana del dinero como medio de control».

Si desarrollamos un poco más, estas nuevas monedas digitales de los bancos centrales, conocidas como CBDC, no podrían estar más alejadas de lo que propone y representa Bitcoin para nuestra sociedad. Aunque tanto las criptomonedas como estas nuevas CBDC se consideran de la misma familia que Bitcoin por ser digitales y por tratar de utilizar la misma tecnología o similares, la realidad es muy diferente (gráfico 2.11).

Gráfico 2.11. Percepción vs. realidad

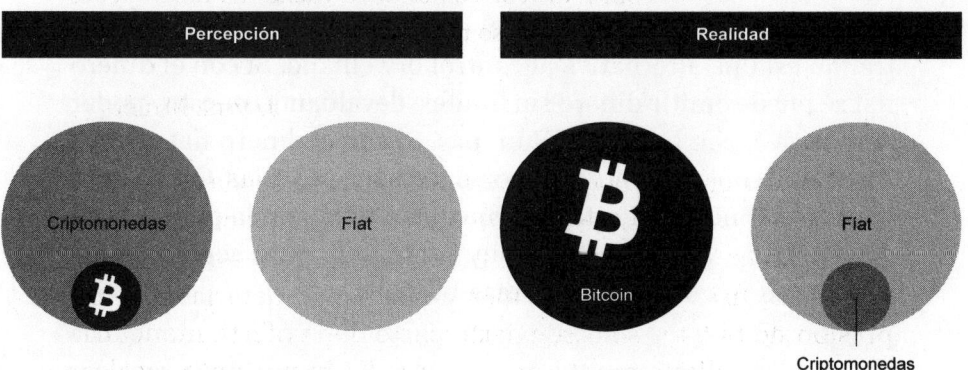

Fuente: Elaboración propia.

Lo más parecido al funcionamiento de las CBDC es el Gosbank, el Banco Estatal de la URSS, que fue el único banco de la Unión Soviética desde la década de 1930 hasta 1987. Todos los ciudadanos que tenían acceso a la actividad bancaria tenían acceso a un solo banco, y éste tomaba todas las decisiones económicas.

SAIFEDEAN AMMOUS[87]

Las CBDC, inspiradas en Bitcoin, representan la actualización más significativa del sistema monetario fíat en cincuenta años, con un potencial transformador muy peligroso tanto para la economía como para la sociedad en general. Al centralizar el crédito y la emisión de dinero en los bancos, son el caballo de Troya de la supervisión y podrían llevar a un aumento de la vigilancia

87. Ammous, Saifedean, *op. cit.*

estatal en la que perderíamos privacidad, una mayor centralización de la planificación económica promoviendo estructuras sociales más autoritarias. Este sistema podría afectar profundamente al sector bancario tradicional, limitando su rol o incluso desplazándolo completamente.

Este cambio radical hacia una economía más digital y centralizada podría, paradójicamente, ayudar a la adopción del dinero totalmente digital y fomentar el crecimiento de Bitcoin, encontrando así una alternativa al control orwelliano. Si con el dinero fíat se puede emitir dinero sin límites, devaluando nuestro poder adquisitivo, con las CBDC aún más. Si con el dinero fíat se promueve el consumismo y el cortoplacismo, con las CBDC aún más. Si el dinero fíat está enfermo, las CBDC son la peor propagación de un virus mortal y muy contagioso para acabar con la privacidad y la libertad de la raza humana.

Cuándo llegará una criptomoneda mejor que supere a Bitcoin

Al igual que con las CBDC, es un error común usar las palabras «criptoactivo» o «criptomoneda» para referirse a bitcoin, queriendo indicar que es un activo digital que utiliza una red *blockchain* en la que se registran los intercambios de su unidad de valor.

Sin embargo, las tecnologías subyacentes de un activo no indican su naturaleza como bien explicó el destacado economista Juan Ramón Rallo: «Lo que caracteriza un activo no es la tecnología o el soporte, sería como hablar de papiro-activo para meter en el mismo saco el franco suizo, el peso argentino o un certificado de una acción de Apple. La tecnología puede ser muy importante, la criptografía puede ser clave, pero no define la naturaleza de un activo».

Cualquiera entiende la diferencia entre un billete de 100 dólares estadounidenses, un billete de 100 pesos argentinos y una servilleta de bar con el número 100 escrito a mano, pero muchas personas no pueden diferenciar una criptomoneda de Bitcoin. Esto se debe al desconocimiento generalizado respecto a Bitcoin, que requiere de tiempo e información para comprenderse.

Tatúatelo: Las propiedades de Bitcoin NO son propiedades del código duplicables gracias a su brillante y elegante sistema de incentivos.

En mi viaje al Bitcoin Atlantis en Madeira, Giacomo Zucco lo resumió de una manera muy sencilla, dejando claro que el dinero fíat, las CBDC y las criptomonedas tienen la misma esencia, que es contraria a los principios de Bitcoin. Por otro lado, el fíat necesariamente incentiva el consumo rápido y la satisfacción a corto plazo. En el caso de las criptomonedas, suelen estar basadas en grandes promesas para hacerte rico enseguida y poder comprarte un Lamborghini lo antes posible, sirviéndose de la tendencia de moda para atraerte y ejecutar el engaño.

> Bitcoin no es intentar hacerse rico rápidamente, sino intentar no empobrecerse lentamente en fiat.
>
> GIACOMO ZUCCO (2024)

Bitcoin tiene una receta diferente a las criptomonedas

Si comparamos el nacimiento de Bitcoin con el de las nuevas criptomonedas, todas venden expectativas y muchísimo *hype* antes de siquiera estar operativas. Satoshi Nakamoto, el enigmático creador de Bitcoin, trabajó en silencio sin que prácticamente nadie supiera de su existencia hasta tener la primera versión del código funcionando. Su adopción ha sido extremadamente lenta en los primeros años, y fue expandiéndose de forma totalmente orgánica y sin marketing. Algo difícil de creer. Ningún analista lógico le daría expectativas de supervivencia con ese *modus operandi* sin departamento de marketing ni estrategia y sin presupuesto para darse a conocer.

Incluso el propio Satoshi trató de frenar que se propagara el proyecto demasiado rápido cuando WikiLeaks se propuso aceptar Bitcoin como única opción alternativa de financiación ante los bloqueos de Estados Unidos para recibir donaciones.

El usuario de BitcoinTalk *rhorning* propuso activamente: «Anímate. Animemos a WikiLeaks a usar bitcoins, estoy dispuesto a enfrentar cualquier riesgo o consecuencias de ese acto». Satoshi Nakamoto respondió: «No. [...] El proyecto necesita crecer gradualmente para que el software pueda fortalecerse por el camino. Hago este llamamiento a WikiLeaks para que no intente utilizar Bitcoin. Bitcoin es una pequeña comunidad beta en su infancia. No conseguiríais más que calderilla, y la atención que traeríais probablemente nos destruiría en esta fase».[88]

También, en la revista *PC World* publicaron un artículo que trataba sobre Bitcoin, en el que Satoshi declaró: «Habría estado bien tener esta atención en cualquier otro contexto. WikiLeaks ha pateado el nido de avispas, y el enjambre se dirige hacia nosotros».[89]

La mentalidad *crypto* y fíat son cortoplacistas de alta preferencia temporal (contrarias a Bitcoin) y con mucho marketing en la receta. Todo lo relacionado con criptomonedas suele ser impulsado por la novedad, no tanto por la credibilidad o la seguridad.

He visto propuestas que afirman poder realizar proezas imposibles simplemente por utilizar la última tecnología de moda o una combinación de ellas. Desde usar la cadena de bloques para limpiar el océano hasta tonterías como viajar al futuro con computadoras cuánticas, pasando por impresoras 3D que envían NFT en el metaverso para mejorar la inteligencia artificial y hacerte millonario sin esfuerzo desde el sofá mientras comes infinitas hamburguesas sin engordar.

88. Champagne, Phil, *El Libro de Satoshi*, Publicación independiente, 2018.

89. Keir, Thomas, «Could the Wikileaks Scandal Lead to New Virtual Currency?», *PC World*, 10 de diciembre de 2010, <https://www.pcworld.com/article/499375/could_wikileaks_scandal_lead_to_new_virtual_currency.html>.

Es un error creer que lo importante es la tecnología *blockchain*

Bromas aparte, sí existen casos de uso similares como utilizar una *blockchain* privada para la trazabilidad de la carne desde el origen hasta las estanterías de una gran cadena multinacional de distribución de alimentos a nivel mundial. Pero, por mucho marketing que inviertan para parecer modernos e innovadores, es la misma absurdidad de los ejemplos anteriores.

Llamar *blockchain* a una tecnología que es privada y centralizada, no es admisible. Si no cumple con los principios fundamentales de descentralización y resistencia a la censura es malinterpretar su esencia.

Al evaluar una supuesta *blockchain*, es crucial que puedas responder a las siguientes preguntas clave:

- ¿Es resistente a la censura?
- ¿Es totalmente inmutable, y estás seguro de que nadie podría modificar la información introducida aunque fuese necesario hacerlo?
- ¿Es un sistema abierto en el que cualquiera puede participar?
- ¿Funciona de manera descentralizada sin limitaciones políticas o empresariales?
- ¿Permanece neutral ante todos los participantes de la red?
- ¿Necesita energía y poder de cómputo para asegurar la integridad del sistema?

Si la respuesta a estas preguntas es «no», entonces estamos ante un sucedáneo de una *blockchain* en sentido estricto.

Por último: ¿el problema que resuelve podría haberse resuelto antes de la invención de *blockchain*? Si la respuesta es «sí», entonces no tiene sentido usarlo.

Puede que en este punto te surjan dudas sobre cómo funciona exactamente una *blockchain* o cualquiera de estos mecanismos tecnológicos internos, pero debes comprender que eso no es relevante para comprender las implicaciones realmente trascendentales e importantes que supone su descubrimiento.

El descubrimiento sobrepasa los detalles técnicos de la invención

Hay un acontecimiento histórico que ilustra la importancia del descubrimiento por encima de los detalles técnicos y que supuso un antes y un después para nosotros como civilización: el descubrimiento de la electricidad.

Desde los primeros experimentos con electricidad estática por Tales de Mileto hasta la invención de la bombilla por Thomas Edison en 1879, la humanidad ha estado fascinada con el poder de la electricidad. La invención de la pila voltaica por Alessandro Volta en 1800 y el descubrimiento del electromagnetismo por Hans Christian Ørsted en 1820 fueron avances cruciales que allanaron el camino para la era eléctrica. Sin embargo, fue la aplicación práctica de la electricidad, como la iluminación de nuestras casas y ciudades, lo que realmente transformó nuestra sociedad y nuestras vidas.

La electricidad ha revolucionado todos los aspectos de la vida moderna, desde cómo trabajamos y nos comunicamos hasta cómo cocinamos y nos entretenemos. La curiosidad por los detalles técnicos, como el funcionamiento de los fotones o su transmisión por los cables, aunque interesante, no es necesaria para apreciar cómo la electricidad ha facilitado avances tecnológicos y mejorado nuestra calidad de vida en todo el mundo. Lo verdaderamente trascendental es el cambio radical que este descubrimiento ha traído a nuestra existencia, permitiéndonos vivir de maneras que antes eran inconcebibles.

El impacto de la electricidad en nuestro mundo y cómo ha transformado la humanidad es mucho más significativo para nuestras vidas que entender el funcionamiento técnico de la electricidad misma. La electricidad es una tecnología complicadísima —la ingeniería eléctrica es una carrera universitaria completa— y aun así, está presente en las casas de todo el mundo y la gran mayoría de las personas —al menos del mundo desarrollado— la utiliza sin tener ni la más mínima necesidad ni inquietud de entender qué son los electrones o por qué se mueven para que se encienda el microondas, o cualquier otro dispositivo que requiera de electricidad. El día de mañana ocurrirá lo mismo con Bitcoin, lo que hoy parece muy complicado de entender y que a la mayoría de la gente les resulta superdifícil de usar, correrá por los cables financieros del mundo entero permitiendo a todo el mundo teletransportar valor de un punto A, hasta un punto B, como quien acciona un interruptor de la luz, y no será necesario saber qué está ocurriendo por detrás para llevarse a cabo. De todos modos, ha sido inevitable explicar de manera sencilla a lo largo del libro algunos conceptos técnicos que descubrirás muy pronto.

El dinero fiat, las monedas digitales del banco central (CBDC) y otras criptomonedas sufren de la misma enfermedad que las conduce a su autodestrucción por su naturaleza, su esencia y sus principios. No suponen una competencia para Bitcoin.

Bitcoin se distingue por su escasez, integridad y privacidad, entre otras propiedades intrínsecas que exploraremos más adelante. En contraste, tanto las monedas fiat como muchas criptomonedas actuales están sujetas a la inflación y la manipulación centralizada, careciendo de la robustez y la descentralización que define a Bitcoin.

Bitcoin tiene otros competidores que descubrirás en el capítulo 5 «Guerra de Riqueza». En el siguiente capítulo analizaremos el concepto de propiedad asociado al valor y la riqueza a lo largo de la historia, y cómo sin propiedad es imposible generar prosperidad. Así lo sentenció con firmeza Michael Saylor en una entrevista de *Yahoo Finance* cuando dijo: «Déjame decirlo de otra manera, a las personas que utilizan la moneda fiat como reserva de valor les ponemos un nombre, las llamamos pobres. Cualquier persona que sea rica en el mundo posee propiedades».

3

La superstición de la propiedad privada

La propiedad pública no es propiedad precisamente por ser pública. Lo único que se consigue es atomizarla en múltiples «propietarios» y su control se transfiere a aquellos en los que se ha depositado la «confianza» para gestionarla.

Cómo entender la propiedad privada

Murray Newton Rothbard, economista de la escuela austriaca, ya citaba a santo Tomás de Aquino, escolástico italiano, para comprender correctamente el concepto de propiedad. Santo Tomás, era un firme creyente en la superioridad de la propiedad privada frente a la comunal y en la propiedad de los recursos. Entendía que la propiedad privada se convierte en una característica necesaria del estado terrenal del hombre, para ser la mejor garantía de una sociedad pacífica y ordenada y ofrece el máximo incentivo para el cuidado y el uso eficiente de la propiedad. En su obra *Summa Theologiae* (escrita entre 1265 y 1274), argumenta: «Todo hombre es más cuidadoso en procurarse lo que es para él, que lo que es común a muchos o a todos, pues cada uno rehuiría el trabajo y dejaría a otro lo que concierne a la comunidad, como ocurre cuando hay un gran número de sirvientes».

John Stuart Mill en su obra *Consideraciones sobre los gobiernos representativos* advierte: «El verdadero principio de todo gobierno representativo exige que se presuma que se abusará del poder así obtenido para satisfacer los intereses individuales de aquellos que lo ocupan, y no porque siempre sea así, sino porque es lo natural, lo común, lo vulgar, lo espontáneo y en la protección contra esto reside la utilidad específica de las instituciones libres».

Miguel Anxo Bastos también aporta perspectivas muy valiosas como la que expresó en el discurso de recepción del Premio Juan de Mariana 2023: «La propiedad privada es un ente civilizatorio. Es un elemento de civilización que trae paz, atrae orden, arraiga a las personas para que piensen a largo plazo».

En el capítulo 5 de *Principios de economía*[90] se explica que la escasez es el punto de partida de la economía. La necesidad de valorar y cuidar los bienes surge de la escasez, lo que, a su vez, origina la propiedad. Ammous, siguiendo a Carl Menger, sostiene que la propiedad no es una invención arbitraria, sino una solución práctica a la discrepancia entre los deseos humanos y los bienes disponibles.

Carl Menger define la propiedad como «la suma total de bienes al mando de un individuo economizador para la satisfacción de sus necesidades». La propiedad de uno incluye todos los bienes no económicos, pero la riqueza se refiere sólo a bienes económicos.

El jurista A. N. Yiannopoulos[91] escribe: «La propiedad puede definirse como un derecho exclusivo para controlar un bien económico [...]; es el nombre de un concepto que se refiere a los derechos y obligaciones, privilegios y restricciones que gobiernan las relaciones del hombre con respecto a cosas de valor. La gente en todas partes y en todo momento desea la posesión de cosas que son necesarias para la supervivencia o valiosas por definición cultural y que, como resultado de la demanda que se les

---

90. Ammous, Saifedean, *Principios de Economía*, Konsensus Network, 2024.
91. «Yiannopoulos, A. N.», *Wikipedia*, <https://en.wikipedia.org/wiki/A.
_N._Yiannopoulos>.

impone, se vuelven escasas. Las leyes impuestas por la sociedad organizada controlan la competencia por, y garantizan el disfrute de estas cosas deseadas. Lo que se garantiza como propio es propiedad. [...] [Los derechos de propiedad] confieren una autoridad directa e inmediata sobre una cosa».

La propiedad privada es esencial.

La propiedad privada nos permite tener un futuro más próspero y mayor certidumbre.

La propiedad privada es la libertad que comprende el derecho de usar, disfrutar y disponer de los bienes que hemos adquirido.

> Si hubiera que condensar el programa del liberalismo en una sola palabra, ésta sería *propiedad*.
>
> LUDWIG VON MISES[92]

Por qué es tan importante la propiedad privada

Cuando hablamos de propiedad privada pensamos en todo tipo de bienes o activos que podemos poseer. John Locke decía que «todos los hombres tienen la propiedad de su propia vida y persona. La mano de obra de su cuerpo y el trabajo con sus manos». De lo que sí podemos estar seguros es de que lo primero de lo que somos propietarios al llegar a este mundo es de nuestro propio tiempo, ya que de lo contrario seríamos esclavos. Cada uno de nosotros tenemos 86.400 segundos al día —mientras estemos vivos— y nadie nos los puede robar. Todos los días y en todo momento decidimos cómo invertir cada uno de esos segundos.

Cada decisión que tomamos sobre cómo utilizar nuestro tiempo y recursos implica un coste de oportunidad, es decir, la renuncia a otras posibles actividades o inversiones. Esta elección refleja la importancia de tener control sobre nuestros recursos y

92. Mises, Ludwig von, *Liberalismo: la tradición clásica*, Unión Editorial, Madrid, 2011.

tiempo, ya que nos permite optimizar nuestras decisiones y maximizar nuestro bienestar. Visto de este modo parece bastante obvia la importancia que tiene proteger la propiedad privada de cada individuo, pero no siempre es así.

Karl Marx criticaba a los capitalistas alegando que «en vuestra sociedad la propiedad privada está abolida para las nueve décimas partes de sus miembros. Precisamente porque no existe para esas nueve décimas partes existe para vosotros».[93]

En la representación que hacía Marx sobre el capitalismo, el 90 por ciento de la sociedad no disponía de ningún tipo de propiedad privada y además las personas estaban incapacitadas para conseguirla. Marx entendía que las clases sociales eran como castas estáticas, pero no es correcto y descubrirás al final del libro cómo Bitcoin acelera este proceso.

El capitalismo se suele asociar o confundir con el consumismo. El capitalismo está basado en el ahorro, en el capital, como su propio nombre indica, y la utilidad de este capital como generador de riqueza, por el contrario el consumismo consiste en consumir la riqueza producida generando mayor pobreza.

En esencia son contrarios, el consumismo incentiva la alta preferencia temporal cortoplacista y la satisfacción instantánea, en cambio, el capitalismo incentiva la baja preferencia temporal largoplacista con vistas a un futuro afortunado.

Si tomamos como referencia la vivienda como una forma de propiedad privada, la realidad actual es muy distinta. Una gran parte de las familias, tanto en Estados Unidos como en España, poseen su propia casa: el 65 por ciento en Estados Unidos y el 75 por ciento en España. Además, si miramos a las personas más acaudaladas del mundo, aquellas con más de 30 millones de dólares, la mayoría se hicieron ricas por su cuenta. Más del 65 por ciento de estas fortunas fueron creadas por sus propios esfuerzos, sin ayuda; más del 20 por ciento lograron aumentar su patrimonio inicial gracias a una he-

93. Marx, K.; y Engels, F., *El manifiesto comunista*, Austral, Barcelona, 2019.

rencia; y solamente el 11 por ciento debe su riqueza exclusivamente a la herencia recibida, según datos de Wealth-X de 2018.

Gracias a Bitcoin y la nueva era que supone el Bitcoinismo veremos otro grandísimo cambio estructural en las clases sociales actuales, que veremos en detalle en el capítulo 8.

En definitiva, la idea de que la propiedad está exclusivamente controlada por una minoría inaccesible, como sugirió Marx, no se sostiene en la realidad actual. Es el espíritu de colaboración el que permite a las personas acceder a la propiedad. Las ideas de la libertad y el libre mercado establecen un entorno que favorece la cooperación voluntaria. Con una amplia distribución de la propiedad, surgen numerosas oportunidades para que individuos aporten valor a los demás. A cambio, estas contribuciones pueden traducirse en la adquisición de propiedad. Lo que demuestra que hay múltiples caminos disponibles para que cualquiera pueda intentar generar valor para otros y, como resultado, obtener propiedad valiosa —no sólo inmobiliaria—. Pero tenemos un problema para conservar y asegurar nuestra propiedad en el paradigma reinado por el dinero enfermo del sistema fíat.

Javier Maestre, abogado especialista en nuevas tecnologías y derecho aplicado a internet, recalca la diferencia entre *propiedad* como circunstancia fáctica (por ejemplo, tú eres el propietario del reloj) y lo que denominamos *derecho de propiedad*, que determina lo que el ordenamiento me permite hacer en relación con tu propiedad sobre la cosa. La propiedad de casi todo ha estado siempre sometida a limitaciones legales, por lo que difícilmente puede identificarse un derecho de propiedad pleno en su concepción ilustrada de los siglos XVIII y XIX.

> Con Bitcoin, un conductor de Uber, un taxista o un guía turístico pobre en África central tiene los mismos derechos de propiedad que un multimillonario en el Upper East Side de Nueva York, con un ejército de abogados cuyo hermano es el gobernador. No se puede decir esto de nada más en el mundo.
>
> MICHAEL SAYLOR (2023)

Propiedad privada real: ¿lo que tienes te pertenece?

En la obra de Juan Ramón Rallo, *Liberalismo*[94] se expone que, según Gerald F. Gaus[95] se denomina «derecho de propiedad al derecho completo de uso, disfrute y disposición sobre un determinado bien». Para ser más exactos: «el derecho de propiedad sobre un bien incluirá de manera permanente los siguientes derechos»:

1. El derecho del propietario a **utilizar el bien** (y el deber de los no propietarios a respetar el uso que efectúa el propietario).

2. El derecho del propietario a impedir que los no propietarios utilicen el bien (y el deber de los no propietarios de **respetar esa exclusión**). En consecuencia, los no propietarios sólo podrán utilizar el bien si el propietario consiente en que lo utilicen.

3. El derecho del propietario a **recibir una indemnización** si un no propietario daña el bien (y el deber de los no propietarios a compensar al propietario si le causan algún daño a su bien).

4. El derecho del propietario a **destruir o transformar el bien** (y el deber de los no propietarios a respetar la **destrucción o transformación** que efectúa el propietario de su bien).

5. El derecho del propietario a **quedarse con la renta que genera el bien** (y el deber de los no propietarios a no interferir en la disposición de esa renta).

6. El deber del propietario a **entregar subsidiariamente el bien para hacer frente a sus deudas** (y el derecho de los no propietarios acreedores a apropiarse subsidiariamente del bien para cobrar sus créditos contra el propietario).

---

94. Rallo, Juan Ramón, *Liberalismo: los diez principios básicos del orden político liberal*, Deusto, pp. 50-51, Barcelona, 2019.
95. Gaus, Gerald F., *The order of the public reason*, Cambridge University Press, Reino Unido, 2012.

7. El derecho a **transferir** permanentemente la totalidad o sólo algunos de los anteriores derechos a otra persona (y el deber de los no propietarios a respetar esa transmisión parcial).

¿Crees que las propiedades a las que optamos cumplen con estos siete derechos?

> Si usted tiene una casa, esa casa no es suya. Es una especie de usufructo (con todos los matices), el Estado se la puede expropiar cuando quiere simplemente justificando un uso social y el justiprecio lo ponen ellos. No sólo es eso, ya que le pueden regular su uso, las alturas que tiene, incluso el color con el que pintarla, además de coartar ciertos tipos de uso.
>
> MIGUEL ANXO BASTOS (2023)

El profesor Bastos nos ilumina con sus palabras para dejarnos claro que no. Sucede de forma similar con otras propiedades, como tener euros en una cuenta bancaria, oro depositado en un custodio de máxima seguridad, o acciones de la mejor compañía cotizada en un bróker.

El mejor ejercicio mental para ser conscientes de esta evidencia y llegar a la misma conclusión que el profesor Bastos es el siguiente: dedica unos minutos con papel y lápiz a poner en una lista todas las cosas que eres capaz de poseer y que nadie en el mundo te pueda arrebatar, independientemente de cuál sea su poder, los recursos que pueda destinar o la violencia que pueda ejercer para quitarte tus pertenencias.

¿Cuántos elementos tiene tu lista? Lo más probable es que esa lista esté vacía o como máximo tenga tres elementos: tu tiempo, tus pensamientos/ideas/conocimiento y tu bitcoin —sólo en caso de hacer una correcta autocustodia.

La conclusión es que el resto de las propiedades están sujetas al control estatal, respaldado por su monopolio de la violencia con el que puede hacer y deshacer ejerciendo la fuerza en nuestra contra.

Vamos a sumergirnos juntos en el concepto de *propiedad* para comprender realmente su significado, sus orígenes y mutaciones hasta la actualidad.

En el episodio B8 de *Bitcoinismo Podcast* que compartí con Javier Maestre en 2024,[96] explicaba cómo la propiedad está vinculada con la posesión, disposición y uso, por un lado, y la facultad de proteger esa posesión, por otro. Matizaba, así, que eres propietario de tus manzanas en tanto en cuanto puedes impedir que los demás te las roben, y es bastante evidente que no somos capaces de evitar frente al Estado y sus aplastantes fuerzas del orden y organismos de justicia que nos expropien una propiedad si así lo considera. Por lo tanto, podríamos deducir y resumir de forma más coloquial que toda supuesta propiedad privada es en la práctica un usufructo con el Estado.

Usufructo concedido por el Estado que se configura como el verdadero propietario, puesto que es el único legitimado para proteger la propiedad mediante la violencia y el que determina las facultades de uso, disfrute y disposición sobre la cosa susceptible de apropiación.

El usufructo[97] (del latín: *usus fructus*, 'uso del fruto') es un derecho real de goce o disfrute de una cosa ajena. El Código Civil español define este derecho en su artículo 467 como: «El derecho a disfrutar los bienes ajenos con la obligación de conservar su forma y sustancia, a no ser que el título de su constitución o la ley autoricen otra cosa». Por consiguiente, la persona titular del usufructo es mero tenedor respecto de la cosa, pero no su dueño ni poseedor. Tiene la mera tenencia sobre la cosa, pero no la propiedad.

> Aunque hoy en día la gente tiene una cierta concepción intuitiva del derecho de propiedad, lo cierto es que, desde siempre, ha sido una institución que, en mayor o menor

96. «Bitcoin como propiedad privada absoluta y sus implicaciones legales con Javier Maestre | B8» [vídeo], YouTube, 25 de febrero de 2024, <https://www.youtube.com/watch?v=j9Og0WZnx1k>.

97. El usufructo es un derecho real de goce o disfrute de una cosa ajena.

grado a lo largo del tiempo y según la «cosa» susceptible de ser apropiada, ha dependido de terceros. En primer lugar, para su definición o delimitación (el contenido o facultades que implica el derecho), y en segundo lugar, para su protección. Actualmente, ese tercero es el Estado, que establece por ley las limitaciones a las que está sometido y que, con su monopolio de la violencia, es el único legitimado para defenderlo o, al menos, establecer los criterios y parámetros de su defensa legítima. Lo cierto, por lo demás, es que al día de hoy este derecho de propiedad privada está en una profunda crisis, y en la mayoría de las ocasiones, en vez de propietarios, como indica el profesor Bastos, no somos más que unos meros usufructuarios.

JAVIER MAESTRE[98]

Es más, en la mayoría de los países del mundo es ilegal destruir de cualquier manera el dinero físico. No puedes quemar los billetes que supuestamente te pertenecen frente a un policía. Por ejemplo, la ley federal de Estados Unidos[99] prohíbe mutilar, modificar o destruir cualquier moneda del país. La pena puede ser una multa de hasta 100.000 dólares, cinco años de prisión, o ambas. En Canadá[100] es delito dañar intencionalmente cualquier moneda de curso legal. La pena puede ser una multa de hasta 20.000 dólares, hasta cinco años de prisión, o ambas. En España[101] es delito mutilar, modificar o destruir cualquier moneda española. La pena puede ser de hasta seis meses de prisión o una multa de hasta 600 euros.

En el derecho romano, la forma en que se entendía la propiedad era algo diferente de cómo la concebimos hoy, aunque con algunos puntos en común. Los juristas de la antigua Roma no

98. Maestre, Javier, «Implicaciones de Bitcoin sobre instituciones jurídicas. El derecho de propiedad», <https://maestreabogados.com/implicaciones-de-bitcoin-sobre-instituciones-juridicas-el-derecho-de-propiedad/>.

99. 47 U.S. Code § 332, <https://www.law.cornell.edu/uscode/text/47/332>.

100. Justice Law website, <https://laws-lois.justice.gc.ca>.

101. Ley orgánica 10/1995, <https://www.boe.es/buscar/act.php?id=BOE-A-1995-25444>.

solían definir conceptos de manera amplia y no manejaban la idea de *derecho subjetivo*,[102] un concepto moderno que nos resulta familiar, pero que era ajeno a su sistema legal.

Manuel Jesús García Garrido, catedrático de Derecho Romano, señala que para comprender cómo los romanos veían la propiedad, es crucial analizar casos concretos, ya que sus explicaciones legales no se basaban en derechos subjetivos como tal. En la época, se usaban principalmente dos términos para hablar de propiedad: *dominium*, que empezó a usarse hacia el final de la Monarquía romana, que abarca aproximadamente desde el año 509 a. C. con la expulsión del último rey de Roma, Tarquinio el Soberbio, hasta el año 27 a. C., cuando Octavio —más tarde conocido como Augusto— fue nombrado primer emperador de Roma y comenzó el Imperio romano —cambio de era: la transición de la República al Imperio—, y *proprietas*, un término más coloquial se refiere a lo que hoy entenderíamos como la posesión de algo sin incluir los derechos de uso, como la nuda propiedad.

La legislación romana describía la propiedad utilizando estas palabras para indicar que se trataba del derecho a usar y disponer de algo, siempre dentro de los límites que estableciera la ley. Este derecho se desglosaba en:

- *Jus utendi*: el derecho a usar un bien.
- *Jus fruendi*: el derecho a disfrutar de los frutos o beneficios de ese bien.
- *Jus abutendi*: el derecho a disponer completamente del bien.

Hacia el final del Imperio romano, los juristas comenzaron a distinguir entre cosas tangibles y conceptos legales intangibles, abriendo camino a lo que eventualmente evolucionaría en nuestra idea de *derecho subjetivo*.

Si saltamos en el tiempo hasta el año 1250 aproximadamente y en el espacio hasta la España medieval podremos ver que las Partidas de Alfonso X el Sabio nos ofrecen una idea

---

102. «Derecho subjetivo», *Wikipedia*, <https://es.wikipedia.org/wiki/Derecho_subjetivo>.

del derecho de propiedad que resuena con la actualidad. Definen el derecho de propiedad como el poder de hacer lo que uno quiera con su posesión, siempre respetando la ley divina y humana. Esta noción ya esbozaba una limitación del derecho de propiedad similar a la moderna idea de la «función social» de la propiedad, que subraya que el uso de la propiedad debe respetar ciertas regulaciones sociales y legales. En resumen, aunque los contextos históricos y las formulaciones específicas hayan variado, la esencia de cómo se entiende el derecho de propiedad muestra continuidades sorprendentes a lo largo de los siglos.

Ni la realeza se salva de la confiscación

Tuve la suerte de compartir tiempo con el príncipe heredero de Serbia y Yugoslavia, Filip Karadjordjevic, quien me compartió su apasionante historia familiar ligada a la confiscación de la propiedad y su lucha por recuperarla. Esta historia sirve de testimonio para dar fe de la ilusión de propiedad que tenemos, incluso para las altas esferas como la Familia Real.

La historia de la confiscación de la propiedad de la familia real Karadjordjevic por parte del gobierno comunista en Yugoslavia es un relato complejo y multifacético que abarca varias generaciones y refleja los turbulentos cambios políticos y sociales en los Balcanes a lo largo del siglo xx. Esta narrativa se extiende hasta la actualidad, con esfuerzos continuos por parte de la familia para recuperar sus derechos y propiedades sin éxito.

La saga comenzó de manera más significativa después de la Segunda Guerra Mundial, cuando el nuevo gobierno comunista de Yugoslavia, liderado por Josip Broz, «Tito», comenzó a consolidar su poder. En un acto que tendría repercusiones duraderas, el 8 de marzo de 1947, la presidencia del Presídium de la Asamblea Nacional de la República Federal Popular de Yugoslavia emitió el decreto *Adm. No. 392*. Este decreto fue la base legal para la orden del gobierno de la FNRJ, fechada el 2 de agosto de

1947, que estipulaba la retirada de la ciudadanía yugoslava y la confiscación de todos los activos de los miembros de la familia Karadjordjevic.

Gracias a la documentación que Filip Karadjordjevic me compartió, titulada «Confiscación y robo de las propiedades privadas de la Familia Real de Serbia. La injusticia que aún hoy continúa - Breve declaración de Su Alteza Real el Príncipe Heredero Alejandro», con fecha del 3 de febrero de 2023 en Belgrado, además de otras fuentes que encontramos en la página web oficial de la Familia Real, podemos corroborar que «de la familia Karadjordjevic, se ha retirado la ciudadanía de la FNRJ y se han confiscado todos los activos de los miembros de la familia Karadjordjevic» y se ordena que los tribunales cantonales correspondientes lleven a cabo la confiscación de activos en sus territorios. Esta acción se enmarcó en una política más amplia de represión contra la antigua nobleza y cualquier percibida oposición al régimen comunista.

El príncipe heredero Alexander ha sido una voz principal en la lucha por la justicia para su familia. En su extenso informe sobre las injusticias, describe cómo «toda la propiedad privada de la Familia Real fue confiscada ilegalmente por la dictadura comunista totalitaria no democrática» y cómo este acto fue parte de una política más amplia de represión y violación de los derechos humanos.

Filip Karadjordjevic, el actual príncipe heredero después de la abdicación de su hermano mayor en abril de 2022, ha tomado un papel activo en esta narrativa histórica. Atraído profundamente por la rica historia de su familia, que se remonta a su tatarabuelo Karajorđe Petrović, un comerciante que lideró la revuelta contra el Imperio otomano en 1804, Filip ve relación entre la lucha de su familia y la esperanza para la humanidad que ofrece Bitcoin al ofrecernos una propiedad inconfiscable.

Filip es reconocido como el primer príncipe heredero al trono de la Familia Real en declarar públicamente su apoyo a Bitcoin, un testimonio de su visión progresista y adaptativa. Durante una aparición en el programa de televisión más importante de Serbia, *Veče sa Ivanom Ivanovićem* en Prva Srpska Televizija,

Filip explicó por qué Bitcoin es especial, describiéndolo como libertad y una herramienta para cambiar el mundo. Este fragmento se hizo viral, resaltando su compromiso con ideas innovadoras y disruptivas, similares a la temprana adopción de la primera página web histórica de la Realeza por parte de su padre pionero, Alejandro Karadjordjevic, en la década de 1990.

En el pódcast que grabé con Filip en Bitcoin Atlantis (una relevante conferencia celebrada en Madeira), reflexionó sobre la conexión entre las innovaciones tecnológicas y la historia familiar: «Mi padre fue el primero de la Familia Real en tener una página web propia y ahora yo trato de explicarle que Bitcoin es parecido: "Papá, ¿qué te decían sobre internet en aquella época?", y me respondía que le decían que estaba loco. Es igual que explicar Bitcoin ahora, que piensan que estás loco».

Filip ha expresado preocupación por la emigración masiva de Serbia, señalando: «Hay un problema muy grande y quiero que la gente vuelva a su país de origen. El plan para conseguirlo es Bitcoin». Junto con su esposa, ha fundado una organización cultural para hacer de Serbia un lugar más atractivo para vivir, con la esperanza de que sea más competitiva y que los ciudadanos no se vayan en busca de mejores oportunidades económicas.

La monarquía, en su esencia, opera bajo una perspectiva de largo alcance, orientada a la continuidad y estabilidad de su linaje. Este enfoque no sólo busca preservar la riqueza familiar y sostener el poder, sino que también se basa en la premisa de que una economía robusta beneficia a todos, tanto a la nobleza como al pueblo. El concepto de un dinero sólido —que Bitcoin promueve— se convierte en un pilar central, facilitando la acumulación y preservación de la riqueza a través de generaciones y ofreciendo una base firme para construir un futuro seguro para la Familia Real y la nación.

La relación entre la monarquía y su pueblo es bidireccional: para que la corona sea sostenible y mantenga su relevancia necesita el apoyo y el cariño de la población. Esto requiere de una conducta regia que vaya más allá del simple ejercicio del poder; implica una gestión que considere el bienestar general y promueva la justicia social. En este sentido, una monarquía que se comporta de manera benevolente y equitativa no sólo refuerza su propia posición, sino que también contribuye a la prosperidad y la estabilidad social, creando un legado de confianza y respeto mutuo que trasciende las generaciones. Al contrario que en las sociedades gobernadas por partidos políticos rotativos de cuatro años con planes más cortoplacistas.

En 2020, durante un período de expansión cuantitativa extrema —aumento de la creación monetaria extrema—, Filip tuvo una epifanía sobre Bitcoin y decidió abandonar el sistema financiero tradicional. En el evento Bitcoin 2022 en Miami, después de un partido de baloncesto con Daniel Prince y el presidente de Madeira, fueron invitados a desayunar en la villa de Michael Saylor en Miami. Filip me contó que allí, Saylor les explicó durante una hora con un foco muy intenso sobre las potencialidades de Bitcoin, con sus ojos de láser decía Filip: «Super Focus Orange Pill Masterclass». Este hito dejó una impresión duradera tanto en Filip como en el presidente de Madeira. Filip me contaba con entusiasmo: «Yo estaba sentado a su lado y pensaba: *"wow, ¿dónde estoy?"*, quería sacar el móvil para tomar unas notas. El presidente de Madeira quedó superimpresionado. Saylor fue el tercer maximalista de Bitcoin que conocí en mi vida». Más tarde ese día, Filip se reunió con Samson Mow, quien le explicó que había creado una compañía llamada JAN3 enfocada en la adopción de Bitcoin para el Estado de la Nación, y así acelerar la hiperbitcoinizcación, educar al mundo sobre Bitcoin y finalmente le propuso trabajar con él. Filip respondió: «No lo pensé ni un segundo y le dije a Mow: Claro que sí».

A medida que Serbia continúa navegando por su camino poscomunista y se enfrenta a varios retos en términos de modernización y derechos de propiedad, la historia de la Familia Real Karadjordjevic sirve como un recordatorio de la importancia de mantener unos derechos de propiedad sólidos y cómo el ser parte de la realeza no les salvó de la confiscación y el robo de sus propiedades por parte del nuevo gobierno tirano.

Filip resumió su visión y esperanza en el futuro diciendo: «Bitcoin me ha dado mucha esperanza. Esa esperanza no la tenía antes. Pienso que el futuro de los próximos cinco años va a ser muy volátil y complejo, pero después de 2 a 3 ciclos de elecciones va a haber más adopción de Bitcoin y candidatos políticos que ganarán por abrazar Bitcoin. Los que no aprenden de la historia, van a sufrirlo otra vez. Con Bitcoin, nosotros estamos haciendo historia, ahora. Bitcoin atrae el buen dinero, las buenas intenciones, atrae la verdad. Es imperativo que nuestros hijos entiendan Bitcoin y entiendan la diferencia entre bitcoin y fiat, es superimportante, si no, nunca va a cambiar».[103]

Feudalismo y *real estate*

El concepto *real estate* tiene un origen interesante que nos ayuda a entender mejor la evolución y los orígenes de la propiedad. Surgió en la Inglaterra medieval, cuando toda la tierra era propiedad de la Corona. Guillermo el Conquistador, tras su victoria en la Batalla de Hastings en 1066, ordenó un censo detallado conocido como el *Domesday Book* en 1086. Este documento registraba quién poseía qué tierras, su valor y los arrendatarios, y es visto como una de las primeras evidencias de propiedad privada en Europa.

Guillermo introdujo el sistema feudal en Inglaterra, donde la tierra pertenecía al rey, pero se otorgaba a los nobles a cambio de servicios militares. Estos nobles, a su vez, podían conceder porciones de tierra a vasallos de menor rango a cambio de servicios y lealtad. Este sistema redefinió la noción de propiedad, vinculándola con obligaciones hacia los superiores y el rey. La redistribución de tierras por Guillermo consolidó el concepto de propiedad privada ligado al poder y la lealtad, estableciendo las bases del sistema legal de propiedad en Inglaterra.

En el feudalismo había varias formas de pagos y obligaciones sobre la propiedad:

1. **Renta de la tierra:** aunque el concepto de renta de entonces difiere del moderno, los vasallos a menudo debían

103. La unión entre Monarquía y Bitcoin con el príncipe Filip.

pagar a sus señores por el uso de la tierra. Este pago podía ser en forma de dinero, productos agrícolas o servicios.

2. **Servicio militar:** en lugar de pagar renta monetaria, un vasallo podía deber un servicio militar, proporcionando hombres armados o sirviendo personalmente en el ejército del señor durante un cierto número de días al año.

3. **Trabajo:** entre los vasallos de menor rango, la obligación podía incluir el trabajo en las tierras del señor durante un tiempo determinado. Esto era conocido como servidumbre.

4. **Pagos feudales especiales:** los vasallos podían deber a sus señores en ciertas circunstancias, como en el caso del *relief*, que era un pago que se hacía cuando un vasallo heredaba las tierras. También había el *scutage* o pago en lugar del servicio militar, y las ayudas, que eran pagos especiales para financiar eventos importantes como el matrimonio de la hija del señor, el rescate de un señor cautivo o la ceremonia de investidura de un hijo caballero.

5. **Tributos y tasas:** además de las obligaciones específicas dentro del sistema feudal, el rey y algunos señores podían imponer tributos y tasas por diversas razones, incluido el mantenimiento de la defensa del reino o el financiamiento de proyectos específicos.

Estos pagos y obligaciones eran fundamentales para el feudalismo y ayudaban a mantener la estructura social y económica de la época. A través de ellos, se establecían y reforzaban las relaciones de poder y dependencia entre diferentes niveles de la sociedad, desde el campesino hasta el rey.

En el feudalismo toda la tierra de Inglaterra se consideraba propiedad del rey como «señor supremo». Los nobles que recibían tierras del rey (los señores) no eran propietarios en el sentido moderno del término, sino más bien tenedores o vasallos que tenían el derecho de usar la tierra y generar ingresos de ella a cambio de servicios militares y otros deberes hacia el rey.

Este derecho de uso de la tierra era heredable, pero estaba sujeto a la condición de que el vasallo continuará cumpliendo con sus obligaciones hacia el señor superior, en última instancia hacia el rey. Por lo tanto, aunque los señores y sus vasallos podían ejercer un control considerable sobre sus tierras, incluida la capacidad de subarrendar parcelas a otros y recibir rentas, la propiedad última, en términos de soberanía sobre la tierra, permanecía con el rey. Este control final sobre la tierra permitía al rey reclamar la tierra si el vasallo no cumplía con sus obligaciones.

¿No te recuerda en cierto modo al sistema actual?

Esta idea ha evolucionado, pero sigue presente en el concepto de *real estate* para referirse a bienes raíces o bienes inmuebles, donde *real* proviene del latín *regalis*, que significa 'regio' o 'de la realeza'.[104] Así, cuando hablamos de *real estate*, nos referimos a propiedades que, aunque privadas, están sujetas a ciertas condiciones y reglas, reflejando un antiguo pacto con la Corona —no tan alejado de la actualidad.

Es un hecho fascinante que nos recuerda cómo la historia y el poder han moldeado nuestra comprensión y manejo de la propiedad a lo largo de los siglos. Finalmente, se ha decantado tanto el concepto de propiedad que el resultado actual es simplemente un sucedáneo de lo que debería ser la propiedad real y absoluta.

Lo mismo sucede en *1984*, donde el *Partido* realiza cambios en la *neolengua* para eliminar palabras o modificarlas de tal forma que perdamos el origen de su significado.

> La guerra es la paz, la libertad es la esclavitud, la ignorancia es la fuerza.
>
> GEORGE ORWELL[105]

Actualmente, cada nación tiene sus particularidades, pero es curioso que en el siglo XXI, según la BBC,[106] se calcula que un 20 por ciento de las propiedades en Inglaterra están bajo el siste-

---

104. «Real», <https://dle.rae.es/real>.

105. Orwell, George, *1984*, Debolsillo, Barcelona, 2013.

106. Paredes, Norberto, «*Leasehold*, el sistema "feudal" por el que millones de personas en Inglaterra no son propietarias del terreno en el que están sus casas», *BBC News*, 10 de julio de 2023, <https://www.bbc.com/mundo/noticias-internacional-65562187>.

ma de *leasehold* (arrendamiento), la mayoría de ellas son apartamentos y tiene un coste aproximado de 400 libras esterlinas anuales (unos 510 dólares). Esto se considera un *ground rent* típico.[107]

Desde la década de 1920, el gobierno introdujo leyes para poner límites a cuánto podían cobrar los dueños de tierras en concepto de alquiler y también restringió su capacidad para echar a los inquilinos. Como resultado, muchos dueños optaron por vender sus casas y apartamentos bajo contratos de arrendamiento por tiempos específicos, normalmente entre 99 y 125 años, manteniendo la propiedad del terreno.

Esto marcó el nacimiento del sistema de *leasehold* que conocemos hoy. Originalmente, los *leaseholds* se establecieron con la idea de que, una vez acabado el plazo del arrendamiento, la tierra y todo lo construido en ella regresarían al propietario original.

No obstante, en la década de 1960 se realizaron cambios legislativos motivados por casos de inquilinos de avanzada edad y larga estancia, que, por desconocimiento de los procedimientos legales, se enfrentaban a la posibilidad de ser desalojados de sus hogares al terminar sus contratos de arrendamiento.

> Los derechos de propiedad son una superstición, uno tiene propiedad solamente por la cortesía de quienes no se la quitan.
>
> AYN RAND[108]

La noción moderna de propiedad privada como un derecho individual ha evolucionado, pero sigue dependiendo de la intervención estatal para su definición y protección. La historia de la propiedad muestra cómo el poder y la lealtad han moldeado nuestra comprensión de la propiedad a lo largo del tiempo. Según Álvaro d'Ors, las características fundamentales de la propiedad son su relatividad y capacidad de ser modificada.

---

107. *Ground rent* (renta de terreno) es un pago periódico que el inquilino de un inmueble realiza al propietario del terreno sobre el que se encuentra la edificación, sin que implique la compra del terreno.

108. Rand, Ayn, *La rebelión de Atlas*, Deusto, Barcelona, 2019.

La confusión en torno a la propiedad se implanta sigilo-
samente sin que seamos conscientes de ello. Por ejemplo,
si la banca introduce un sutil socavamiento de los derechos de propiedad a través de la custodia. Si tienes un
saldo en un banco, el dinero no es realmente tuyo. Por
supuesto, puedes usar el dinero con el permiso del banco.
¿Pero si al banco no le gusta tu transacción? No puedes
usar tu dinero. ¿Si el gobierno dice que el dinero se obtuvo ilegalmente? No puedes usar tu dinero. ¿Si el Congre-
so aprueba legislación para recortar todos los saldos bancarios? No tendrás dinero.

JIMMY SONG[109]

Exclusivismo e ilusionismo de propiedad

Jordi Mundó señala que, tras la Revolución francesa de 1789,
emergió un concepto renovado de propiedad: la propiedad ex-
clusiva. Este concepto, fundamentado en las nociones del derecho romano, se caracteriza por su precisión y simplicidad
jurídica. Conocido como *exclusivismo*, establece que un único
individuo tiene el control total sobre su propiedad, siendo el
único «propietario» con derechos sobre todas las facetas y beneficios de su terreno. Este concepto de exclusividad en la propiedad se consolidó después de la Revolución francesa, afian-
zándose a lo largo del siglo XIX y ejerciendo una influencia
significativa en el siglo XX. Mundó observa que la idea de una
propiedad absoluta e ilimitada ha tenido un notable éxito tanto en el pensamiento como en la academia durante los últimos
dos siglos, a pesar de que esta idea contrasta con la realidad
histórica de la propiedad. Este paradigma continúa expandiéndose y se consolida brillantemente con la llegada del Bitcoinismo, como se verá en los capítulos siguientes.

109. Song, Jimmy, «Bitcoin Songsheet: Private Property And Covenants»,
Bitcoin Magazine, 2 de mayo de 2022, <https://bitcoinmagazine.com/culture/
bitcoin-songsheet-private-property>.

En todo el mundo existen similitudes o aproximaciones a este concepto, no sólo en Inglaterra o Francia. En España, por ejemplo, la propiedad privada no es un derecho fundamental actualmente, la constitución protege más el honor y la imagen que la propiedad.

Lo que tenemos ahora es una ilusión de propiedad.

JAVIER MAESTRE[110]

Como especifica Maestre, es un **derecho que no es susceptible de amparo constitucional**, es decir, no cabe plantear recurso de amparo por su eventual violación por parte de poderes públicos o privados. El Tribunal Constitucional de España se ha pronunciado claramente al respecto, indicando lo siguiente:

«... se invoca [...] como vulnerado el **art. 33 de la CE** [...] debe advertirse de entrada que, aun suponiendo que este precepto tuviera algo que ver con el tema debatido, **no podría ser objeto de consideración en esta sede, porque** de acuerdo con los arts. 53 de la CE y 41.1 de la LOTC **los derechos reconocidos en él no son susceptibles de amparo**».

Al no ser un derecho fundamental, queda igualmente fuera de la reserva de Ley Orgánica del art. 81 CE. Así, el contenido del derecho de propiedad será el que defina el legislador, caso por caso, mediante Ley Ordinaria.

Un ejemplo de esta flexibilidad es la Ley de Seguridad Nacional de 2022, que facultaba al poder ejecutivo para requisar temporalmente bienes, intervenir u ocupar transitoriamente propiedades y suspender actividades que decía así: «La requisa temporal de todo tipo de bienes, así como la intervención u ocupación transitoria de los que sean necesarios y, en su caso, la sus-

---

110. «Bitcoin como propiedad privada absoluta y sus implicaciones legales con Javier Maestre | B8» [vídeo], YouTube, 25 de febrero de 2024, <https://www.youtube.com/watch?v=j9Og0WZnx1k>.

pensión de actividades». Aunque esta ley no está vigente en la actualidad, ilustra la capacidad del Estado para constreñir los derechos de propiedad.

En definitiva, la delimitación de facultades del derecho de propiedad es definida por el Estado, quien, con el monopolio de la violencia, es el único facultado para protegerlo. Igualmente, el Estado puede delimitar su contenido, hasta reducirlo a la mínima expresión, e incluso directamente suprimirlo, sin apenas control por parte del Tribunal Constitucional.

El 28 de diciembre de 2021, se aprobó la Estrategia de Seguridad Nacional (Real Decreto 1150/2021)[111] por el gobierno de España donde se incluye la ley 36/2015 que promueve una gestión coordinada de todos los recursos disponibles, sean públicos o privados, para afrontar situaciones que comprometan la seguridad nacional. Por lo tanto, en caso de lo que ellos determinasen como «crisis» —tenga mayor o menor justificación—, el Estado podría apropiarse de todos los recursos —incluidas tus propiedades—,[112] siempre que lo considerara necesario. En el artículo 128 de la Constitución española de 1978 dice textualmente: «Toda la riqueza del país en sus distintas formas y sea cual fuere su titularidad está subordinada al interés general».[113]

Estos ejemplos no son excepciones, sino reflejos de la situación general en las sociedades actuales. En supuestas democracias modernas, como en España, la propiedad privada está sujeta a las decisiones del Estado. En países del tercer mundo o bajo regímenes totalitarios, la protección de la propiedad privada es aún más precaria e ilusoria.

Entonces, ¿qué podemos hacer para proteger la propiedad que ganamos o la riqueza que hemos producido con tanto trabajo, sudor y lágrimas?

---

111. Real Decreto 1150/2021, <https://www.boe.es/diario_boe/txt.php?id =BOE-A-2021-21884>.

112. «Ley de Seguridad Nacional», *Wikipedia*, <https://es.wikipedia.org/ wiki/Ley_de_Seguridad_Nacional>.

113. <https://app.congreso.es/consti/constitucion/indice/titulos/articu los.jsp?ini=128&tipo=2>.

> Cómo encuentras una propiedad que tú mismo puedas custodiar, que nadie pueda imponerle impuestos durante su posesión, que no puedan arrebatártelo, que tampoco puedan incrementar sus unidades y devaluarlo [...].
>
> MICHAEL SAYLOR (2022)

Propiedad secreta basada en el conocimiento y el lenguaje para comunicar valor

Bitcoin nos permite pasar de la propiedad dependiente de un tercero a convertirnos en propietarios absolutos de forma radical. Aunque existen servicios y empresas como los conocidos *exchanges* (casas de cambio) o *neobancos* que mantienen la vieja tradición con una propuesta en la que cedes la custodia a un tercero (ellos) y donde tú no eres el propietario absoluto.

De aquí la famosa frase *not your keys, not your coins* que se utiliza como mantra entre los *bitcoiners*. Para ser propietario absoluto sólo tú debes tener las claves privadas asociadas a los bitcoins.

Estas claves privadas son esencialmente un número único que se visualiza de manera simplificada en doce o veinticuatro palabras (conocidas como *seed* o semilla) y una posible *passphrase* (si no sabes lo que es, no te preocupes porque en este punto todavía no es necesario que lo sepas).

> Los verbos *expropiar* y *confiscar* existen porque son posibles, hay una acción detrás. Pero no te pueden confiscar una idea, no te pueden expropiar una idea. La propiedad de bitcoin reside en una serie de caracteres numéricos que eres capaz de consignar.
>
> ALFREDO ROMEO[114]

114. «Por qué las CBDC son lo OPUESTO a Bitcoin con Alfredo Romeo | B13», [vídeo], YouTube, <https://www.youtube.com/watch?v=6XZv_YZh RzM>.

Lo increíble es que las claves privadas pueden representarse en infinitas versiones, ya que ese número único puede traducirse en texto, códigos QR, imágenes, sonido, código morse, obras de arte, emojis, señales de humo, mímica o cualquier método para transmitir un mensaje. Por eso Bitcoin es un sistema incensurable, porque no hay forma de coartar o prohibir las matemáticas y todas las formas de comunicación existentes. En parte, es incensurable porque el verdadero propietario del bien tiene la absoluta propiedad para hacer lo que considere con su posesión —sólo si se autocustodia correctamente.

Puedes custodiar y transmitir bitcoin como lo harías con cualquier lenguaje. En este caso, comunicas valor en forma de propiedad. El poseedor del bien es propietario exclusivo de un bien en el sentido literal. El hecho de que sea imposible arrebatar un bitcoin —o una fracción— a su dueño, lo convierte en la forma de propiedad más pura que existe.

> Bitcoin es texto. Bitcoin es una expresión. Bitcoin es matemáticas. Bitcoin no tiene jurisdicción, al igual que 2 + 2 = 4 no tiene jurisdicción. Bitcoin no conoce fronteras. Bitcoin está en todas partes y en ninguna parte, y si se usa y asegura correctamente, Bitcoin es tan confiscable como una idea.
>
> GIGI[115]

Es muy importante no compartir nuestras claves privadas con nadie, ya que vulneraría la propiedad de los fondos. Podemos entender cada bitcoin como propiedad al portador, similar a un billete. Cada billete es efectivo que puede gastar quien lo porta, no pertenece a una persona concreta con nombre y apellidos, no es nominal ni está asociado a una entidad específica, simplemente pertenece a quien lo posee. Bitcoin funciona del mismo modo, específicamente con las claves privadas.

El uso y disfrute de la propiedad de un bitcoin o una fracción

---

115. Gigi, *21 Lecciones: lo que he aprendido cayendo por la madriguera de Bitcoin*, publicación independiente, 2022.

del mismo se reduce al simple hecho de quién conoce una pieza de información, un secreto en esencia. Al sistema de Bitcoin no le importa quién eres ni cómo has averiguado ese secreto, si conoces el secreto el bitcoin es tuyo. Si solamente hay una persona que sabe ese secreto, ningún otro ser vivo, robot o inteligencia artificial será jamás capaz de usarlo. Si son varios individuos o entidades quienes lo conocen, todos son igualmente propietarios plenos y tienen el derecho de usar el cien por cien de ese bitcoin aunque sea a expensas de los demás —también existe la posibilidad de tener copropiedad sobre el bien a través de multifirmas.

Si sólo un individuo sabe ese secreto y ese secreto está en su mente, entonces es totalmente inconfiscable. Nadie puede acceder a él sin su consentimiento. Sin embargo, si ese individuo escribe el secreto en un papel, ese papel sí que puede ser confiscado y, por tanto, descubierto el secreto. El papel también puede ser destruido u olvidado, por lo tanto, nadie tendría nunca más acceso a ese secreto y se perdería la propiedad para siempre.

> La primera vez que no es la ley del más fuerte lo que determina quién es propietario de algo, sino que lo determina tu capacidad para mantener un secreto (en forma de claves privadas).
>
> ADOLFO CONTRERAS

En última instancia, las semillas siempre deben asegurarse únicamente en formato físico —lo más robusto y resistente posible—, no digital, ya que por privacidad y seguridad cualquier información digital es sensible de ser observada por un tercero, lo que se conoce en ciberseguridad como *man in the middle*.[116] Basándonos en estas representaciones físicas para proteger los bitcoins asignados a su clave privada, podríamos decir que es una propiedad tangible, aunque también tenga su representación en formato digital. Esta idea tiene más fuerza cuando incluimos to-

---

116. «Man in the Middle», Instituto Nacional de Ciberseguridad, <https://www.incibe.es/aprendeciberseguridad/man-in-the-middle>.

dos los miles de nodos y mineros —computadoras especializadas en asegurar la red, aportando potencia de cómputo— repartidos por el mundo de forma descentralizada.

Propiedad global sin fronteras ni localización

Lo determinante es el protocolo y la red, porque la red garantiza que cualquier persona que posea cantidades sustanciales de bitcoin tenga privilegios de custodia y pueda moverlo entre cualquier jurisdicción para evitar el riesgo de contraparte, así evitar ser víctima del custodio. Si Nueva York quiere gravarlo con impuestos, puedo trasladarlo a Wyoming; si Wyoming quiere gravarlo, puedo trasladarlo a Suiza; si no confío en un banco en Suiza puedo trasladarlo a Singapur; si no confío en nadie, puedo trasladarlo a mi propio teléfono, y si no confío en mi teléfono, puedo memorizar la frase semilla y almacenarlo en mi cabeza por un tiempo. No puedes hacer esto con nada más que se haya considerado propiedad en la historia de la raza humana.

MICHAEL SAYLOR (2022)

La naturaleza descentralizada del sistema Bitcoin permite que no se puedan aplicar de manera efectiva las leyes de una jurisdicción específica, haciendo posible la *inconfiscabilidad* sin necesidad de un tercero de confianza, sin necesidad de los Estados y sus leyes, ni de intermediarios, por primera vez en la historia. Con Bitcoin estás exento de la censura, el bloqueo y la limitación de uso de tu propiedad.

Mientras haya una parte del mundo donde el habla sea libre y en libertad, Bitcoin será imparable.

GIGI[117]

117. Gigi, *op. cit.*

Jason P. Lowery, en su libro *Softwar*,[118] sugiere proteger Bitcoin bajo la Segunda Enmienda de la Constitución de Estados Unidos, alegando que prohibir Bitcoin sería una violación de la misma, ya que los ciudadanos tienen derecho a portar armas para proteger su propiedad, ya sean cinéticas o digitales, en este caso, para proteger sus bits, especialmente si esos bits equivalen a su *propiedad soberana*.[119]

Justin S. Wales y Richard J. Ovelmen en su artículo *«Bitcoin is speech: notes toward developing the conceptual contours of its protection under the First Amendment»*[120] argumentan que Bitcoin permite a los usuarios participar en actividades expresivas directas entre sí sin la necesidad de intermediarios centralizados. El artículo recomienda un marco para aplicar la Primera Enmienda estadounidense a Bitcoin y tecnologías similares y explora cómo las garantías de libertad de asociación y expresión pueden afectar las restricciones de acceso a la red Bitcoin. A nivel fáctico, las autoridades no pueden prohibir Bitcoin en su totalidad.

> Los que se oponen a una prohibición de Bitcoin en Estados Unidos también tienen argumentos a favor del debido proceso, bajo la Cuarta, Quinta y Decimocuarta Enmiendas de la Constitución de Estados Unidos. La IRS (siglas en inglés para Servicio Interno de Impuestos) clasifica a bitcoin como una propiedad y, por lo tanto, cualquier prohibición podría representar una incautación inconstitucional. El propio gobierno americano ha incautado y vendido bitcoin, legitimando todavía más su estatus como propiedad protegida por la constitución. Si bien el gobierno podría

---

118. Lowery, Jason P., *Softwar: a novel theory on power projection and the national strategic significance of Bitcoin*, publicación independiente, Estados Unidos, 2023.

119. Rusell, Stuart, «Regulators cannot actually ban Bitcoin», *Bitcoin Magazine*, 28 de mayo de 2021, <https://bitcoinmagazine.com/culture/why-regulators-cannot-ban-bitcoin>.

120. Wales, Justin S.; y Ovelmen, Richard J., «Bitcoin is speech: notes toward developing the conceptual contours of its protection under the First Amendment», *University of Miami Law Review*, 74 (6), 2019, <https://repository.law.miami.edu/cgi/viewcontent.cgi?article=4591&context=umlr>.

compensar este argumento ofreciendo a los *holders* un espacio en el que puedan convertir sus bitcoin a dólares estadounidenses, la pérdida potencial de cientos de miles de millones de valor neto para individuos y empresas con cotización en la bolsa difícilmente daría como resultado en «compensación justa» garantizada por la Constitución.

El discurso político que Bitcoin ha expresado desde su fundación, como una asociación en red fuera del alcance de las autoridades centralizadas, debería someter cualquier intento de prohibición a ser visto bajo una gran lupa. Debido a que la Primera Enmienda se ha aplicado ampliamente a las nuevas tecnologías emergentes, sería razonable esperar que se aplique de esta misma manera extensa a la tecnología *blockchain*.

STUART RUSSELL

Bitcoin invalida la mano que rige la ley en una localización geográfica precisa. Como dice Maestre, Bitcoin está diseñado para dejar inoperativas esas limitaciones legales. La ley no puede decidir a qué velocidad va la luz y si lo intenta no resulta aplicable por imposibilidad física. Este concepto se conoce como «normatividad inmanente de lo fáctico».

Este hecho cambia por completo el mundo tal y como lo conocíamos y da comienzo al Bitcoinismo. Pero antes de profundizar en lo que supone esta nueva era para la humanidad, necesitamos entender el tipo de propiedad que es bitcoin y la batalla en curso contra las alternativas monetarias con las que lucha.

¿Recuerdas los siete requisitos que debía cumplir el derecho de propiedad según Gaus? Repasemos cómo se aplica cada uno de ellos en bitcoin.

Los siete derechos de propiedad aplicados a bitcoin

1. **El derecho del propietario a utilizar el bien y el deber de los no propietarios a respetar el uso que efectúa el propietario.**

Nadie puede bloquear el uso de unos bitcoins excepto el poseedor de la clave privada asociada a ellos. Por lo tanto, el propietario de esa clave privada es el único capaz de utilizar el bien y los no propietarios no pueden evitarlo, incluso aunque no lo respeten.

2. **El derecho del propietario a impedir que los no propietarios utilicen el bien y el deber de los no propietarios a respetar dicha exclusión.** En consecuencia, los no propietarios sólo podrán utilizar el bien si el propietario lo consiente.

El controlador, o controladores, de las claves privadas es el único que puede consentir o impedir a otros utilizar el bien. En el caso de un *exchange* o casa de cambio que custodie fondos de sus clientes, es el *exchange* quien en última instancia permite o impide el uso de los fondos que sus clientes les cedieron.

3. **El derecho del propietario a recibir una indemnización si un no propietario daña el bien y el deber de los no propietarios a compensar al propietario si le causan algún daño a su bien.**

Ningún bitcoin puede ser dañado o deteriorado al tratarse de un activo digital intangible. En cambio, las claves privadas asociadas sí pueden ser dañadas o destruidas.

4. **El derecho del propietario a destruir o transformar el bien y el deber de los no propietarios a respetar la destrucción o transformación que efectúa el propietario de su bien.**

Lo más parecido a la destrucción de un bitcoin sería la pérdida de las claves privadas que permiten el control de los fondos asociados, como también podría ser enviarlo a una dirección de la que nadie tiene el control.

El poseedor de las claves privadas siempre podrá transformar el bien cuando le plazca. Podría intercambiarlo por otro bien, servicio o divisa (como euro o dólar) en cualquier momento.

5. **El derecho del propietario a quedarse con la renta que**

genera el bien y el deber de los no propietarios a no interferir en la disposición de esa renta.

Existen empresas y servicios que permiten prestar o depositar tus bitcoins para obtener una renta o un préstamo en moneda fíat. De esta manera, se obtendría una renta generada a través del bien. Pero dependiendo del servicio, si depositamos los bitcoins en una *wallet* ajena, de la cual no tengamos poder sobre las claves privadas, técnicamente dejaríamos de ser los propietarios absolutos del bien. El propietario tiene el derecho a quedarse con la renta que el bitcoin genera en otros ámbitos. Con una perspectiva diferente, manteniendo la propiedad en tu poder sin cederla a un tercero, aunque tengas el bitcoin parado, sin ninguna actividad, te está dando un servicio en términos de poder adquisitivo, y la capacidad de transmitir valor a otras personas a tu discreción.

6. **El deber del propietario a entregar subsidiariamente el bien para hacer frente a sus deudas y el derecho de los no propietarios acreedores a apropiarse subsidiariamente del bien para cobrar sus créditos contra el propietario.**

Para cumplir con nuestras obligaciones en un préstamo, por ejemplo, el bien depositado como colateral para cubrir impagos sería cedido a la parte acreedora. Es importante tener cuidado con este tipo de operaciones basadas en deuda o apalancamientos, ya que conllevan riesgos. En este caso, va en contra de autocustodiar tus bitcoins, cediendo la posesión o compartirla en una multifirma —lo que podría privarte de su uso y disfrute—. Por ello, puede que no encaje demasiado con la filosofía que promueve Bitcoin en la que si no son tus claves, no son tus bitcoins.

7. **El derecho a transferir permanentemente la totalidad o sólo algunos de los anteriores derechos a otra persona y el deber de los no propietarios a respetar esa transmisión parcial.**

Las claves privadas lo son todo. Su poseedor es el soberano absoluto, el único que puede firmar transacciones y transferir la totalidad o parcialidad de la propiedad. Según Hans-Hermann Hoppe, en un sistema de propiedad privada, las personas serían responsables de proteger sus propiedades y fomentar un mayor sentido de comunidad en la sociedad.

Ahora, acompáñame a descubrir cuál es la batalla entre activos que se está librando y por qué hay propiedades que se están desmonetizando, para que así puedas anticiparte a los cambios de la nueva era. Pero antes, es fundamental que descubras las diferentes formas de energía dineraria para saber cuáles preservan mejor su valor a lo largo del tiempo y por qué. Esto te permitirá comprender cómo ha evolucionado nuestra percepción del dinero a lo largo de la historia y qué acciones podemos emplear para proteger la riqueza que generamos con nuestro trabajo. Al hacerlo, serás capaz de mitigar el impacto de la inflación, evitando así la pérdida de poder adquisitivo y, por ende, la pobreza. Así harás crecer tu riqueza de manera sostenida en períodos largos de tiempo.

4

Las formas de energía dineraria

> Si cualquier individuo llega a tres conclusiones principa-
> les: 1) el dinero es una necesidad básica; 2) el dinero no
> es una alucinación colectiva, y 3) los sistemas económi-
> cos convergen en un solo medio. Ese individuo buscará
> más conscientemente la mejor forma de dinero.
>
> PARKER LEWIS[121]

Vamos a abstraernos de lo que hemos aprendido hasta ahora, de lo que te enseñan en el colegio, la universidad y de todas las creencias que hemos adoptado como verdades irrefutables. Te propongo el ejercicio de desaprender y comenzar como un lienzo en blanco desde cero.

Piensa en el dinero como una forma de energía que ni se crea ni se destruye, sólo se transforma tal y como lo establece el principio fundamental de la física conocido como la ley de conservación de la energía.[122] La energía puede estar depositada en

121. Lewis, Parker, «Bitcoin obsoletes all other money», *Unchained*, 24 de enero de 2020, <https://unchained.com/blog/bitcoin-obsoletes-all-other -money/>.

122. «Conservación de la energía», *Wikipedia*, <https://es.wikipedia.org/ wiki/Conservación_de_la_energía>.

diferentes formas, con mejor o peor eficiencia. Algunas formas conservarán menos eficientemente la energía, disipándose como el calor en una sala con la ventana mal cerrada.

A diferencia de los animales, que viven al día con los recursos que son necesarios en ese mismo momento, los humanos han intentado almacenar su energía desde el principio de los tiempos. El cuerpo de cualquier ser vivo trata de conservar energía haciendo más eficientes todos los procesos como la digestión, el reparto sanguíneo o cualquier otro. Los humanos han variado las formas de conservar mejor la energía disponible. Por ejemplo, si teníamos hambre, salíamos a cazar comida, pero si después de comer aún quedaba tiempo, cabía la opción de no hacer nada para conservar energía, trabajar para el futuro o fabricar herramientas para hacer más eficiente la caza. Esta herramienta fabricada es una forma de capital. A mayor capital, mayor eficiencia, mayor excedente y más tiempo liberado para acumular más capital —riqueza—, es decir, más energía.

De pescar con la mano hasta un supercarguero de pesca no hay más que unos cientos de miles de años de procesos para utilizar la energía de manera inteligente.

La humanidad dejó de ser nómada y comenzó a desarrollar asentamientos permanentes con un estilo de vida sedentario y dio comienzo a una nueva era. La revolución neolítica que comenzó con el origen de la agricultura hace aproximadamente doce mil años, permitió al ser humano acelerar la acumulación de capital —tierras, herramientas, animales, conocimientos—, lo que incrementó enormemente la productividad del trabajo y generó mayores excedentes de producción.

Estos excedentes, en forma de frutas y verduras, contienen una energía que, si no es consumida, se transformará en una forma menos valiosa, ya que no es capaz de conservar en períodos largos de tiempo la energía que se depositó en su momento a través del trabajo, el agua, y los minerales de la tierra cultivada.

Existen dos formas de lidiar con los excedentes, a través del ejercicio de la violencia y la otra a través del intercambio [...]. Por lo tanto, el intercambio es la alternativa a la violencia.

JAVIER MAESTRE[123]

Por eso necesitamos cambiar los excedentes que no vamos a consumir por otra forma que conserve mejor esa energía. Las formas que mejor conservan su estado a lo largo del tiempo son un buen **depósito de valor**.

> Hay una diferencia entre reserva de valor y depósito de valor. Reserva tiene una connotación de «estabilidad» como pasa con el oro, con un aumento de la oferta del –2 por ciento anual, más o menos lo mismo que crece la economía. Depósito es más parecido lo que se hace con los inmuebles, aparcando riqueza sin pensar en lo que costará con certeza en unos años, aunque supones que irá bien en el futuro.
>
> ÁLVARO D. MARÍA[124]

A través del trueque, intercambiamos un tipo de forma con energía por otras formas con una equivalencia aproximada de energía. Si tú tienes un excedente de naranjas y yo de manzanas, podemos intercambiarlas. Todo intercambio siempre ha estado basado en deuda o favores (una promesa de pago futura): hoy por ti y mañana por mí; pero el dinero como deuda tiene limitaciones porque está condicionado por la confianza y, a cierta escala, se pierde.

Según la teoría del número de Dunbar, existe un límite cognitivo en el número de personas con las que un individuo puede mantener relaciones sociales estables y significativas, siendo este número aproximadamente de 150. El antropólogo Robin

---

123. «Bitcoin como propiedad privada absoluta y sus implicaciones legales con Javier Maestre | B8» [vídeo], YouTube, 25 de febrero de 2024, <https://www.youtube.com/watch?v=j9Og0WZnx1k>.

124. María, Álvaro D., *La filosofía de Bitcoin. La caída del Estado*, Deusto, Barcelona, 2024.

Dunbar afirma que este límite está relacionado con el tamaño del neocórtex cerebral en humanos. La idea es que sólo podemos gestionar un número limitado de relaciones debido a las restricciones de nuestra capacidad cerebral para comprender y recordar información social compleja. Más allá de 150, las relaciones tienden a ser más superficiales y menos significativas. Este concepto se ha aplicado en diversas áreas, incluyendo la gestión organizacional, el diseño de conexiones sociales y el estudio de comunidades primitivas y modernas. Lo que imposibilita una economía basada en favores —deudas por confianza— a gran escala.

> El número de relaciones significativas que podemos manejar es una constante histórica, determinada por la biología de nuestro cerebro.
>
> ROBIN DUNBAR[125]

Para gestionar la falta de confianza en un gran número de relaciones económicas, necesitamos una herramienta de intercambio. El intercambio puede parecer sencillo cuando las dos partes buscan lo que la otra ofrece, pero ¿qué pasa cuando no coinciden? Se da lo que se conoce como **doble coincidencia de necesidades**.

Sin dinero sólo podemos llevar a cabo intercambios voluntarios si ambos agentes económicos están interesados en lo que el otro ofrece y están dispuestos a desprenderse de lo que tienen. Éste es el origen del dinero como herramienta de intercambio, aunque no de la forma en la que lo percibimos en la actualidad.

Cuando nacen las primeras formas de dinero, ya se utilizaban como depósito de valor para conservar la energía/valor en el tiempo y como *medio de intercambio* para satisfacer las necesidades o deseos de aquello que se carecía. Aunque ya en Mesopotamia con el *shekel* (3000 a. C.), en la antigua Grecia con el dracma (siglo VI a. C.) o en el Imperio romano con el denario (siglo I a. C.), no

---

125. «Teoría del número de Dunbar», *Wikipedia*, <https://es.wikipedia.org/wiki/Numero_de_Dunbar>.

fue hasta el período medieval alrededor del año 500, cuando se consolidó el uso de monedas estandarizadas como *unidad de cuenta* —entre ellas el ducado originado en Venecia o el florín en Florencia—, que permitirían medir fácilmente la equivalencia de costes entre las cosas que se intercambiaban en unidades dinerarias.

Entonces, ¿cómo sabemos cuál es la mejor forma de dinero? Si tenemos un excedente de manzanas y pudiéramos pedir un deseo al genio de la lámpara para intercambiarlo por cualquier forma deseada y así poder preservar la energía en su mejor estado, ¿qué forma elegiríamos? La forma de dinero más valiosa es la que mejor transfiere la energía en el espacio y en el tiempo.

> El dinero es energía. El dinero es un depósito de valor y también una tecnología que nos permite comerciar con esa energía a través del tiempo y el espacio. Si miramos la historia del dinero, pasamos de dinero mercancía, a la acuñación de monedas con esas mercancías, después por billetes que representaban ese dinero mercancía, más tarde por divisa fiat y ahora tenemos criptografía como base del dinero.
>
> MICHAEL SAYLOR

Grados de *dinerabilidad*

Recordemos e interioricemos la primera frase del capítulo 4: «El dinero no es un sustantivo, es un adjetivo». Es un adjetivo porque si todas las cosas son formas de albergar energía, mejores o peores, cada vez que hacemos un intercambio estamos valorando subjetivamente la forma que recibimos con mayor energía respecto a la forma que entregamos. Sin embargo, hay ciertas formas que cumplen con características objetivas muy valiosas.

Por lo tanto, tenemos grados de *dinerabilidad*, según cumpla con estas características. Aquellas formas con mayor grado de *dinerabilidad* nos hemos acostumbrado a llamarlas dinero, como si se tratase de un sustantivo, cuando en realidad todo tiene un mayor o menor *grado de dinerabilidad* (como un adjetivo). Por ejemplo, una manzana cumple con menor grado de *dinerabili-dad* por sus propiedades y características como la durabilidad, divisibilidad o escasez, que la sal o el oro.

Gráfico 4.1. Grados de *dinerabilidad*

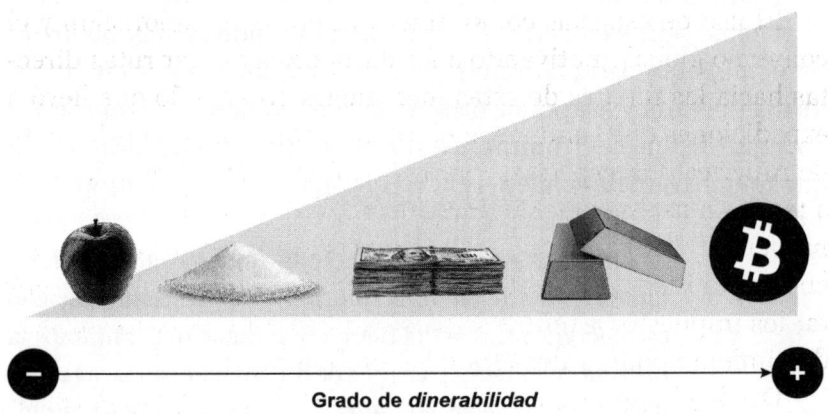

Grado de *dinerabilidad*

Fuente: Elaboración propia.

¿Cómo podemos valorar el grado de *dinerabilidad* que tiene una forma concreta? (gráfico 4.1).

En los últimos veinte mil años de historia hemos ido descubriendo de manera orgánica, mediante prueba y error, cuáles son las formas más adecuadas para depositar la energía que hemos ganado —de alguna forma cedida por otra persona a cambio de un trabajo realizado o intercambiada por nuestros excedentes de producción—. Este descubrimiento paulatino nos ha permitido entender las características más deseadas para considerar a ciertas formas como dinero o con beneficios monetarios. Las más comunes son: escasez, durabilidad, aceptabilidad, portabilidad, fungibilidad y divisibilidad.

> Para preservar la riqueza, debe convertir su moneda en activos que sean escasos, deseables, portátiles, duraderos y con bajo coste de conservación.
>
> MICHAEL SAYLOR (2023)

Las primeras formas de dinero utilizadas por el ser humano incluían conchas marinas y plumas de aves muy raras, entre otros objetos, porque cumplían las características de escasez, portabilidad y durabilidad (en algunas ocasiones también aceptabilidad). Por lo tanto, tenían un grado de *dinerabilidad* alto respecto a otras formas (alimentos o minerales comunes).

El uso de especias como dinero impulsó la exploración y el comercio global, motivando a los europeos a buscar rutas directas hacia las fuentes de estas mercancías en Asia, lo que llevó a expediciones que cambiaron el mundo, como el descubrimiento de América. Las especias, como el azafrán o el jengibre, llegaron a tener un uso monetario durante la Edad Media en Europa. La pimienta,[126] siempre muy cotizada, se contaba grano por grano, y en el siglo XI, pueblos enteros mantenían sus cuentas en pimienta; los impuestos y rentas se pagaban con esta especia. Un saco de pimienta podía valer la vida de un hombre.

Desde el año 200 a. C. hasta el 1200 d. C., los romanos comenzaron a navegar de Egipto a India para comerciar con especias como la pimienta, la canela, la nuez moscada, el clavo y el jengibre. Esta demanda de especias y el deseo de evitar intermediarios, motivó a los europeos a buscar rutas directas hacia las fuentes de estas preciadas mercancías en Asia, lo que finalmente llevó a los viajes de exploración que cambiaron el mundo. Estos viajes resultaron en el descubrimiento de nuevas tierras en 1492, cuando Cristóbal Colón llegó a América, en la expansión del conocimiento geográfico, y en el establecimiento de rutas comerciales y colonias en África, América, y Asia.

Estas especias cumplen con todas las características en un grado de *dinerabilidad* alto. Son fácilmente transportables, son divisibles, se conservan bien a lo largo del tiempo (durabilidad) y sobre todo, eran productos escasos en muchas partes del mundo. Otro ejemplo destacado más actual es el uso de cigarrillos como moneda o *forma* alternativa de dinero en entornos carcelarios, pues es divisible en unidades individuales de cigarrillos para inter-

126. «Historia de las especias», Terana, <https://www.terana.com/historia-de-las-especias>.

cambiarlos por otras cosas, es escaso dentro de la cárcel, es fácilmente transportable y se puede conservar en buen estado a lo largo del tiempo.

Hace unos cinco mil años se descubrió el oro, un mineral de color amarillento que era extremadamente escaso —de entre todas las características dinerarias, la más complicada de encontrar con un altísimo grado es la escasez—. Para una forma dineraria de alto grado, la definición de escasez que importa es: cuánta energía es necesario invertir para incrementar el número de nuevas unidades de esa forma dineraria en relación con las unidades ya existentes. Esto se conoce como el ratio *stock-to-flow*.[127]

Crear dinero como Dios

Los egipcios comenzaron a extraer oro alrededor del año 2000 a. C., pero no fue hasta el rey Creso[128] (famoso por su gran riqueza) en el reino de Lidia (actual Turquía), entre 561 y 546 a. C., cuando aparecieron las primeras monedas de oro estampadas, conocidas también como el león de Lidia o *electrum*. El uso del oro en forma de moneda facilitaba el intercambio debido a su divisibilidad, portabilidad y fungibilidad (la propiedad de un bien o activo cuyas unidades individuales son intercambiables y equivalentes entre sí); además de añadir dificultad a la posible falsificación y estandarización en peso y pureza de la moneda.

Parece que habíamos encontrado la *forma* más perfecta de dinero, pero disponer de la tecnología de acuñación de monedas otorgaba un poder inmenso. Este poder llevó a la corrupción constante de quienes lo poseían. Teniendo la capacidad de crear dinero y hacer creer al resto que poseían más energía acumulada de la que realmente tenían, ¿por qué no lo iban a aprovechar?

127. «Existencias y flujos», *Wikipedia*, <https://es.wikipedia.org/wiki/Existencias_y_flujos>.

128. Cartwright, Mark, «El oro en la antigüedad», *World History Encyclopedia*, 4 de abril de 2014, <https://www.worldhistory.org/trans/es/1-10329/el-oro-en-la-antiguedad/>.

Este poder prácticamente les igualaba a Dios, creador todopoderoso, el único capaz de crear energía.

El dinero sin energía es crédito.

MICHAEL SAYLOR (2022)

Los primeros casos de sustracción de energía al dinero mediante la manipulación de monedas ocurrieron en el Imperio romano bajo el reinado de Nerón (54-68 d. C.). Se alteró la composición de las monedas para reducir su contenido de metales preciosos y financiar sus gastos, lo que llevó a la inflación y a la pérdida de confianza en la moneda acuñada. En el año 64 d. C. Nerón redujo el contenido de plata del denario del 98 al 93,5 por ciento y disminuyó su peso (gráfico 4.2). Estas medidas no sólo aumentaron la cantidad de monedas en circulación, sino que también financiaron la construcción de la famosa *Domus Aurea* ('Casa Dorada').

Gráfico 4.2. Devaluación del denario romano y la cantidad de plata que contenía

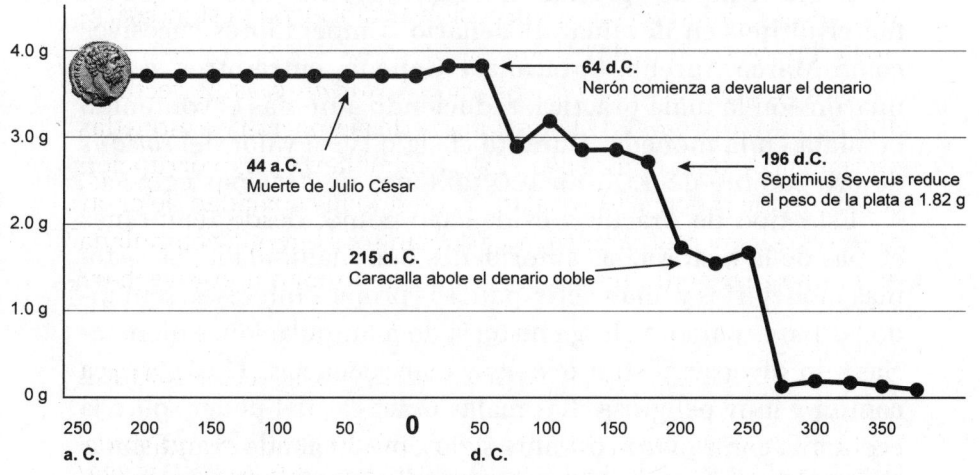

Fuente: Elaboración propia basados en los datos de American Numismatic Society (fundada en 1858).

Gráfico 4.3. Devaluación del denario romano por cada emperador y la cantidad de plata que contiene

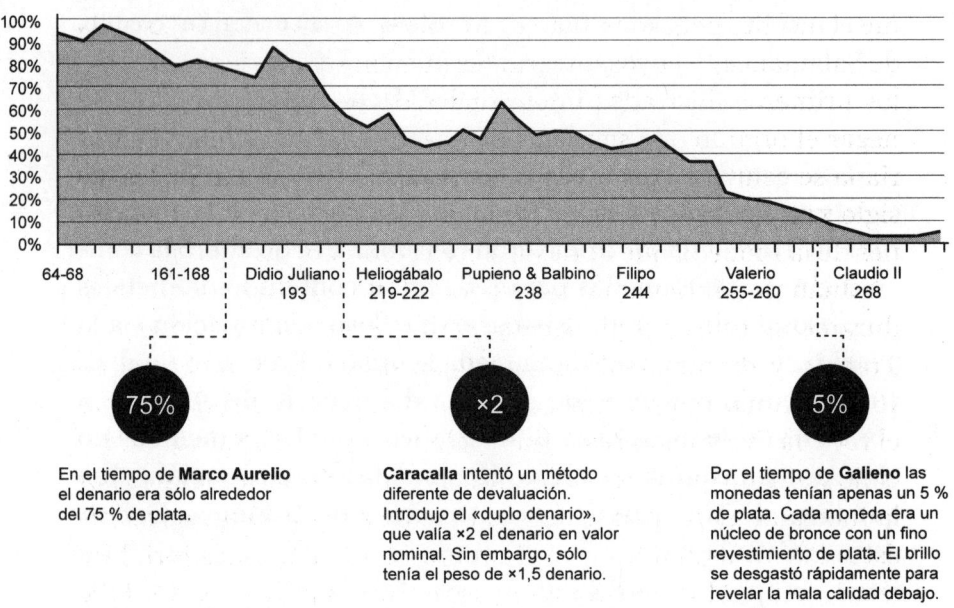

Fuente: Elaboración propia a partir de los datos de Numiswiki Forvm Ancient Coins.

Como se puede apreciar en los gráficos 4.2 y 4.3, Nerón no fue el último en devaluar el denario. Emperadores sucesivos como Marco Aurelio, Caracalla y Galieno, entre otros, continuaron con la mala práctica, reduciendo aún más el contenido de plata en la moneda. Durante el siglo IV, el valor del *solidus* de oro cambió de 4.000 a 180 millones de dracmas egipcias.

Este tipo de prácticas evidencian cómo, desde tempranas etapas de la historia, las autoridades han manipulado los sistemas monetarios y financieros para sus propios intereses, sentando las bases para una larga historia de manipulaciones monetarias con diversas justificaciones y consecuencias. Una práctica común y muy peligrosa. Las malas prácticas del poder sobre la economía continuaron durante siglos, produciendo grandísimas guerras financiadas con «energía falsa», grandes crisis y, también, auges y caídas de los mayores imperios de la humanidad.

Alquimia monetaria: energía falsa

Uno de los grandes escolásticos que escribió sobre esta cuestión fue el insólito pensador Juan de Mariana, miembro de la Escuela de Salamanca,[129] cuyos integrantes pueden ser catalogados como los primeros ilustrados intelectuales de economía, y no puedo negar el orgullo que siento de que sean españoles. Juan de Mariana se centró en los eventos ocurridos en España a finales del siglo XVI y principios del XVII, marcados por varias devaluaciones de la moneda que llevaron a crisis económicas y sociales.

Juan de Mariana, un sacerdote jesuita e historiador, criticó duramente estas prácticas en su obra *De monetae mutatione* (o Tratado y discurso sobre la moneda de vellón), publicada en 1609. En su otro gran libro, *De Rege et Regis Institutione* (Sobre el rey y la institución real) publicado en 1598, defendió el tiranicidio y afirmó que el rey no tiene derecho a cobrar impuestos por la fuerza ni a apropiarse de lo que es de sus súbditos, salvo que éstos lo consientan libre y voluntariamente. Para más inri, Mariana define al tirano como «el que todo lo atropella y todo lo tiene por suyo; el rey estrecha sus codicias dentro de los términos de la razón y de la justicia». Leerlo hoy en día resulta asombroso. Es el primer alegato liberal contra el poder omnímodo del Estado, casi cien años antes que John Locke.

Es tan lógico como inaceptable que el rey, tanto en aquella época como en ésta, sienta el poder para hacer lo que le plazca sin consecuencias negativas, pues siempre ha tenido el amparo de la ley, y los incentivos a su favor. Incluso hasta el día de hoy en el Art. 56 punto 3 de la Constitución española de 1978, dice así: «La persona del Rey es inviolable y no está sujeta a responsabilidad». Aunque esto no salvó al rey de España Juan Carlos I de escándalos mediáticos y reprimendas sí le salvó de consecuencias legales o judiciales.

En el reinado de Felipe III (1598-1621), el gobierno español enfrentaba otro tipo de problemas fiscales graves, debido a los

129. «Escuela de Salamanca», *Economipedia*, <https://economipedia.com/definiciones/escuela-de-salamanca.html>.

costosos compromisos militares y la administración de un vasto imperio. Para resolver estas dificultades financieras, recurrieron a la manipulación de la moneda. La moneda de vellón, una aleación de cobre y de un metal noble como la plata (o raramente oro), comenzó a emitirse en cantidades crecientes, reduciendo su contenido de plata y provocando una forma de devaluación.[130]

Estas devaluaciones provocaron inflación y descontento popular, afectando especialmente a las clases más bajas que veían cómo su poder adquisitivo disminuía rápidamente. La situación se agravó en 1607 con un intento fallido de reforma monetaria que buscaba retirar de circulación las monedas de vellón devaluadas y reemplazarlas por otras con mayor contenido de plata. Esta medida fracasó, llevando a una crisis de confianza y mayor desorden económico.

Juan de Mariana criticó abiertamente estas políticas en su obra, argumentando que la manipulación de la moneda —*de monetae mutatione*— era un tipo de robo encubierto por parte del Estado hacia los ciudadanos, ya que erosionaba el valor de los ahorros y pagos de los ciudadanos. Sostenía que el soberano no tenía el derecho moral de alterar el contenido o valor de la moneda sin el consentimiento de la comunidad. Sus críticas no sólo abordaron los aspectos económicos, sino que también plantearon cuestiones de ética y justicia gubernamental.

La postura de Mariana y su crítica al poder real fueron polémicas a pesar de su estatus y posición, poniéndolo en riesgo frente a la autoridad. El 8 de septiembre de 1609, según lo relata Carlos Garrido en su tesis, Francisco de Sosa, miembro del Consejo Supremo de la Inquisición, ordenó apresar a Juan de Mariana; se lo llevaron a Madrid, donde quedó recluido por «lesa majestad» (causar lesión o agravio al rey). El fiscal Baltasar Gil Imón de la Mota pidió un castigo público ejemplar para Mariana y la retractación pública de su escrito, en el que se atrevió a reprender al rey públicamente por la alteración de la moneda.

130. «Tratado y discurso sobre la moneda de vellón de Juan de Mariana» [vídeo], YouTube, 5 de octubre de 2023, <https://www.youtube.com/watch?v=mhNazTdG85E>.

El 3 de noviembre Mariana respondió al escrito acusatorio demostrando su superioridad intelectual, pero siguió recluido.

El 9 de enero, sin todavía sentencia pública, el rey Felipe III ordena a su embajador en Roma que hable con el pontífice Paulo V para decirle: «Que a la vista de la copia auténtica del proceso que se le remite mande sentenciar y permita con asistencia de los ministros, que yo nombraré la ejecución de la sentencia sin apelación, como se ha hecho en otros delitos notorios en que está "lesa la majestad"».

Con misma fecha y a la misma persona le envía la siguiente petición: «Ilustre don Francisco de Castro [...], por algunas justas causas de mi servicio y del bien público he mandado recoger en todos mis reinos un libro que ha sacado a la luz el padre Juan de Mariana de la Compañía de Jesús, intitulado *Ioannis Marianae e Societate Iesu Tractatus VII*, impreso en Colonia el año pasado de 1609. Por entender que se habrá esparcido por diversos otros reinos y provincias, he querido encargarlos y mandaros como lo hago, que con mucho retrato, y sin dar a entender el fin que se lleva, compréis y recojáis todos los libros de la dicha impresión y título que hallaredes y pudiera saber a las manos, y los hagáis quemar. Asimismo estaréis advertido que si se tratare de hacer otra impresión lo estorbéis, y si estuviera hecha la recojáis, y hagáis quemar también que yo seré muy servido que así lo hagáis, y me avisaréis de lo que se hiciere en esto». Firma el rey Felipe III de Madrid a 9 de enero de 1610.

La monarquía ordenó a sus embajadores que compraran y se hicieran con todos los ejemplares del libro de Mariana para quemarlos. Mientras tanto la sentencia que había prometido ser pública no aparecía por ningún sitio. El 23 de abril de 1610, y según cuenta Gonzalo Fernández de la Mora,[131] el embajador de Roma consultó al auditor de la ruta vaticana, Francisco Peña, acerca de la tramitación de la Santa Sede por la causa contra Mariana, y aquél le envió su dictamen el 23 de abril de 1610. Según Peña, no

131. Fernández de la Mora, Gonzalo, «El proceso del padre Mariana», <https://www.boe.es/biblioteca_juridica/anuarios_derecho/abrir_pdf.php?id =ANU-M-1993-10022100268>.

se debe solicitar al papa una sentencia condenando al libro de Mariana a ser quemado, puesto que no hay censura de proposiciones que merezcan semejante castigo. Sólo se podría pedir con más templanza para recogerlo porque no corra por el mundo. Opina además Peña que no se debe elevar la causa al pontífice, tan grande letrado y tan ejercitado en juzgar, porque advertirá que el juez ordenó prender a Mariana antes de oír a los testigos, por lo que esta captura fue nula e injusta y formará mal concepto de toda la causa a favor de dicho padre Mariana. Añade Peña que no se ven pruebas concluyentes de que el dicho haya cometido delito de «lesa majestad» porque no se dan las cualidades necesarias para formar la sustancia de dicho delito y que la predisposición declarada por Mariana a la corrección de dichas proposiciones como le fuere ordenado inclinaría a su santidad antes a la absolución que a la condenación.

Finalmente, Peña concluye que no conviene dar el dicho proceso a su santidad lo cual equivale en la práctica a sobreseer. A Mariana se le liberó en silencio y sin altavoces poco después. Sin sentencia, para no dejar por escrito la victoria de la autoridad frente a la potestad.

El trabajo de Mariana refleja una de las primeras y más vehementes objeciones al abuso del poder en la acuñación de moneda desde hace siglos. Algo que se sigue haciendo en la actualidad con artimañas más modernas.

Es comprensible que en aquella época el acceso al saber y la información era complicado, sólo unos pocos tenían tal privilegio, pero nosotros como sociedad no tenemos pretexto para seguir ciegos ante este saqueo deliberado por parte del poder de nuestro trabajo, nuestra riqueza y nuestra energía.

Martín de Azpilcueta nacido en Navarra en 1492, también conocido como doctor Navarrus, fue un importante economista, jurista y teólogo español de la Escuela de Salamanca. Analizó cómo el flujo de oro y plata desde el Nuevo Mundo hacia España provocaba la subida de precios, un fenómeno que describió en su *Manual de confesores y penitentes* (1556). Su trabajo sobre el valor del dinero, los tipos de cambio, y la moralidad del préstamo y el interés, lo convirtió en una figura clave en el ámbito de la economía y la ética económica, contribuyendo a sentar las bases del pensamiento económico moderno.

Martín estudió por primera vez en la historia la cantidad de dinero que existe en una economía determinada en relación con su nivel de precios. El religioso expresó unos términos muy comunes para la economía actual, pero en los que, en aquella fecha, todavía nadie había reparado: «La abundancia de dinero genera inflación en los precios, hecho que repercute de manera muy negativa en la sociedad». Esto sentó las bases de lo que ahora conocemos como la teoría cuantitativa del dinero: si en un mercado dejamos fijo el número de mercancías a la venta y aumentamos la cantidad de dinero en el bolsillo de los compradores, el precio de aquéllas sube. Si disminuimos la cantidad de dinero, los precios bajan. Inflar es aumentar la cantidad de dinero en circulación y la subida de precios, su efecto es inexorable. Desinflar, lo contrario. Se puede discutir cuánto y con qué velocidad, pero no la tendencia generalizada en todos los países actuales con subidas de precios y devaluación constante de la moneda —empobreciendo así a sus ciudadanos—. Azpilcueta ya lo explicaba en su libro *Comentario resolutorio de cambios*, publicado en Salamanca en 1556.

Tengo que reconocer que no alcancé a encontrar respuesta a la obligada pregunta de por qué unos frailes renacentistas llegaron a desarrollar conceptos económicos tan avanzados, que los economistas de aluvión actuales todavía desconocen.

Ludwig von Mises, uno de los economistas más brillantes que han existido, publicó en 1912 su *Teoría del dinero y el crédito*[132] que es capital en teoría económica. En ese libro expone que, al igual que en un sistema hidráulico podemos maquillar un bajo nivel de líquido introduciendo en el sistema bolas de metal o reduciendo el diámetro de las tuberías, sabiendo que si insistimos lo colapsamos, también en un sistema económico podemos ma-

132. Mises, Ludwig von, *Teoría del dinero y el crédito*, Unión Editorial, Madrid, 2012.

quillar la ausencia de ahorro (energía real) con crédito bancario con las mismas consecuencias. No es lo mismo porque mientras el ahorro representa energía dineraria, es decir, trabajo acumulado no consumido y, por ello, tiene valor, el crédito bancario es un simple apunte contable respaldado por la garantía del Estado, y sólo contiene un porcentaje ínfimo menor al 8 por ciento de ahorro y, además, cautivo vía fondos obligatorios que sí son trabajo acumulado no consumido. Por decreto.

Un sistema económico eficiente precisa un nivel de ahorro energético mínimo y lo manifiesta aumentando los tipos de interés para atraerlo. Mises fue el único economista que predijo en Alemania la hiperinflación de 1923 y la destrucción de su moneda. En su obra *Human Action*, publicada en inglés en 1949, afirma:

> El movimiento ondulatorio que afecta al sistema económico, la repetición de períodos de crecimiento seguido por períodos de depresión, es el resultado de los intentos, repetidos una y otra vez, de rebajar los tipos de interés, que el mercado demanda más altos, por medio de la expansión del crédito. No hay manera de evitar el colapso final de un período de crecimiento producido por la expansión del crédito. Las alternativas son únicamente que llegue la crisis antes como consecuencia del abandono voluntario de más expansión crediticia, o más tarde como la catástrofe total y última del sistema monetario.

Mises puede ser el mejor economista que haya visto la humanidad y sus seguidores se agrupan en la escuela austriaca de economía —influenciados por la Escuela de Salamanca española—, uno de cuyos representantes más distinguidos es el español Jesús Huerta de Soto, catedrático de Economía Política en la Universidad Rey Juan Carlos y que como él mismo expuso en el discurso que se celebró para entregar el premio del Instituto Juan de Mariana a Javier Milei en el Real Casino de Madrid: «Economista consumado que domina su materia [...] es capaz de darse cuenta con humildad que sólo se puede entender el mundo que nos rodea siguiendo el enfoque dinámico, empresarial y creativo de la escuela austriaca de economía. Que por cierto, debería llamarse escuela española pues tiene su origen en nuestros escolásticos del siglo de oro». En el libro más importante de Jesús titulado *Dinero, crédito bancario y ciclos económicos*, encontrarás con todo lujo de detalles lo que aquí, toscamente, he resumido.

¿Qué sucede cuando el Estado emite un dinero malo que no contiene ni conserva correctamente la energía dineraria que debería?

Muchas de las ciudades-Estado, las taifas, o las *polis* griegas, emitían un dinero malo, un dinero débil (con poca cantidad de metal noble). Pero si lo hacían en exceso, las demás no lo iban a aceptar. ¿Qué tenía que hacer entonces un conde, un príncipe o un buen rey? Emitir dinero de buenísima calidad, pues de lo contrario, fuera de sus fronteras no valía nada y dentro los habitantes se empobrecían y sufrían por las subidas de precios.

> El dinar del rey Lobo de la taifa de Murcia fue una de las mejores monedas de la Edad Media porque no le quedaba otra que hacerla de la mejor calidad.
>
> Los emperadores romanos, como tenían un espacio más grande, podían jugar con la devaluación y adulteraban la moneda, o los emperadores chinos que inventaron el papel moneda.
>
> MIGUEL ANXO BASTOS

Sustitutos monetarios sin energía real

La custodia y transporte de esta forma de dinero también tenía sus inconvenientes por el riesgo de robos continuados. Para solucionar esta problemática se crearon los sustitutos monetarios, principalmente en forma de papel. Consistía en resguardar la propiedad valiosa (oro, monedas, joyas) depositándola en poder de un tercero de confianza que tuviera mayor capacidad para protegerla y a cambio se recibía un documento en papel que certificaba la cantidad y el valor de lo depositado. El documento podía ser utilizado para realizar transacciones o intercambios con otras personas o para reclamar la propiedad original cuando se considerara necesario.

Ventajas y riesgos de los sustitutos monetarios

Estos sustitutos monetarios ofrecían varias ventajas:

- **Facilitaban el intercambio:** hacían las transacciones más simples y eficientes.
- **Mejoraban la divisibilidad:** permitían fraccionar grandes cantidades de dinero en unidades más pequeñas y manejables.
- **Aumentaban la portabilidad:** hacían que grandes sumas de dinero fueran más fáciles de transportar.
- **Ofrecían fungibilidad:** las unidades de sustitutos monetarios eran fácilmente intercambiables entre sí.

Sin embargo, también introducían riesgos significativos, principalmente la posibilidad de manipulación. Como podrás imaginarte la gran mayoría de los depositantes nunca acudían a redimir o reclamar su propiedad original, lo que les permitía a los bancos custodios crear muchos más documentos que las propiedades custodiadas, destruyendo la paridad real con el metal subyacente.

Este *modus operandi* ha continuado hasta la actualidad, pero con artimañas más sofisticadas y modernas. Como consecuencia, nos conduce a la ya conocida enfermedad del dinero actual que has descubierto en el capítulo «Dinero enfermo» donde comprendiste por qué el dinero fíat conserva muy mal la energía a lo largo del tiempo. Cada vez que se crea masa monetaria, no se está creando más valor real, sino que se está distribuyendo la misma energía entre más unidades monetarias. Por lo tanto, cada unidad de dinero fíat, sea en papel o digital, contiene menos energía y, en consecuencia, es menos valiosa.

En ciertas circunstancias, el dinero enfermo convencional no es viable, lo que ha llevado a la creación de sistemas alternativos que buscan cumplir las funciones esenciales del dinero: ser un depósito de valor, un medio de intercambio y una unidad de cuenta.

Después de comprender los grados de *dinerabilidad* y cómo se transfiere el valor entre formas de energía dineraria, volvemos de nuevo a la pregunta clave: ¿cuál es la forma que cumple mejor con las características necesarias para tener un mayor grado de *dinerabilidad* y así transportar valor (energía) en el espacio y el tiempo de manera más eficiente y efectiva?

5

Guerra de Riqueza (*Wealth War*)

Cuando el dinero que usamos está enfermo y el sistema que gobierna sobrevive en déficit perpetuo, al borde del colapso inminente, necesitamos un búnker blindado que nos proteja contra el bombardeo de las crisis económicas y los misiles de devaluación que amenazan con arrasar nuestros ahorros y nuestro futuro. En esta guerra monetaria, poseer un arsenal de activos sólidos se convierte en nuestra línea de defensa más robusta. Surge entonces la pregunta del millón: ¿qué opciones tenemos para que nuestro patrimonio resista los ataques y el paso del tiempo?

La búsqueda de este equipamiento antidepreciación nos lleva por un laberinto lleno de intrigas, donde cada inversión promete ser el escudo definitivo. En otras palabras: ¿cuál es la mejor forma de depositar nuestra riqueza en el espacio y en el tiempo?

Teniendo en cuenta la premisa del capítulo anterior, las principales formas más deseadas de depositar nuestra riqueza en el espacio y en el tiempo son:

1. Dinero fíat (dólares, euros, libras...)
2. Bonos (deuda del Estado)
3. Metales nobles como el oro
4. *Real estate* (bienes inmuebles)
5. *Equity* de empresas (acciones, índices bursátiles, productos financieros)

6. Coleccionables (coches históricos o artículos especiales)
7. Arte y otras obras únicas
8. Criptomonedas
9. Bitcoin

Cada una de estas formas de atesoramiento de riqueza tiene sus pros y sus contras. Desde que el ser humano comienza a tener una menor preferencia temporal y a pensar más a largo plazo, empieza a considerar importante encontrar la mejor forma de depositar riqueza en el espacio y en el tiempo. Esto da inicio a una competición constante entre formas de aparcar el valor excedente (también entendida como energía, como vimos en el capítulo anterior).

Durante los últimos 500 años aproximadamente, las primeras siete formas de la lista han estado compitiendo para ser el rey contra la pérdida de poder adquisitivo. Hasta que en 2009 entró un nuevo adversario con características únicas hasta la fecha: Bitcoin, que eleva el estándar y pone en jaque a sus competidores. Lo que está por venir en los siguientes capítulos es muy grande e importante tanto para el mundo como para ti personalmente. Si llegas hasta el final descubrirás cómo podría beneficiarte de maneras que todavía no imaginas, y la curiosidad que puedes sentir ahora es sólo el principio.

> La ausencia de un medio de ahorro viable también provoca la distorsión de los mercados de todos los demás bienes monetarios alternativos. El exceso de demanda de bonos premia a los prestatarios que no lo merecen, sobre todo a los gobiernos, asignando mal el capital y provocando crisis periódicas de *default*. [...] Las alternativas no monetarias que el hombre fiat debe utilizar [...] no pueden desempeñar la función del dinero de forma mucho más satisfactoria de lo que una cuchara puede desempeñar la función de un cuchillo.
>
> SAIFEDEAN AMMOUS[133]

133. Ammous, Saifedean, *op. cit.*, p. 303.

Considerando todas las formas disponibles con el mayor grado de *dinerabilidad* y las más utilizadas para depositar riqueza, el valor total de estos activos se estima en aproximadamente 900 billones de dólares estadounidenses (calculado en 2024) (gráfico 5.1). Imagina que este valor total representa un espacio geográfico terrestre, con diferentes fronteras, que debe repartirse proporcionalmente entre las formas con mayor grado de *dinerabilidad*.

Gráfico 5.1. Valor total de los activos en el mundo

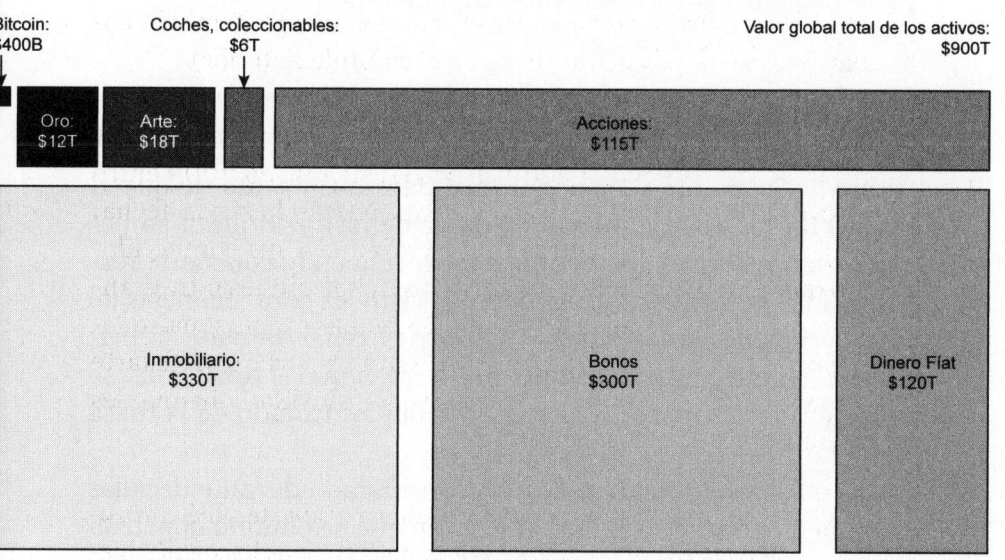

Fuente: Elaboración propia en base a los datos de @Croesus_BTC.

La guerra de riqueza

La guerra de riqueza surge de la competición entre estas formas por absorber el mayor valor energético posible respecto al total. Conquistar parte del terreno de las opciones alternativas es crucial. Tu supervivencia en esta guerra a largo plazo depende de depositar tu riqueza en la mejor forma, aquella con mayor grado de *dinerabilidad* y mayor potencial de crecimiento respecto al total de la geografía.

Si no eliges adecuadamente, tu riqueza perderá valor, similar a cómo el oxígeno es esencial para la vida. La pérdida de riqueza equivale a que la energía que utilizas para trabajar o el excedente del valor que produces con el trabajo y tratas de atesorar, se desvanezca sin utilidad,[134] como sucede con los bolívares[135] venezolanos.[136]

Para salir victorioso de esta guerra necesitas conocer las diferencias entre las diversas formas de dinero, entender sus utilidades y actuar en coherencia. Sólo así podrás proteger tu riqueza, garantizar su valor y preservarlo en el tiempo.

Fíat vs. bitcoin

Al analizar las nueve opciones, nos daremos cuenta de que el dinero fíat no es una buena forma de depositar riqueza en períodos largos de tiempo debido a su devaluación constante respecto a las otras alternativas. Hemos visto las consecuencias de la enfermedad inflacionaria, y deberías tener tatuada la evidencia de que cualquier forma más escasa que el dinero fíat se apreciará en proporción al aumento descontrolado de la masa monetaria.

El dólar estadounidense se ha considerado durante décadas la moneda de reserva mundial y desde que se eliminó el patrón oro no ha dejado de derrumbarse frente a otras formas como el S&P 500 —índice bursátil que incluye las 500 empresas líderes

---

134. Nyaga, Crispus, «El bolívar venezolano se ha vuelto inútil a medida que aumenta la inflación», *invezz*, 31 de mayo de 2023, <https://invezz.com/es/noticias/2023/05/31/el-bolivar-venezolano-se-ha-vuelto-inutil-a-medida-que-aumenta-la-inflacion/>.

135. Rallo, Juan Ramón, «500.000.000.000.000 bolívares equivalen a un euro», *La Razón*, 8 de agosto de 2021, <https://www.larazon.es/economia/20210808/mo42g4t4fjf7zi5pspe5qtax4e.html>.

136. Gillespie, Patrick, «"Una moneda sin valor": el bolívar en Venezuela está en caída libre», CNN, 1 de diciembre de 2016, <https://cnnespanol.cnn.com/2016/12/01/una-moneda-sin-valor-el-bolivar-en-venezuela-esta-en-caida-libre/>.

con mayor capitalización de Estados Unidos y representa aproximadamente el 80 por ciento de la capitalización de mercado disponible, bienes inmuebles, el oro o el arte—. Muchísimo más respecto a bitcoin.

Es increíble la preocupación generalizada que hay por la volatilidad de algunos activos, mientras existe la ilusión perceptiva de que el dinero fíat es estable. El dólar estadounidense ha perdido más del 95 por ciento de su poder de compra respecto a los bienes de consumo entre 1910 y 2023 (gráfico 5.2).

Gráfico 5.2. Depreciación del dólar y su poder de compra desde 1910

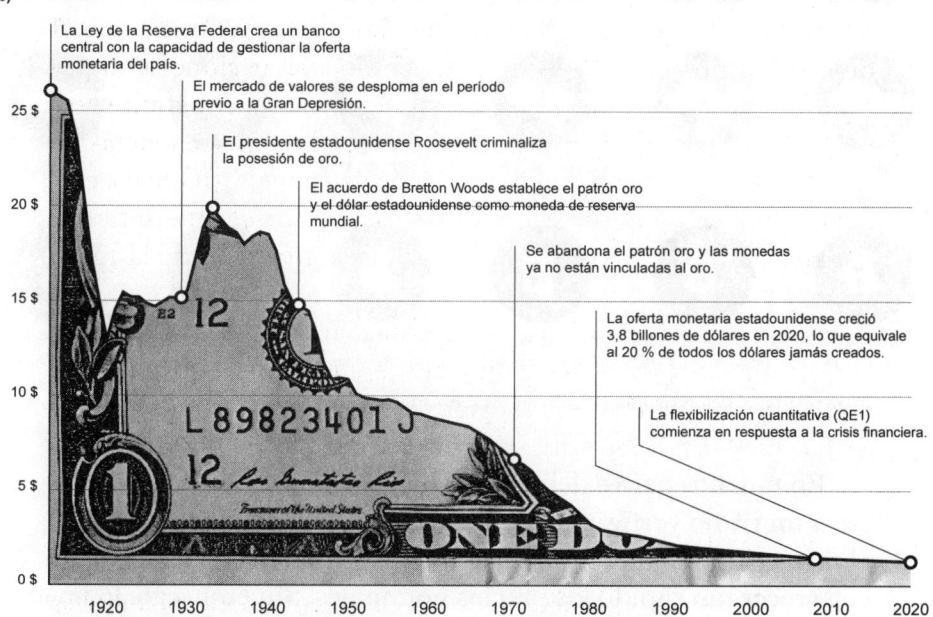

Fuente: Elaboración propia a partir de los datos de la Oficina de Estadísticas Laborales. Índice de precios al consumidor, Biblioteca de Precios Históricos del Condado de Morris (vía Visual Capitalist).

El dólar ha perdido tanto valor que necesitas una cantidad superior a treinta y dos veces más de dólares para comprar lo mismo. Es decir, con el poder adquisitivo que te permitía comprar una vivienda hace cien años, hoy podrías comprar más de 32 viviendas —sin tener en cuenta otros factores del mercado inmobiliario—. En cambio todo te cuesta treinta y dos veces más de lo que debería si el dólar hubiera conservado su valor en los últimos años, según el índice de precios al consumidor del Bureau of Labor Statistics de Estados Unidos.[137] No sucede lo mismo con bitcoin, véase el gráfico 5.3.

**Gráfico 5.3. Precio de vivienda
medida en dólares y bitcoin**

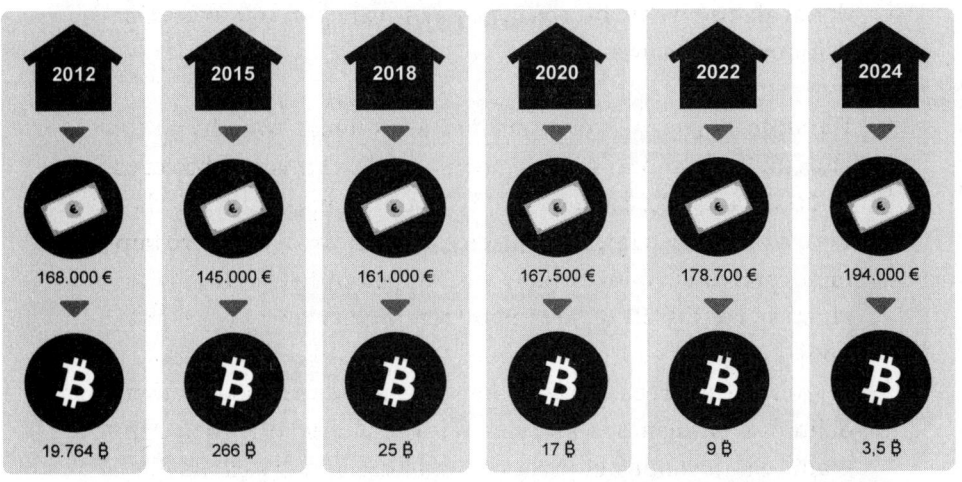

Fuente: Elaboración propia basado en los datos de Statista.

En muchos países del mundo la devaluación de la divisa ocurre a un ritmo vertiginoso. A la gran mayoría de las personas en el primer mundo les cuesta entender esta perspectiva porque no ven crecer tan rápido los precios nominales. Sin embargo, lo importante debe medirse en términos reales.

137. Value of $1 from 1910 to 2024, <https://www.in2013dollars.com/ us/inflation/1910?amount=1>.

La diferencia entre precios nominales y términos reales es fundamental en el análisis económico, ya que permite comprender mejor el valor y el poder adquisitivo del dinero a lo largo del tiempo.

Los **precios nominales** son los precios numéricos que ves en las etiquetas de los productos o en las facturas, sin ajustar por la inflación.

Los **términos reales** ajustan esos precios teniendo en cuenta la inflación, para mostrarte cuánto vale realmente ese producto en comparación con otro período. Esto te ayuda a entender si algo se ha vuelto realmente más caro o si sólo parece así debido a la inflación.

Ejemplo 1: imagina que hace diez años tenías 10 dólares; con ellos podías comprar tu libro favorito. Hoy el mismo libro cuesta 20 dólares. Parece que el libro ahora es más caro, ¿verdad? Pero aquí viene lo interesante: en estos diez años, el dinero también cambió su valor debido a la inflación. Esto significa que ahora necesitas 20 dólares para comprar lo mismo que antes podías adquirir con 10 dólares.

Aunque el precio del libro ha subido a 20 dólares, no es que el libro se haya encarecido, sino que el valor del dinero ha cambiado. Si ajustamos el precio en cuenta cómo ha cambiado el valor del dinero (eso es lo que llamamos «ajustar por inflación»), es como si el libro todavía costara 10 dólares, porque con 20 dólares de hoy puedes comprar lo mismo que podías comprar con 10 dólares hace diez años. Es como si el dinero hubiera encogido en valor.

Ejemplo 2: considerando la inflación anual del 7 por ciento y teniendo en cuenta un salario de 1.000 dólares al mes durante diez años, veamos cómo evoluciona la situación: si recibes un salario de 1.000 dólares al mes este año, en términos nominales, ese salario no cambia durante los próximos diez años, es decir, sigues recibiendo 1.000 dólares mensuales.

Sin embargo, con una inflación anual del 7 por ciento, el poder adquisitivo de esos 1.000 dólares disminuye año tras año. Después de diez años, la inflación acumulativa aproximada sería del 96,7 por ciento. Esto significa que lo que podías comprar con 1.000 dólares al inicio del período ahora te costaría alrededor de 1.967 dólares para obtener lo mismo, debido al aumento general de precios.

En términos reales, tu salario de 1.000 dólares al mes habría perdido una gran parte de su valor. Para mantener el mismo poder adquisitivo que tenías al principio, tu salario nominal tendría que haber aumentado también en un 96,7 por ciento durante esos diez años, lo que significaría recibir aproximadamente 1.967 dólares al mes, al final del período. Prácticamente el doble.

Resumen del mismo escenario visto con diferentes lentes:

Nominalmente, tu salario no ha cambiado porque sigues recibiendo la misma cantidad de dinero.

En términos reales, has perdido poder adquisitivo, equivalente a un 5 por ciento de tu salario, debido a la inflación. Tu salario real ha disminuido, aunque el número del pago que recibes en tu nómina no haya cambiado.

Por si este dato no fuera lo suficientemente escandaloso, lo peor de todo es que estamos hablando de la moneda más fuerte del mundo, utilizada como reserva mundial. La grandísima mayoría de las monedas fíat alternativas que existen ya pierden más del 60 por ciento de su valor respecto al dólar estadounidense. Por lo tanto, este aumento de precios se multiplica aún más en otros lugares del mundo, respecto a otras divisas.

Como puedes observar en la tabla 5.1, las divisas del mundo se deprecian a niveles exorbitantes respecto al dólar estadounidense. Llegando a niveles irrecuperables como el caso del peso argentino con una pérdida del 99,8 por ciento respecto al dólar estadounidense, o casos todavía peores como el del bolívar venezolano. A su vez, el dólar estadounidense ha perdido otro 99,9 por ciento respecto al S&P 500 entre 1923 y 2023.

Tabla 5.1. Divisas vs. dólar

Divisa	Ticker	% de cambio	Divisa	Ticker	% de cambio	Divisa	Ticker	% de cambio
Bolívar Venezolano	VEF	−99.9998%	Dalasi de Gambia	GMD	−45.7%	Dinar Serbio	RSD	−24.0%
Libra de Sudán	SDG	−99.3%	Franco Ruandés	RWF	−45.3%	Peso Filipino	PHP	−23.9%
Libra Siria	SYP	−99.1%	Som Kirguís	KGS	−45.1%	**Dólar Canadiense**	**CAD**	**−23.8%**
Peso Argentino	**ARS**	**−98.3%**	Peso Chileno	CLP	−44.6%	Escudo de Cabo Verde	CVE	−23.5%
Lira Turca	**TRY**	**−92.6%**	Corona Noruega	NOK	−44.2%	**Euro**	**EUR**	**−22.4%**
Dólar Surinamés	SRD	−91.5%	Peso Uruguayo	UYU	−43.9%	Franco Comorano	KMF	−22.4%
Kwanza Angoleño	AOA	−88.2%	Corona Sueca	SEK	−41.9%	Franco CFA de África Central	XAF	−22.4%
Won Norcoreano	KPW	−85.9%	Chelín Keniano	KES	−41.4%	Marco convertible Bosnio	BAM	−22.4%
Som Uzbeko	UZS	−82.4%	Rial Iraní	IRR	−41.0%	Franco CFP	XPF	−22.4%
Cedi Ghanés	GHS	−81.3%	Florín Húngaro	HUF	−41.0%	Lev Búlgaro	BGN	−22.4%
Leone de Sierra Leona	SLL	−81.0%	Dinar Argelino	DZD	−40.2%	Corona Danesa	DKK	−22.3%
Naira Nigeriana	NGN	−79.5%	Guaraní Paraguayo	PYG	−39.0%	Ni−Vanuatu Vatu	VUV	−22.1%
Grivna Ucraniana	UAH	−77.9%	Lari Georgiano	GEL	−39.9%	Denar Macedonio	MKD	−22.0%
Libra Egipcia	EGP	−77.7%	Pula de Botsuana	BWP	−37.2%	Franco Guineano	GNF	−21.1%
Dinar Libio	LYD	−74.5%	Chelín Tanzano	TZS	−35.9%	**Won Surcoreano**	**KRW**	**−20.8%**
Tenge Kazajo	KZT	−67.9%	**Yen Japonés**	**JPY**	**−34.3%**	Dírham Marroquí	MAD	−19.9%
Gourde Haitiano	HTG	−67.6%	Dólar Jamaicano	JMD	−33.6%	Dólar de Fiji	FJD	−18.6%
Rublo Ruso	**RUB**	**−66.7%**	Córdoba Nicaragüense	NIO	−32.0%	Manat Turcomano	TMT	−18.4%
Rublo de Malawiano	MWK	−66.4%	**Dólar Australiano**	**AUD**	**−31.7%**	Corona Checa	CZK	−17.9%
Birr Etíope	ETB	−65.8%	Dólar Tuvaluano	TVD	−31.7%	Lempira Hondureña	HNL	−17.5%
Rupia Pakistaní	PKR	−63.6%	Chelín Ugandés	UGX	−31.6%	Tala Samoana	WST	−16.2%
Franco Congoleño	CDF	−63.4%	Ringgit Malasio	MYR	−31.3%	**Yuan Renminbi Chino**	**CNY**	**−16.2%**
Kip de Laos	LAK	−61.1%	Rupia Mauritana	MUR	−30.5%	Dólar de las Islas Salomón	SBD	−16.1%
Rupia de Sri Lanka	LKR	−59.3%	Leu Romano	RON	−30.5%	Baht Tailandés	THB	−14.6%
Dólar Liberiano	LRD	−57.9%	Taka Bangladesí	BDT	−29.4%	Rial Yemení	YER	−14.2%
Somoni Tayiko	TJS	−56.6%	Zloty Polaco	PLN	−29.1%	Dong Viernamita	VND	−13.2%
Real Brasileño	**BRL**	**−55.4%**	Afgano Afgano	AFN	−29.0%	Corona Islandesa	ISK	−12.1%
Manat de Azerbaiyán	AZN	−53.9%	Kina de Papúa Nueva Guinea	PGK	−28.8%	Dinar Iraquí	IQD	−11.1%
Kyat Birmano	MMK	−53.6%	Leu Moldavo	MDL	−28.6%	**Dólar de Singapur**	**SGD**	**−8.5%**
Metical Mozambiqueño	MZN	−53.4%	Dólar de Nueva Zelanda	NZD	−28.3%	Dólar de Bruneo	BND	−8.5%
Tugrik Mongol	MNT	−53.4%	Soles Peruanos	PEN	−26.9%	Dinar Kuwaití	KWD	−8.4%
Peso Colombiano	COP	−53.2%	**Rupia de Indonesia**	**IDR**	**−26.3%**	Shekel Israelí	ILS	−7.5%
Ariari Malgache	MGA	−50.5%	**Peso Mexicano**	**MXN**	**−25.7%**	Color Costarricense	CRC	−5.7%
Dinar Tunecino	TND	−48.5%	Rupia Nepalesa	NPR	−25.6%	Dólar de Trinidad	TTD	−5.1%
Dólar Namibio	NAD	−47.6%	Peso Dominicano	DOP	−25.0%	Dólar Guyanés	GYD	−2.9%
Loti Basoto	LSL	−47.6%	**Libra Británica**	**GBP**	**−24.8%**	Dólar Beliceño	BZD	−1.9%
Lilangeni Suazi	SZL	−47.6%	Tongo Pa'anga	TOP	−24.7%	**Franco Suizo**	**CHF**	**−1.6%**
Rand Sudafricano	**ZAR**	**−47.6%**	Ngultrum Butanés	BTN	−24.7%			
Franco Burundés	BIF	−45.9%	**Rupia India**	**INR**	**−24.7%**			

Nota: La divisa de los países del G20 están destacadas en negrita.

Fuente: Elaboración propia basado en los datos de Creative Planning y XE.

Si diriges una empresa en Argentina, y trabajas extremadamente duro, tendrás que aumentar los ingresos de la empresa, desde 1 millón de pesos a 500 millones de pesos (multiplicar x500) durante veinte años, para quedarte exactamente igual, sin beneficios.

MICHAEL SAYLOR (2023)

Bonos vs. bitcoin: el declive de los bonos como activo de ahorro seguro para aparcar riqueza

En definitiva, ahorrar en dinero fíat no es una buena elección. Por otro lado, los bonos han supuesto una opción muy común para aparcar riqueza a largo plazo, especialmente entre los más conservadores, fondos de pensiones y grandes fortunas que buscan reducir el riesgo. Estos títulos (bonos de deuda) han sido durante mucho tiempo el cofre del tesoro predilecto de los acaudalados, ofreciendo un puerto seguro para amarrar la riqueza a largo plazo. Los Estados, vistos como fortalezas inexpugnables, se han considerado siempre bastiones de solvencia. Armados hasta los dientes con herramientas como la coacción legal, el monopolio de la violencia y la alquimia de la impresión monetaria, han convencido al mundo de su eterna capacidad para saldar deudas. Es como si prometieran defender su honor —y el de sus bonos— en un duelo al amanecer, confiando en que siempre tendrán la espada más afilada o, en su defecto, una imprenta más rápida.

Los Estados siempre se han visto instituciones sin riesgo, pero como has descubierto en el capítulo 3, esta circunstancia ahora está en duda, y sus capacidades empiezan a flaquear. Hay economistas y *bitcoiners* referentes que no consideran a los bonos como un competidor para bitcoin. Por ejemplo, Gael Sánchez Smith, autor de *Bitcoin lo cambia todo*,[138] argumenta que «los bonos no compiten contra bitcoin porque es un activo que tiene una naturaleza completamente distinta. La deuda pública o corporativa es un activo financiero y se considera un pasivo de un Estado o una empresa. Por lo tanto, tiene riesgo de contraparte y genera un rendimiento (pago de intereses). Por el contrario, bitcoin es un activo real, sin riesgo de contraparte y que no genera ningún pago de intereses o dividendos».

Si además sumamos dos factores cruciales: los bonos ya no pueden ofrecer rendimientos que superen la inflación producida

138. Sánchez Smith, Gael, *Bitcoin lo cambia todo: implicaciones sociales y económicas de la invención más importante del siglo XXI*, Pirámide, Madrid, 2021.

por la oferta monetaria, y ya no suponen un bajo riesgo. ¿Qué sentido tiene atesorar riqueza en forma de bonos?

Algunos ya se están dando cuenta del cambio de paradigma. En noviembre de 2020, Ray Dalio, fundador y codirector de inversiones de Bridgewater Associates, una de las firmas de inversión más grandes del mundo, afirmó en una entrevista en Coindesk: «Si tengo que elegir entre tener bitcoin o tener un bono, prefiero tener bitcoin». Argumentaba que el creciente nivel de deuda del gobierno y la impresión de dinero por parte de los bancos centrales estaban erosionando el valor de los bonos. Además, Dalio recalcaba que bitcoin es una inversión alternativa atractiva en tiempos de incertidumbre económica y financiera.

Oro vs. bitcoin

Entre todos los metales y minerales que la Tierra produce naturalmente, el oro se ha ganado con creces la corona para ser el elegido. Sus deseadas características fueron buscadas con anhelo durante siglos para preservar valor en el tiempo. Casi todas las civilizaciones del planeta a lo largo de la historia han valorado el oro porque cumple con un altísimo grado de *dinerabilidad*.

Por su escasez: Es interesante notar que, aunque el oro es un metal escaso, no es el más raro. Sin embargo, su limitada presencia en la corteza terrestre y el elevado esfuerzo y costo asociados a su extracción y purificación hacen que su valor sea muy alto.

Por su durabilidad: El oro no se oxida, ni se corroe, ni se descompone. A diferencia de otros metales, el oro puede mantenerse sin cambios durante siglos, lo que lo convierte en un medio ideal para atesorar la riqueza en largos plazos de tiempo.

Por su maleabilidad y ductilidad: El oro es moldeable a pesar de su dureza; una sola onza puede ser golpeada en una lámina tan fina que podría cubrir cerca de 9 metros cuadrados, o ser estirada en un hilo de 80 kilómetros de largo. Esta maleabilidad facilita su uso en joyería y en aplicaciones industriales, y facilita la creación de unidades de diferentes tamaños para su atesoramiento o intercambio.

Por su inalterabilidad: Al ser químicamente inerte, el oro no reacciona fácilmente con otros elementos, lo que significa que no se empaña ni se disuelve en ácidos —a excepción del agua regia, una mezcla de ácido clorhídrico y ácido nítrico.

Por divisibilidad: El oro puede ser dividido en partes más pequeñas sin perder su valor; esta característica, combinada con su durabilidad y maleabilidad, lo hace útil como moneda de intercambio o para fines de inversión.

Por su uniformidad: Cada pieza de oro es idéntica a otra de la misma pureza y peso, lo que lo hace fungible y fácilmente intercambiable.

Por su aceptabilidad: Socialmente se ha asentado la idea de que el oro es valioso. Esto permite que sea más fácilmente aceptado a nivel mundial, y lo convierte en un activo valorado universalmente.

Por su valor estético: Su brillo y color único han hecho del oro un material altamente deseable para joyería y ornamentación a lo largo de la historia, agregando un valor estético y cultural a sus ya numerosas propiedades físicas y económicas.

El valor del oro como uso en joyería

Es importante matizar que en muchas ocasiones se le atribuye al oro un valor más sustancioso por su uso en joyería, pero algunos historiadores argumentan que la joyería surgió como herramienta para transportar el oro y así poder protegerlo.

Jeff Clark, el reconocido analista y experto en metales preciosos, especialmente oro y plata, conocido por sus pronósticos precisos sobre el mercado del oro argumenta que: «A lo largo de gran parte de la historia, la riqueza individual se ha denominado en forma de joyería. Además, almacenar oro en casa (incluso si se tuviera una moneda o un lingote) no era tan seguro como lo puede ser hoy. No podías dejar tu riqueza en tu choza; simplemente no era seguro. Como resultado, la mayoría de la gente portaba su riqueza por razones de seguridad. Por lo tanto, las joyas de oro evolucionaron rápidamente hasta convertirse en la "billetera". La gente usaba joyas como forma de llevar su riqueza. Los consumidores mantenían su dinero colgado del cuello o de la muñeca».[139]

Incluso hay ciertos estudios de arqueología e historia económica, como los que exploran las civilizaciones mesopotámicas, egipcias, y precolombinas, que a menudo discuten el papel del oro no sólo como moneda o reserva de valor, sino también en contextos religiosos y ceremoniales, lo que sugiere un valor del oro que va más allá de su mera funcionalidad como dinero portátil.

Con este currículum, el oro deja el listón muy alto.

¿No es el oro la mejor forma para depositar nuestra riqueza en el espacio y en el tiempo?

Sin duda es un muy buen competidor y una segunda opción muy acertada. Siempre y cuando seas capaz de autocustodiarlo, sin depender de un tercero.

Hay una grandísima parte del oro privado que por seguridad se ha cedido la custodia a una institución o empresa especializada con la infraestructura y recursos adecuados para asegurarlo.

En 2020 el exitoso empresario Michael Saylor se encontró en la tesitura de tener que proteger ante la inflación más de 250 millones de dólares y ésta fue su conclusión: «Si compro 250 millones de dólares en oro, no puedo llevarlo en el bolsillo, no puedo custodiarlo, no puedo moverlo a ningún lado, no puedo transferirlo a una contraparte, y eso significa que tengo que ponerlo en un banco, cuando sólo hay un puñado de bancos en el mundo que lo custodian, y estos bancos vuelven a hipotecar ese mismo oro. Entonces esto significa que si quisieras vender 250 millones de dólares en oro, el banco venderá tu oro, y si deseas comprarlo, te venderán papel, y el oro en papel no está respaldado por oro real, por lo tanto se trata de una "banca de reserva fraccionaria de oro"».

Dado que el total del oro extraído de la Tierra hasta la fe-

139. Clark, Jeff, «Gold Jewelry's Real Advantage: Wearable, Transportable Wealth», Gold Silver, <https://goldsilver.com/blog/gold-jewelrys-real-ad vantage-wearable-transportable-wealth/>.

cha es de aproximadamente 200.000 toneladas —según el World Gold Council y otras fuentes—, podemos estimar que decenas de miles de toneladas están bajo la custodia de bancos centrales —alrededor del 17 por ciento del oro extraído históricamente—, instituciones financieras, y similares. Sin embargo, dada la naturaleza privada de muchas de estas tenencias, es difícil proporcionar un número exacto o porcentaje actualizado más allá de las estimaciones de instituciones públicas y analistas del mercado.

Éste es el siguiente gran problema, no podemos auditar con exactitud la cantidad total de la oferta existente y la variación de dicha oferta basándonos en la producción o extracción de nuevo oro. Nos tenemos que fiar de terceros.

Con Bitcoin no tenemos este problema. Siempre puedes autocustodiar tu propiedad de una forma más liviana que el oro, en menor espacio físico, independientemente de la cantidad y el valor. Además, sabemos en tiempo real la cantidad exacta de unidades que hay disponible a nivel global, cuánto se emite y cuándo se emitirá hasta la última unidad en el año 2140. Así, podemos saber a ciencia cierta cuál es nuestra porción respecto al total y podemos asegurar con total certeza que nuestra riqueza no será diluida o devaluada.

Bitcoin te permite no tener que confiar en un tercero para conservar el valor de tu propiedad en el tiempo. En cambio, en el caso del oro, si se descubre una nueva mina ilegal donde se ha estado extrayendo oro sin el conocimiento del resto, cambiaría la oferta total y haría menos valiosa tu parte. Y lo mismo si se encuentran nuevos yacimientos de oro terrestre[140] o en el espacio exterior.[141] En ese momento, el oro que tienes sufre una dilución y, por lo tanto, una depreciación.

140. «Descubren en China un gran yacimiento de oro con casi 50 toneladas del mineral», *Heraldo de Aragón*, 20 de marzo de2023, <https://www.heraldo.es/noticias/internacional/2023/03/20/descubren-china-gran-yacimiento-oro-toneladas-mineral-1639200.html>.

141. Villalba, Nora, «Psyche-16, el asteroide de oro que podría hacer multimillonarios a todos los habitantes de la Tierra, *La Razón*, 25 de abril de 2023, <https://www.larazon.es/ciencia/psyche16-asteroide-oro-que-podria-hacer

El elemento de la tabla periódica con el mayor grado de dinerabilidad

A lo largo de los años, en un proceso de descubrimiento natural que trasciende a decenas de generaciones, podemos observar en perspectiva un aspecto muy curioso que el ingeniero químico Sanat Kumar de la Universidad de Columbia utilizó para demostrar por qué el oro se ha utilizado como metal monetario durante miles de años.[142]

La tabla periódica más actualizada organiza 118 elementos en filas según el número atómico creciente (períodos) y columnas (grupos) con configuraciones electrónicas similares. Para poder seguir la lógica de Kumar necesitarás tener visible la clásica tabla periódica con todos los elementos de nuestro universo conocido y un marcador grueso que permita ir eliminando aquellos elementos que no podemos utilizar como dinero (tabla 5.2).

Para empezar, lo más sencillo es eliminar los gases nobles como el helio, y el argón, así como el hidrógeno, el nitrógeno, el oxígeno, el flúor y el cloro, porque son gaseosos a temperatura ambiente y obviamente son poco prácticos para manejarlos como dinero. Después marcaremos para eliminar los elementos como el calcio o el sodio porque se disuelven en el agua, y aquellos que reaccionan con el aire ya sea porque se corroen o porque estallan en llamas. También podemos eliminar aquellos como el mercurio o el bromo que son líquidos y ninguno de éstos son adecuados para manipular fácilmente o llevarlo en el bolsillo. En este momento, ya hemos descartado más de 20 elementos.

Por supuesto, debemos tachar de la lista también a los lantánidos y actínidos, lo que descalifica 30 elementos adicionales, porque pueden desintegrarse y volverse radiactivos, si los llevaras en el bolsillo podrían irradiarte o envenenarte y no queremos morir por dinero.

Hay alrededor de 30 elementos que son sólidos, no inflamables y no tóxicos. Como ya has aprendido, para que un elemento

---

-multimillonarios-todos-habitantes-tierra_2023042564474e1973ab380001 dd3c5d.html>.

142. LePan, Nicholas, «Why Gold is Money: A Periodic Perspective», <https://www.visualcapitalist.com/why-gold-is-money-a-periodic-perspective/>.

se utilice como dinero debe ser valioso, y para ser valioso debe ser escaso y raro, pero no demasiado raro. El níquel y el cobre, por ejemplo, se encuentran en abundancia en toda la corteza terrestre. El osmio sólo existe en la corteza terrestre a partir de meteoritos. Mientras tanto, los elementos sintéticos como el rutherfordio y el nihonio deben crearse en un laboratorio.

Si has marcado correctamente todos, nos deja con tan sólo 5 elementos de los llamados metales preciosos: platino, rodio, paladio, plata y oro. Ni el rodio ni el paladio fueron descubiertos hasta el siglo XVIII, así que eso los deja fuera como dinero primitivo. El platino tiene un punto de fusión extremadamente alto y requeriría un horno de los dioses para fundirlo en la Antigüedad ya que su punto de fusión es superior a 3.000 °F (1.650 °C aprox.), lo que supone cientos de grados más que el oro y la plata, esto lo hace poco práctico y lejos del alcance de las primeras civilizaciones. La plata se ha utilizado como dinero, pero se empaña con el tiempo —se oscurece y opaca, afectando su apariencia—, lo que la convierte en una opción menos atractiva. Esto nos deja sólo con el oro, que se funde a una temperatura más baja y es más maleable, lo que hace que sea mejor para trabajar con él que el resto. Aunque es ciertamente raro y escaso, no es tan raro como el platino o el rutenio, desde la Antigüedad se podían extraer piezas de oro de los cauces de agua sin necesidad de tecnología sofisticada. Además, su distintivo tono amarillo lo ha diferenciado siempre de los metales más comunes. Por este motivo, la humanidad lo adoptó hace miles de años como reserva de valor y medio de intercambio generalmente aceptado.

El oro no se disipa en la atmósfera, no se inflama y no envenena ni irradia a quien lo posee. Es lo suficientemente escaso como para que sea difícil producirlo en exceso y maleable para acuñarlo en monedas y lingotes. Las civilizaciones han utilizado durante siglos el oro como material de alto valor. Las sociedades modernas se suelen equivocar cuando creen que es simplemente cuestión de consenso social —por acordar entre todos que tiene valor—, sin antes analizar las propiedades del oro y comprender por qué ha servido como dinero durante milenios, especialmente cuando el dinero que utiliza la mayoría de las personas puede desaparecer o ser confiscado o bloqueado con un simple clic.

Tabla 5.2. Los elementos de la tabla periódica

1	2	3	4	5	6	7	8	9	10	11	12	13	14	15	16	17	18
Btc Bitcoin																	
H Hidrógeno																	**He** Helio
Li Litio	**Be** Berilio											**B** Boro	**C** Carbono	**N** Nitrógeno	**O** Oxígeno	**F** Flúor	**Ne** Neón
Na Sodio	**Mg** Magnesio											**Al** Aluminio	**Si** Silicio	**P** Fósforo	**S** Azufre	**Cl** Cloro	**Ar** Argón
K Potasio	**Ca** Calcio	**Sc** Escandio	**Ti** Titanio	**V** Vanadio	**Cr** Cromo	**Mn** Manganeso	**Fe** Hierro	**Co** Cobalto	**Ni** Níquel	**Cu** Cobre	**Zn** Zinc	**Ga** Galio	**Ge** Germanio	**As** Arsénico	**Se** Selenio	**Br** Bromo	**Kr** Kriptón
Rb Rubidio	**Sr** Estroncio	**Y** Itrio	**Zz** Circonio	**Nb** Niobio	**Mo** Molibdeno	**Tc** Tecnecio	**Ru** Rutenio	**Rh** Rodio	**Pd** Paladio	**Ag** Plata	**Cd** Cadmio	**In** Indio	**Sn** Estaño	**Sb** Antimonio	**Te** Telurio	**I** Yodo	**Xe** Xenón
Cs Cesio	**Ba** Bario	**La** Lantanoides 57-71	**Hf** Hafnio	**Ta** Tántalo	**W** Wolframio	**Re** Renio	**Os** Osmio	**Ir** Iridio	**Pt** Platino	**Au** Oro	**Hg** Mercurio	**Tl** Talio	**Pb** Plomo	**Bi** Bismuto	**Po** Polonio	**At** Astato	**Rn** Radón
Fr Francio	**Ra** Radio	**Ac** Actínidos 89-103	**Rf** Rutherfordio	**Dd** Dubnio	**Sg** Seaborgio	**Bh** Bohrio	**Hs** Hasio	**Mt** Meitnerio	**Ds** Darmstatio	**Rg** Roentgenio	**Cn** Copernicio	**Nh** Nihonio	**Fl** Flerovio	**Mc** Moscovio	**Lv** Livermorio	**Ts** Teneso	**Og** Organesón

57	58	59	60	61	62	63	64	65	66	67	68	69	70	71
La Lantano	**Ce** Cerio	**Pr** Praseodimio	**Nd** Neodimio	**Pm** Prometio	**Sm** Samario	**Eu** Europio	**Gd** Gadolinio	**Tb** Terbio	**Dy** Disprosio	**Ho** Holmio	**Er** Erbio	**Tm** Tulio	**Yb** Iterbio	**Lu** Lutecio
Ac Actinio	**Th** Torio	**Pa** Proactinio	**U** Uranio	**Np** Neptunio	**Pu** Plutonio	**Am** Americio	**Cm** Curio	**Bk** Berkelio	**Cf** Californio	**Es** Einstenio	**Fm** Fermio	**Md** Mendelevio	**No** Nobelio	**Lr** Lawrecio

Fuente: Elaboración propia a partir de los datos de Visual Capitalist.

Bitcoin (BTC) es como un nuevo elemento de la tabla periódica. Una nueva materia prima digital (*commodity*), que aúna todas las características positivas del oro y elimina las problemáticas como: la dificultad de divisibilidad, portabilidad, costes de custodia o conocer en todo momento la oferta total y poder auditarlo con certeza. Además, incluye otras mejoras que veremos más adelante en detalle.

Aunque el oro se considera portable, siempre sufre altos costes de transporte y riesgo de robo. Cuando hablamos de grandes cantidades no tiene tanta facilidad para el transporte como otras formas alternativas. Lo mismo sucede con la divisibilidad, porque es difícilmente maleable. No podrías dividir un lingote de oro en tu casa para poder intercambiar unidades más pequeñas o para diversificar el riesgo al asegurarlo en distintos lugares, y esto aumentaría los costes de custodia.

Recuerda que éstos fueron algunos de los principales motivos para comenzar a utilizar monedas de oro y posteriormente otros sustitutos monetarios como el papel moneda.

Con el paso de los años hemos degradado hasta la saciedad los sustitutos del oro que solventaban algunas carencias y facilitaban su uso.

> Nuestra historia está repleta de ejemplos de extorsión, robo, engaño, tiranía, devaluación y destrucción. Bitcoin no presupone que existan seguridad jurídica o derechos individuales, ni siquiera presupone que exista Internet como medio de comunicación; Bitcoin siempre desconfía y presupone la mala fe, está diseñado para perdurar y prosperar ante los ataques.
>
> EMÉRITO QUINTANA, asesor de Numantia
> Patrimonio Global

Cuando el dinero fíat es un triste sucedáneo enfermo que no conserva las cualidades de dinero duro que tenía el oro, y las fortalezas de portabilidad y divisibilidad quedan en segundo plano porque no podemos utilizarlo como depósito de valor en períodos largos de tiempo, comenzamos a *dineralizar* otros activos o formas que cumplen con cierto grado de *dinerabilidad*.

Formas que no fueron preconcebidas para ser dinero, pero que han funcionado bien como depósito de valor por su escasez. Uno de los casos más evidentes y más utilizados son los bienes inmuebles.

Bienes inmuebles vs. bitcoin

Históricamente, los bienes inmuebles han sido concebidos originalmente para construir un hogar donde vivir, nunca fueron pensados para cumplir con funciones asignadas al dinero. Pero por su intrínseca escasez se han posicionado como depósitos de valor eficaces, permitiendo utilizarlos como *forma dineralizable* para atesorar riqueza en períodos largos de tiempo. Desde las sociedades agrarias y feudales hasta la actualidad, la tierra y las ubicaciones privilegiadas han simbolizado riqueza y estatus. Respaldado por teorías económicas que resaltan la importancia de la escasez en la oferta y el crecimiento de la demanda para revalorizarse o conservar su valor. Con el tiempo, los espacios inmobiliarios más especiales y más demandados han aumentado muchísimo de precio. Sin embargo, pese a ofrecer buena protección contra la inflación y ciertos beneficios tangibles, los bienes inmuebles enfrentan desafíos significativos como activos de depósito de valor. Principalmente por su iliquidez, la imposibilidad de divisibilidad y portabilidad, además de los costos de mantenimiento para conservar la durabilidad.

Si los bienes inmuebles cotizaran diariamente como sucede en la bolsa, la mayoría de las personas se asustarían mucho más por la fluctuación de su propiedad. Sin embargo, como aparcan la riqueza ahí y no están mirando todo el día su cotización en el mercado —al contrario de lo que hacen con bitcoin—, simplemente trasladan valor en el tiempo sin mayor preocupación —lo que deberían hacer con bitcoin—. A fin de cuentas, ése es el objetivo de un depósito de valor a largo plazo.

No obstante, los inmuebles, por su naturaleza ilíquida, enfrentan desafíos regulatorios —según las normativas y leyes de la jurisdicción— y riesgos como ocupaciones ilegales, en circunstancias que favorecen legalmente al okupa sobre el propietario.[143] Además, están especialmente expuestos a aumentos de impuestos y a expropiaciones debido a su inmovilidad.[144] Frente a esto, bitcoin no sufre ese tipo de problemas.

Álvaro D. María escribió un artículo sobre esta cuestión en el IJM en el que decía: «Los bienes inmuebles [...] nos encontramos con un activo cuya oferta y demanda dependen principalmente de las condiciones de financiación. [...] No es un bien divisible, por lo que en caso de que necesites recurrir a tus ahorros

143. Figueroa, Dolores, «Los 4 derechos que adquiere un okupa cuando se mete en tu vivienda, *Escudo digital*, 3 de mayo de 2022, <https://www.escudodigital.com/interior/los-cuatro-derechos-que-tiene-un-okupa-cuando-se-mete-en-tu-vivienda_51619_102.html>.

144. Díaz, Eva, «El Gobierno podrá expropiar pisos en la playa y ceder al dueño el uso 30 años», *El Economista*, 28 de marzo de 2024, <https://www.eleconomista.es/legal/noticias/12743269/03/24/el-gobierno-podra-expropiar-pisos-en-la-playa-y-ceder-al-dueno-el-uso-30-anos.html>.

tendrás que liquidar el bien íntegro, no puedes acceder a una fracción de tus ahorros. Su liquidez deja bastante que desear, especialmente fuera de las ciudades globales, y tiene unos trámites burocráticos elevados. Tiene unos costes significativos de mantenimiento —reparaciones y reformas—, de custodia y vigilancia, y cotidianos —comunidad, recogida de basuras, etcétera—. Además, tiene unos costes de transmisión enormes: ITP, IVA de obra nueva, notaría, plusvalía municipal, plusvalía fiscal, más lo que se les ocurra a los políticos de turno. Por si fuera poco, se encuentra en registros públicos, por lo que la privacidad es nula y su resistencia a la censura igual. Su seguridad jurídica deja mucho que desear viendo los problemas de okupas e inquilinos morosos. Al tenerlo un gran número de ciudadanos y ser inmóvil es el blanco perfecto para ser objeto de mayores impuestos. Por ser un bien fijo no se puede transportar y en caso de tener que huir de tu país ya puedes despedirte».[145]

Sólo 21 millones de parcelas limitadas, portables y divisibles en el ciberespacio

El Principado de Mónaco destaca con el valor inmobiliario por metro cuadrado más alto del mundo, alcanzando precios de 57.120 dólares por metro cuadrado en 2024. Le siguen Hong Kong con 47.520 y Nueva York con 26.640. Estos valores reflejan la exclusividad, la densidad poblacional y el limitado espacio disponible para la expansión residencial, especialmente en Mónaco, lo que impulsa sus precios a niveles récord.

La pequeña ciudad-Estado independiente de Mónaco o la ciudad de Nueva York son inaccesibles económicamente para la gran mayoría de la población mundial e inaccesibles físicamente por una porción muy grande (el 1,1 por ciento que son millonarios,

145. María, Álvaro D., «Bitcoin frente a los bienes inmuebles como vehículo de ahorro», Instituto Juan de Mariana, 15 de abril de 2022, <https://juandemariana.org/ijm-actualidad/analisis-diario/bitcoin-frente-a-los-bienes-inmuebles-como-vehiculo-de-ahorro/>.

con patrimonios superiores a 1 millón de dólares, controlan una porción sustancial de la riqueza mundial y teóricamente tendrían los medios para adquirir propiedades en estas ubicaciones de alto valor).[146] Además, tampoco puedes acceder a comprar algo tan ridículo como una fracción de 1 metro cuadrado, hay un mínimo de compra y si lo hicieras a través de una SOCIMI o algún vehículo similar tampoco tendrías las ventajas de un propietario único. A fin de cuentas, no es sencillo ni práctico adquirir una porción de la demandada Mónaco.

Bitcoin es como si existieran 21 millones de parcelas limitadas, como si hubiéramos redescubierto uno de los espacios más cotizados del planeta, similar a Mónaco o Nueva York en versión digital. Nadie puede recalificar nuevos terrenos, construir o «imprimir» nuevas parcelas de bitcoin. Nadie puede diluir tu porción de bitcoin, porque nunca habrá más de 21 millones de parcelas, aunque sí son divisibles a la cienmillonésima parte para que no suponga un problema tener un pedacito. Desde el feudalismo, los propietarios de tierras eran unos pocos privilegiados, y poseían extensiones que han ido separándose en minipropiedades hasta fragmentarse tanto como los apartamentos minúsculos ubicados en la misma parcela dentro de un gran rascacielos, para hacer más accesible la propiedad inmobiliaria al común de los mortales.

En cambio, Bitcoin es accesible desde cualquier parte del mundo sin necesidad de pedir permiso. Accesible por cualquier persona, independientemente de su situación económica, porque se pueden adquirir porciones pequeñas inferiores a 0,01 dólares y también se puede aceptar a cambio de cualquier producto o servicio que se ofrezca. Bitcoin es neutral, pues no hace distinciones de edad, raza o nacionalidad. Todo el mundo es bienvenido.

Los ricos en países desarrollados están preocupados por preservar su riqueza y transferirla de generación en gene-

---

146. Neufeld, Dorothy, «Visualizing the pyramid of global wealth distribution», *Visual Capitalist*, 2 de noviembre de 2023, <https://www.visualcapitalist.com/global-wealth-distribution/>.

ración. Los pobres y oprimidos luchan por su derecho a la propiedad, huyen de regímenes autoritarios e intentan proteger sus ahorros de ladrones y tiranos para mejorar sus vidas y las de sus familias. Bitcoin, como activo real finito e inconfiscable, es útil para todos ellos. [...] Bitcoin es esperanza.

EMÉRITO QUINTANA

Productos financieros vs. bitcoin

No todo el mundo puede acceder libremente a servicios bancarios, inmobiliarios o financieros. En muchos países la infraestructura de acceso a estos servicios es limitada, y en otros casos, está restringida por razones políticas o de documentación, como sucede en Cuba, Venezuela o entre inmigrantes no autorizados.

Los índices bursátiles, tradicionalmente considerados herramientas eficaces para combatir la inflación por su accesibilidad —en el primer mundo— y por su liquidez, han visto disminuida su efectividad en tiempos recientes a excepción de algunas acciones destacables —la gran mayoría no supone una buena elección para depositar riqueza en el largo plazo—. El portafolio más común compuesto de 40 por ciento bonos y 60 por ciento acciones se ha quedado obsoleto. La diversificación se ha convertido en una táctica cuestionable, porque la gran mayoría de los activos que componen el portafolio son perdedores respecto a los pocos que consiguen batir al mercado con rentabilidades consistentes en el tiempo, diluyendo así el rendimiento general. Diversificar sólo tiene sentido cuando eres incapaz de evaluar todo el abanico de activos disponibles y delegas la selección en un gestor, fondo de inversión o algún índice de referencia. Como dice Michael Saylor, presidente de MicroStrategy —empresa cotizada en bolsa desde el año 1986—: «La diversificación es vender los ganadores para comprar los perdedores».

No compres a los perdedores

Supongamos que eliges la gestión activa en un fondo de inversión profesional que tiene acciones de Apple y obtiene un cien por cien de rentabilidad con el tiempo. El mánager del fondo tendrá la necesidad de diversificar porque esas acciones ponderarán muy fuerte en la cartera total. Se verá obligado a vender parte de estas acciones (ganadoras) para comprar otras como las de HP, Dell, IBM o Microsoft, por ejemplo. Si más adelante las acciones de Apple vuelven a doblar su valor, aumentando la rentabilidad, el gestor volverá a hacer lo mismo, para reducir la exposición total y balancear la cartera.

¿Te das cuenta de la dinámica y las consecuencias? Es como vender Twitter y comprar periódicos, como vender Google y comprar enciclopedias. Vender los ganadores y comprar los perdedores es una estrategia desastrosa, pero es lo más común.

Según un estudio realizado por Bank of America en 2019, el 90 por ciento de la rentabilidad del índice de referencia S&P 500 se atribuyó a sólo diez empresas, de las cuales ocho eran empresas tecnológicas: Apple, Microsoft, Amazon, Alphabet (empresa matriz de Google), Facebook, Visa, Mastercard, Nvidia, UnitedHealth Group y Procter & Gamble. Este estudio resalta cómo un pequeño número de empresas concentra la mayor parte de la rentabilidad, y cómo la diversificación y la gestión activa a través de rebalanceos de cartera fomenta la adquisición de empresas perdedoras respecto a las ganadoras.

Normalmente, la diversificación y el rebalanceo de carteras se asocia a la reducción del riesgo, y en muchas ocasiones tiene sentido. Pero apostar por los perdedores es el mayor riesgo que se puede correr. Por si fuera poco, no es una diversificación real, puesto que todas estas formas de atesorar riqueza pertenecen a un mismo sistema fiat que se deprecia a una velocidad vertiginosa. Así lo expresa textualmente Saylor: «La mentira de la diversificación es que en realidad tú no estás diversificando porque todo lo que tienes está probablemente correlacionado con una divisa que está colapsando».

Aunque ciertas acciones o índices bursátiles se revaloricen, una vez que descontamos la inflación el resultado es penoso. Sin tener en cuenta la correlación directa con un dinero enfermo y un sistema que está en grave peligro como vimos en el primer capítulo.

¿Y qué crees que sucede en el caso de artículos limitados como relojes muy exclusivos, coches históricos, piezas de coleccionismo u obras artísticas únicas, donde todos estos tienen como factor común la escasez por tratarse de ediciones limitadas? Veámoslo.

Arte y coleccionables vs. bitcoin

Seguro que puedes visualizar la clásica imagen de las películas donde se celebra una subasta de arte y se venden obras millonarias al mejor postor. Muchas veces no tiene que ver con lo bonita que sea esa obra, ni lo mucho que le guste al comprador. Simplemente es una buena forma de atesorar riqueza sin que pueda diluirse o depreciarse su valor.

El problema no está sólo en tener un profundo conocimiento sobre arte o el tipo de coleccionable en el que vayas a depositar tu riqueza a largo plazo, que ya supone una complicación a la hora de poder valorarlo, auditar su autenticidad o confiar en el vendedor. Por otro lado, esto suele tener grandes costes de mantenimiento para conservarlo en buen estado y costes de custodia para protegerlo ante posibles robos —seguridad física— o posibles imprevistos —pólizas de seguros—. Por eso muchos coleccionistas prestan sus obras para que se expongan en prestigiosos museos o galerías de arte exitosas. De este modo se ahorran muchos costes y seguros ante imprevistos. En algunos casos, pueden llegar a generar ingresos por el préstamo de las obras. Esta estrategia permite a los coleccionistas disfrutar tanto de beneficios económicos como de la contribución pública al permitir el disfrute de obras artísticas o piezas de coleccionismo.

En muchas ocasiones, la inversión en arte se hace por estrategias fiscales, pero desarrollar este punto sería meternos en camisas de once varas y también puede lograrse por otras vías alternativas. Sea como fuere, uno de los principales factores que hace valioso a este tipo de activos es su limitada oferta.

> Cuando muere un gran pintor, el valor de su obra existente tiende a dispararse. ¿Por qué? Porque los inversores tienen la garantía de que el pintor producirá menos trabajo. No habrá más suministro recién agregado en absoluto. Como tal, toda la demanda del mercado debe pujar por la oferta existente, y todo el mundo lo sabe, lo que hace que aumente la disposición a pagar por una porción del nuevo cuerpo de trabajo escaso.
>
> JESSE MYERS (2023)

Sólo 21 millones de Picassos limitados, portables y divisibles en el ciberespacio

¿Has logrado atar los cabos para vislumbrar la relación que tienen las obras artísticas más prestigiosas y valoradas de la historia con la limitación finita de unidades en bitcoin?

Efectivamente, los paralelismos entre el mundo del arte y Bitcoin se basan en la extrema escasez. Cada bitcoin es como una obra de Picasso de la que nunca se podrán hacer más unidades —no habrá más de 21 millones—. De hecho, se parece más a una obra única que a las monedas con valores similares entre sí.

Uno de los principales factores para que un bien funcione correctamente como moneda o medio de intercambio es la fungibilidad. El Tesoro Público define la fungibilidad como: «Propiedad de un conjunto de valores que los hace plenamente equivalentes entre sí a efectos legales», es decir, que el valor de un billete de 50 euros sea exactamente el mismo que el de otro billete de 50 euros. Por el contrario, cada bitcoin no es idéntico en valor a otro y conforme pase el tiempo —sin cambios en el protocolo— su fungibilidad será menor.

Las diferencias entre cada bitcoin pueden darse por varios

motivos, por ejemplo, el método en que ha sido minado: un bitcoin que procede de energías renovables puede ser más valioso (energía naranja) y demandado que otro originario de energías altamente contaminantes. Además como Bitcoin es una red inmutable con un histórico trazable y no manipulable, también podemos detectar direcciones «manchadas» que dejan un rastro posible de seguir en un explorador de bloques. Por lo tanto, pueden existir diferencias negativas por ciertas unidades de bitcoin que hayan estado implicadas en un acto delictivo, o también diferencias positivas si por ejemplo procede de la billetera de Satoshi Nakamoto, de algún personaje famoso o si se ha inscrito a conciencia algo valioso a través de un *script* —escritura de programación especial—. Esta diferenciación entre unidades monetarias dificulta su fungibilidad y, por lo tanto, su uso como medio de intercambio generalmente aceptado. Aun así, puedes transferirlo en minutos, sin barreras, sin aduanas, sin aranceles, sin censura, sin papeleo, sin preguntas, directamente de persona a persona desde el otro lado del mundo, sin que nadie ni nada pueda pararlo o bloquearlo. Esto no sucede con las obras de arte u otros artículos limitados de colección.

Criptomonedas vs. bitcoin

Como penúltima opción, y siguiendo el orden inicial de la lista, tenemos a las mal comprendidas criptomonedas. He tenido que incluirlas en esta lista simplemente para desmentir muchos mitos y mal entendidos sobre el tema. Sobre todo cuando comienzas a interesarte por este mundo, el primer error que se suele cometer es meter en el mismo saco a Bitcoin y a las mal llamadas criptomonedas, porque las diferencias son enormes aunque a primera vista parezcan de la misma familia.

Es muy común que algunas personas —sobre todo las nuevas generaciones— depositen su dinero y su fe en esta nueva clase de activos o formas. Muchos de ellos esperan tener una fuerte revalorización en períodos cortos de tiempo, con una mentalidad contraria a la del ahorro consistente a largo plazo.

El 99 por ciento de las más de veinte mil —y en aumento— criptomonedas o criptoactivos, son un nuevo truco moderno de hacer *rug pull* (estafar) como se hacía antiguamente con las alteraciones de monedas según su pureza de metales nobles o con los sustitutos financieros más contemporáneos. En algunos casos el tipo de estafa es incluso más descarada.

Este tipo de estafas parecen nuevas, pero el modelo es muy similar a lo que ya se hacía siglos atrás. La Compañía del Misisipi,[147] fundada por John Law en 1717, según relata el gran economista Jesús Huerta de Soto en su libro *Dinero, crédito bancario y ciclos económicos*,[148] fue un gigante esquema Ponzi —tipo de estafa piramidal que atrae a nuevos inversores para pagar a los inversores más antiguos de forma escalonada— originado en Francia que prometió riquezas en las colonias americanas pero resultó ser una de las primeras estafas especulativas de la historia. Todo se basó en la combinación de emisión de dinero fiduciario sin respaldo real a través del banco de Law, dinero que provocó una gran subida del precio de las acciones y, por otro lado, la promesa de grandes retornos fruto de las riquezas que se extraerían en las aventuras por las colonias de América —la nueva tierra prometida—. Grandes promesas que fueron finalmente incumplidas colapsando en 1720 una vez que se destapó la farsa. El acontecimiento arruinó a muchos inversores, incluso afectando profundamente la economía francesa de la época.

Así lo explica Huerta de Soto:

En 1720 se puso de manifiesto que la burbuja financiera que se había organizado era tremenda. Law hizo a la desesperada todos los intentos posibles para mantener el precio de las acciones de la sociedad del Misisipi y el valor de los billetes de su banco: el banco y la compañía comercial fueron fusionados, las acciones de la compañía comercial se declararon dinero de curso forzoso, las monedas

---

147. «Compañía del Misisipi», *Wikipedia*, <https://es.wikipedia.org/wiki/Compañía_del_Misisipi>.

148. Huerta de Soto, Jesús, *Dinero, crédito bancario y ciclos económicos*, Unión Editorial, Madrid, 2009, pp. 90-91.

metálicas perdieron parte de su peso para intentar restaurar su equivalencia con los billetes, etcétera. Sin embargo, todas las medidas que se tomaron fueron inútiles y la pirámide inflacionaria se derrumbó como un castillo de naipes, produciendo la ruina no sólo del banco, sino también de muchos franceses que habían confiado en él y en las acciones de la compañía comercial. Las pérdidas fueron tan cuantiosas y el sufrimiento que crearon tan grande que durante más de cien años en Francia se consideró incluso de mal gusto pronunciar la palabra *banco*, la cual llegó a utilizarse como sinónimo del término *fraude*.

Posibles promesas incumplidas, potencial de manipulación y riesgos de contrapartida

En el caso de las criptomonedas, aquellas que no son directamente estafas deliberadas tienen el problema de considerarse *securities* según la prueba de *Howey*. Un *security* como determina la SEC (Comisión de Bolsa y Valores de Estados Unidos) es un contrato financiero que representa un valor monetario y que puede ser negociado. La SEC regula estos instrumentos para proteger a los inversores. Si un activo es clasificado como *security* y no se cumple con las regulaciones de la SEC, sus creadores pueden enfrentarse a consecuencias legales graves, como sanciones y demandas que pueden conducir a sus responsables a la cárcel.

Imagina lo que pasaría si algunas de las caras más conocidas que lideran los proyectos más grandes del ecosistema de las criptomonedas acabaran presos o simplemente desprestigiados públicamente por alguna difamación legal. ¿Cómo crees que afectaría esto en los mercados y en el futuro de cualquier proyecto basado en una criptomoneda?

Bitcoin no puede sufrir este tipo de problemáticas, ya que ha sido clasificado como una *commodity*,[149] sin un líder al que difa-

---

149. Fernández, Froilán, «¿Qué es bitcoin: una moneda, un activo de riesgo o un *commodity*?», *Cripto Noticias*, 1 de julio de 2022, <https://www.cripto noticias.com/regulacion/que-es-bitcoin-moneda-activo-riesgo-commodity/>.

mar o encarcelar. Desde septiembre de 2015, de parte de los reguladores financieros en Estados Unidos, la Comisión del Comercio en Futuros sobre Mercancía de Estados Unidos (CFTC) declaró oficialmente que bitcoin entraba en la categoría de *commodities* —un producto básico o una mercancía como cualquier materia prima.

En junio de 2022, el presidente de la SEC, Gary Gensler, ratificó la condición de *commodity* de bitcoin.[150] Esta idea también había sido defendida por su antecesor en la SEC, Jay Clayton, en noviembre de 2020 y desde entonces este enfoque ha ganado fuerza y se ha caracterizado a bitcoin como «oro digital».

La gran diferencia radica en la emisión por parte de una entidad, institución o empresa, en cuyo caso debe calificarse como *security*. En el caso de bitcoin, no hay ninguna entidad emisora ni controladora. Éste es el siguiente factor problemático de las mal llamadas criptomonedas: la centralización de sus proyectos. Lo que implica que sus creadores siempre tengan la posibilidad de mutar las condiciones o la oferta de emisión inicial —como ha sucedido a lo largo de la historia con numerosas formas monetarias—. Esto pone en duda la fiabilidad y seguridad del cumplimiento de sus promesas, a diferencia de Bitcoin, donde no es necesaria la confianza en una entidad o CEO responsable, ya que no existe.

Las criptomonedas suelen tener una entidad que emite los tokens y eso los convierte automáticamente en activos con riesgo de contrapartida. Los tokens son activos financieros (pasivos de la entidad emisora). Bitcoin es un activo real, con un protocolo autómata basado en reglas y algoritmos establecidos; en cambio, la mayoría de las criptomonedas se parecen más a proyectos o *start-ups* tecnológicas.

Cito textualmente las palabras de Gary Gensler, presidente de la SEC: «Todo lo que no sea Bitcoin, puedes encontrar un si-

150. Fernández, Froilán, «El presidente de la SEC califica a bitcoin como "producto básico"», *Cripto Noticias*, 28 de junio de 2022, <https://www.cripto noticias.com/regulacion/presidente-sec-califica-bitcoin-como-producto-ba sico/>.

tio web, puedes encontrar un grupo de empresarios, por lo tanto, pueden establecer sus entidades legales en un paraíso fiscal en el extranjero, pueden tener una fundación, pueden ser representados por un abogado para tratar de arbitrar y dificultar el rastreo jurisdiccional. Al principio, pueden crear sus tokens en el extranjero y afirmar o pretender que pasarán seis meses antes de que regresen a Estados Unidos, pero en el fondo, estos tokens son valores (*securities*) porque hay una entidad en medio y el público anticipa ganancias basadas en esa entidad».

En otras palabras, siempre hay personas detrás de estas criptomonedas que utilizan una variedad de mecanismos complejos y legalmente opacos. En realidad, están tratando de promocionar sus tokens (criptoactivos) y en la mayoría de los casos tienen como objetivo principal atraer inversores. Bitcoin, debido a las circunstancias de su creación y a su historia única,[151] es fundamentalmente diferente de otros proyectos criptográficos a ese respecto.

Por eso a bitcoin se lo llama oro digital, mientras que las criptomonedas serían algo más parecido a las acciones que cotizan en bolsa, aunque la gran mayoría sin recorrido, e incluso muchas de ellas sin producto o servicio iniciado. Sólo una promesa.

Se podría decir que Bitcoin es más parecido a internet, donde no hay una empresa que lo controle o que tome decisiones de forma unilateral, simplemente son una serie de reglas basadas en protocolos y la mayoría de las criptomonedas serían algo más parecido a proyectos que pueden o no tener viabilidad y/o visibilidad en páginas webs que se soportan sobre el protocolo base de internet en este caso. De todas formas, estos ejemplos hay que cogerlos con pinzas, ya que ninguno de los paralelismos o analogías es correcto en su totalidad. Simplificar la definición de Bitcoin con un símil es una labor compleja y siempre incorrecta en un sentido amplio —aunque sí pueda encajar en ciertos detalles—, incluso en palabras del propio Satoshi: «Siento ser aguafiestas. Escribir una descripción de esto para el público general es jodidamente difícil. No hay nada con lo que relacionarlo».

151. <https://en.wikipedia.org/wiki/Satoshi_Nakamoto>.

Blockchain *es sólo la tecnología, no lo revolucionario y disruptivo*

Seguramente hayas escuchado argumentos que sostienen que lo importante y disruptivo es la tecnología *blockchain*, y que Bitcoin es sólo la primera versión de su aplicación. Puede que incluso tú mismo también creas este falso mito generalizado hasta que termines de leer el resto del capítulo.

Esta perspectiva sugiere que una versión mejorada de *blockchain* podría superar a Bitcoin. Para entender esta afirmación, debemos examinar la historia y las características únicas de esta tecnología.

La idea de *blockchain* no es nueva. Surgió en 1991, cuando Stuart Haber y W. Scott Stornetta propusieron un sistema para asegurar la inmutabilidad de los sellos de tiempo de los documentos para que éstos no pudieran ser alterados. En 1992 incorporaron los árboles de Merkle para agrupar varios documentos en un solo bloque, mejorando así la seguridad. Sin embargo, esta tecnología no encontró una aplicación significativa hasta 2008, cuando Satoshi Nakamoto tuvo la brillante idea de unir esta y otras piezas fundamentales para crear el excepcional puzle de Bitcoin.

La palabra *blockchain* fue acuñada mucho después del nacimiento de Bitcoin. De hecho, Satoshi no la nombra ni una sola vez en el *white paper* (documento técnico inicial que establece las bases sobre el funcionamiento y el propósito de Bitcoin).[152] Lo más parecido que utiliza a la palabra *blockchain* es *timestamp* o *time per block* para hacer referencia a una *cadena de tiempo*, porque su finalidad es unir acontecimientos temporales en orden cronológico para aumentar la inmutabilidad y resolver en parte el problema del doble gasto.

Es como si en los años noventa habláramos de la revolución de internet y la gente dijera: «No, lo revolucionario no es internet, son los *routers*. Los *routers* son una tecnología maravillosa

---

152. Nakamoto, Satoshi, «Bitcoin: Un Sistema de Efectivo Electrónico Usuario-a-Usuario», <https://bitcoin.org/bitcoin.pdf> (traducción al español: <https://bitcoin.org/files/bitcoin-paper/bitcoin_es_latam.pdf>.

que cada persona podrá tener en su casa, blablablá...», pero los *routers* simplemente son un componente más, internet es un conjunto de piezas que generan un resultado sobrecogedor. Al comienzo de cualquier nueva tecnología siempre suceden este tipo de confusiones. Del mismo modo pasó con las empresas referentes y más poderosas al inicio de internet, como lo explica Luis Martín Cabiedes, pionero Business Angel español y fundador de Europa Press: «Llegó Yahoo y pensó que esto de la búsqueda era una mierda de negocio, que se lo iban a dar a unos chavales que no tenían ni puta idea que se llamaban Google y que Yahoo iba a hacer "lo importante", el portal de noticias. Quitó la cajita de búsqueda, la puso allí abajo, haciendo *scroll* y puso arriba lo "importante", *Yahoo News* y *Yahoo Finance*».

Cualquier nueva tecnología que se publicite como una *blockchain* disruptiva no tiene una verdadera trascendencia si está gestionada o controlada por una entidad, empresa o líderes, ya que pueden mutar el protocolo a su antojo. De momento, sólo Bitcoin es realmente inmutable.

Aunque sea una tecnología brillante y sorprendente, no es lo que realmente cambia las reglas del mundo y pone en jaque el sistema o *statu quo* que experimentamos. Cuando descubrí Bitcoin, yo también pensaba que lo disruptivo era su tecnología, la famosa *blockchain* a la que tanto bombo se le ha dado, pero no es así. De hecho, durante varios años dudé sobre cuál era realmente su relevancia por escuchar constantemente el discurso de que lo importante es la tecnología *blockchain*. Entonces, dediqué años a formarme con los que más sabían del tema —que eran pocos—. Incluso, para salir de dudas, realicé el primer título universitario de la materia que se impartió en España por la Universidad Europea de Madrid en 2018 (Posgrado de Experto en Medios de Pago, Bitcoin y *Blockchain*), y ése fue el detonante final donde comprendí que la tecnología *blockchain* no tenía sentido por sí sola. Lo disruptivo y verdaderamente revolucionario es Bitcoin.

Bitcoin puede incluir, a través del consenso, cualquier mejora que se desee en el código, el protocolo o la red. Hay una falsa creencia en que Bitcoin no ha evolucionado desde su creación. Simplemente pretende mantener el valor de la seguridad como pilar principal, y por ello no es buena idea incluir tecnologías en fase de experimentación que pueden provocar problemas graves como hacen algunas criptomonedas. Bitcoin hace aquellos cambios más sustanciales en capas superiores, diferentes a las del protocolo base, para no afectar a la capa de seguridad ni poner en riesgo el sistema.

> Existe un riesgo de seguridad extremo a la hora de hacer tan sofisticado un sistema. No es una ventaja, es un problema. Ya que cuanto más complejo es el sistema más vectores de ataque existen. Por ello, cada dos por tres las aplicaciones de las diferentes *blockchains* son hackeadas prácticamente cada mes. No tiene sentido refugiar dinero en un sistema que puede ser hackeado o parado por instituciones o Estados.
>
> ADOLFO CONTRERAS

Por ello, también es un error fatal creer que una criptomoneda nueva podría desbancar a Bitcoin utilizando una mejor versión de su tecnología. Nadie mejor que el pionero Miguel Vidal para aclarar este dilema: «Las propiedades de Bitcoin no son propiedades del código. Las propiedades de Bitcoin son propiedades emergentes del sistema de incentivos que ha construido Bitcoin». Inspirado en las ideas de Vidal, el autor Álvaro D. María lo argumentó así en la famosa conferencia de Argentina, Labitconf: «Si la propiedad de la inmutabilidad fuese del código se podría replicar al ser software libre, pero, en cambio, las propiedades de Bitcoin son propiedades del sistema de incentivos que Bitcoin construye. Si entendemos esto, nos damos cuenta de que tenemos la propiedad absoluta de un activo real sin límites. Se entiende mejor cuando vemos a Bitcoin como un sistema global de derechos de propiedad absolutos, y eso es impresionante».

Ésta es la razón principal por la que las criptomonedas no pueden conseguir las propiedades de Bitcoin. Algunas criptomonedas tratan de solventar problemas distintos a los que ya soluciona Bitcoin por su incapacidad para competir, pero ninguna criptomoneda puede competir con Bitcoin respecto a sus propiedades: inmutabilidad, incensurabilidad y su factor de escasez absoluta con una oferta inelástica, entre otras propiedades que analizaremos más adelante.

También por su *long tail*, donde el líder de un mercado tiene una ventaja considerable y extensa, haciendo difícil para los competidores alcanzarlo o superarlo. Esto suele deberse a efectos de red, innovación, o barreras de entrada elevadas establecidas por el líder (en el caso de Bitcoin no hay barreras de entrada).

El recorrido que tiene Bitcoin, la travesía y su resiliencia a los ataques, dificultan que otra criptomoneda que intente competir por escasez y seguridad la supere. El nicho que ocupa Bitcoin está cubierto. Además, Bitcoin lo hizo de manera progresiva, sin tantos ojos observando, resistiendo y aprendiendo de los atacantes a lo largo de los años.

Pero, aun así, en caso de que hubiera alguna criptomoneda que fuese capaz de sobrevivir a los ataques —gubernamentales, energéticos y cibernéticos—, necesitaría de mucho marketing para llegar a ser tan conocida y conseguir aceptación y adopción a gran escala. Esto hace imprescindible un líder a la cabeza, un equipo, con un departamento muy bueno de marketing, con una gran financiación inicial, lo que genera centralización y un evidente vector de ataque que hace peligrar el proyecto.

Parece obvio cuando lo llegas a interiorizar, pero hasta entonces cuesta entenderlo. El *bitcoiner* y *Senior Business Development Advisor* de Blockstream lo explica con una lógica aplastante: «Ya, pero Ethereum u otras *blockchains* permiten hacer *smart contracts* y esto y lo otro. Sí, pero eso es como si me hablas de las preferentes, esto te permite tener una rentabilidad del 8 por ciento anual, pero nadie me habla de la calidad del principal. Si el principal puede ser robado o hackeado, ¿qué más da que pueda dar un rendimiento fabuloso o que haga unas operaciones supersofisticadas? [...] No es muy buena idea tener saldos de tesorería en estas criptomonedas. Y si tiene alguna funcionalidad especial que utilizar interesante, podrás cambiar el saldo exacto de esa criptomoneda para utilizar la funcionalidad o comprar lo que necesites y vender lo que no necesites para esa utilidad concreta y temporal. Por lo tanto, habrá una presión constante de venta y el precio siempre tenderá a caer. Si eso sucede, los mineros no tendrán incentivos a minarlo y, por lo tanto, perderán aún más seguridad. A medida que el mercado se vaya dando cuenta de esto, veremos cómo todas estas criptomonedas dejarán de atesorarse. [...] Incluso, estas funcionalidades pueden implementarse en capas superiores o *sidechains* de Bitcoin sin afectar a la capa base que mantiene la seguridad».

Deja claro que es imposible repetir el *momentum* histórico en el que nació Bitcoin, sin presión, sin financiación, sin competidores. Desde la sombra, construyendo en silencio hasta estar lo suficientemente sólido para empezar a crecer poco a poco en adopción, *hashrate* (poder de cómputo)[153] y descentralización.

> Si usted es un inversor en criptomonedas y tiene un fondo de *venture capital* (capital de riesgo) y quiere hacer inversiones de alto riesgo y alta rentabilidad, y quiere estudiarlo y quiere correr el riesgo, entonces puede comerciar con estas cosas, pero en mi opinión, es cien veces menos lucrativo con el tiempo y tienen cien veces más riesgo, por lo que parece hay una diferencia de 10.000 a uno. Yo no lo haría, pero otras personas lo hacen y probablemente sea bueno para la industria porque comercializa la industria. Tiendo a pensar que preferiría invertir en cosas que pueda mantener durante una década o incluso durante cien años.

> MICHAEL SAYLOR (2022)

Del mismo modo que es un gran error creer que lo más importante de Bitcoin es la tecnología *blockchain* o confundirlo con las criptomonedas, también es un error pensar que bitcoin es simplemente una moneda.

> La mayoría de la gente piensa en Bitcoin como una moneda. Si bien esto es cierto, genera confusión, porque Bit-

153. «Total Hash Rate», <https://www.blockchain.com/explorer/charts/hash-rate>.

coin es mucho más que una moneda. Es un activo de «almacén de valor», como el oro. En verdad, Bitcoin es oro digital, diseñado para mejorar las fortalezas del oro y resolver las debilidades del oro. Esto significa que Bitcoin está compitiendo contra el oro y otros activos de reserva de valor; ése es su mercado: el valor en sí mismo.

JESSE MYERS (2023)

El uso residual de bitcoin como medio de intercambio

El uso de bitcoin como moneda para el intercambio es un uso residual, es una función adicional muy valiosa y beneficiosa pero no es su función principal. Igual que el uso del oro para joyería o incluso para odontología en empastes, coronas y puentes dentales debido a su durabilidad, biocompatibilidad y resistencia a la corrosión.

Ni los bienes inmuebles, ni el arte, ni los coches históricos, ni ninguna de estas formas tienen el objetivo principal de utilizarse como depósitos de valor, pero esta utilidad paralela les atribuye un precio inflado que no les corresponde. Y, por supuesto, ninguno de éstos tiene la función residual de utilizarse como medio de intercambio —incluidos los productos financieros que cotizan en bolsa o incluso el oro.

Bitcoin se especializa en la función para transportar riqueza en el tiempo como se entienden los depósitos de valor —además de poder transmitir esta riqueza en el espacio— y permite *desdinerizar* —extraer riqueza de otros activos *dinerizados* por falta de opciones especializadas— a las formas o activos que no están concebidos como depósitos de valor. Y, por lo tanto, desinflarlos, hasta encontrar un precio óptimo en relación con su uso real, sin aplicar un suplemento que los encarezca por utilizarse como sustitutos para aparcar riqueza en períodos largos de tiempo.

Bitcoin ha demostrado su valor... creo que estamos entrando en una era en la que habrá una competencia de dinero,

debido a la impresión de dinero fiduciario y a su depreciación de valor... y Bitcoin es parte de esta competencia.

Ray Dalio

Bitcoin: el agujero negro que absorbe la riqueza destinada a atesorarse y protegerse en el largo plazo

Algunas de las personas más influyentes del planeta consideran
que Bitcoin drenará riqueza o capturará parte del valor que todos estos activos atesoran por ser utilizados como depósitos de
valor hasta la fecha, reduciendo su valor únicamente a su utilidad, sin incluir la capacidad de transportar valor en el tiempo,
por tener una alternativa especializada para esta función.

En el supuesto caso de que Bitcoin alcanzara la capitalización
del oro, teniendo en cuenta que el objetivo de utilidad es similar,
pero con algunas ventajas de uso y otras propiedades adicionales, necesitamos conocer la capitalización de mercado del oro,
que varía según su precio actual y la cantidad total extraída. Una
estimación aceptada sería alrededor de 10 billones de dólares. La
cantidad total de bitcoin que existirán es de 21 millones de unidades. Por lo tanto, si Bitcoin tuviera una capitalización de mercado de 10 billones de dólares, el precio por unidad de bitcoin
sería de aproximadamente 476.190 dólares. Tampoco tiene lógica que se quede con el cien por cien de la cuota de mercado del
oro, es ridículo, pero sí con una parte de la demanda del oro
como depósito o refugio de valor (gráfico 5.4).

Otras estimaciones conocidas especulan acerca de qué sucede-
ría si bitcoin capturara un porcentaje de cada una de las alternativas actuales para depositar valor lo que multiplicaría su precio
medido en dólares —como ha venido haciendo desde su nacimiento—. Así son las palabras textuales de Cathie Woods, funda-
dora y CEO de la firma de gestión de activos ARK Invest: «Según
nuestra investigación, la capitalización de mercado de Bitcoin podría escalar más de veinticinco veces en la próxima década [...]. El
precio de un Bitcoin podría superar el millón de dólares en 2030».

Gráfico 5.4. Capitalización de mercado de las principales clases de activos

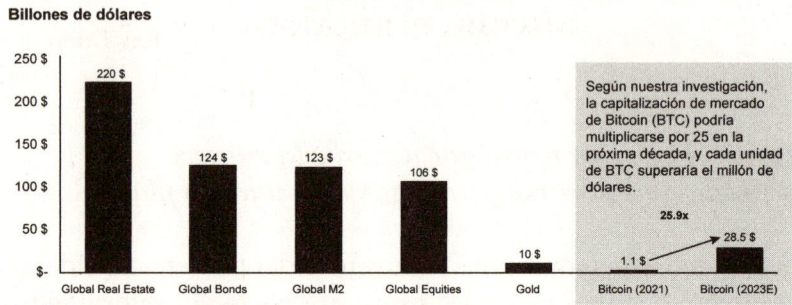

Nota: Los pronósticos son inherentemente limitados y no se puede confiar en ellos. Sólo tiene fines informativos y no debe considerarse un consejo de inversión ni una recomendación para comprar, vender o mantener ningún valor o criptomoneda en particular.

Fuente: ARK Investment Management LLC, 2021.

En resumen, Bitcoin es una aspiradora de valor. Aunque todo esto son suposiciones, especulaciones y teorías subjetivas, hay otras cuestiones que sí son más objetivas y podemos afirmar con certeza, como hace el gran Wences Casares al sentenciar que: «Sería irresponsable tener una exposición a bitcoin que no podemos permitirnos perder [...]. Pero sería igualmente irresponsable no tener ninguna exposición».

Wences simplifica con esta frase la asociación de bitcoin con una inversión asimétrica, donde las oportunidades y el potencial beneficio que podemos obtener es varias veces superior respecto al riesgo que asumimos.

La llegada de esta nueva forma única de energía dineraria para transportar valor da comienzo a una nueva era, un nuevo movimiento o corriente histórica. El nuevo activo real digital hace tambalear por completo la noción de dinero preestablecida y sus estándares hasta la fecha.

En las siguientes páginas veremos cuáles son los motivos para que este hito sea tan sumamente trascendental. Cuáles son las consecuencias sociopolíticas y económicas de este acontecimiento, cómo te afecta personalmente y cómo puedes beneficiarte.

6

Bitcoin: el antídoto

Albert Einstein decía que la mente es como un paracaídas, que sólo funciona si la abres. Ahora que ya eres consciente de que estamos en caída libre, sólo te podrás salvar si abres la mente como un paracaídas.

No debemos dar por sentadas ideologías o premisas ya instauradas. Integrar y comprender Bitcoin requiere deshacerse de muchas creencias preestablecidas, que todos tenemos en mayor o menor medida. Bitcoin es un test de humildad. Para entenderlo de verdad es necesario no sólo aceptar que muchas cosas que nos han contado durante toda nuestra vida son mentira y aceptar que todas estas mentiras nos las hemos creído sin rechistar durante tantos años, sino que además es necesario desaprender muchas de las cosas que nos ha costado mucho tiempo y esfuerzo aprender. Obviamente, mucha gente no está dispuesta a aceptar y admitir un error de ese calibre y por eso nunca llegan a entender Bitcoin.

Imagina la siguiente hipótesis: «Si Dios bajara del cielo y agitase su mano para crear un dinero ideal: estaría basado en los principios de la contabilidad moderna de Luca Pacioli, la contabilidad de partida doble. Si tuvieras el poder divino, podrías implementar un libro de doble entrada como Pacioli introdujo en 1494, y quizás podrías definir 21 millones de unidades que son infinitamente subdivisibles millones y millones de veces cada una. Así mantener todo esto en un espacio mágico, y luego podrías resolver los problemas de todos los comercios al instante en todas las partes del mundo de manera justa y equitativa. Sería un buen dinero, podríamos llamar a esto Godcoin (la moneda de Dios). Godcoin permite transacciones instantáneas perfectas que nunca pierden ninguna información. Lo siguiente mejor que hemos inventado como humanos es Bitcoin».

Así es como Saylor describe Bitcoin en un debate abierto contra Frank Giustra que defendía las bondades del oro.

> Bitcoin es el sistema monetario más eficiente que hemos implementado con éxito. Son 2.100 billones de satoshis, con 350.000 transacciones al día. [...] Almacenando el valor y brindando seguridad a todos los implicados en la red de manera efectiva, totalmente gratis después de consumir esas tarifas de transacción. Bitcoin es la fuerza más disruptiva del siglo, en poco más de una década creció a 1 billón de dólares de valor monetario, ganando así a Google, Facebook, Amazon, Apple [...].
>
> El dinero se está quebrando, tenemos un problema de inflación masivo, como mínimo hemos perdido el 1 por ciento de nuestro valor monetario cada mes.
>
> La humanidad sin un dinero efectivo y fuerte es como un diabético tipo 1 sin insulina. No puedes almacenar energía, no puedes engordar, y por lo tanto, te vas a morir de hambre. Sin entregar dinero efectivo a la raza humana, todo el mundo va a ser congelado económicamente o morir de hambre. La violencia o la miseria te va a perseguir.
>
> El oro no es la solución, no es práctico distribuir oro en pequeñas cantidades para 5.000 millones de personas. Bitcoin es la solución, está creciendo más de un 200 por ciento al año (de media desde su comienzo), añadiendo 3 millones de usuarios a la semana y creciendo.
>
> Si quisiéramos dar conocimiento, música y dinero al mundo en el siglo xix lo haríamos con libros, pianos y oro, ahora son antigüedades para la élite. En el siglo xxi, vamos a usar la plataforma de internet en Bitcoin para proporcionar libros electrónicos, vídeos en YouTube, información con Google o música con Apple, Amazon o Spotify, y proporcionar bitcoin como activo para todo el mundo.

El oro era la mejor solución, pero ya no lo es, ha llegado el momento de pasar el relevo del oro a bitcoin. Bitcoin es el primer sistema de ingeniería monetaria eficaz, es tan profundo como nuestras redes ferroviarias, red de carreteras, red eléctrica, o red de telefonía e internet. Bitcoin puede y entregará las virtudes del dinero fuerte. Lo que los idealistas del oro han esperado durante mucho tiempo».[154]

En este punto del libro, es comprensible que aún tengas dudas sobre si bitcoin es realmente el activo más importante y valioso de nuestra historia. Por eso, en este capítulo vamos a destapar las bondades, beneficios y características que hacen a Bitcoin tan especial.

Si has llegado hasta aquí, ya habla muy bien de ti pues has superado el ecuador del libro y es ahora cuando encontrarás posibles soluciones a los problemas anteriormente mencionados. Para ello, debes conocer Bitcoin en mayor profundidad y te aseguro que no te arrepentirás de hacerlo. A lo largo de tu vida, dedicarás unas 100.000 horas de trabajo para ganar dinero y poder vivir dignamente, por lo tanto, es razonable dedicar al menos 100 horas para aprender a proteger y conservar la riqueza que produces con esfuerzo laboral. Éstas son algunas de las mejores horas que puedes dedicar para ese propósito.

Iremos de menos a más, como si subiéramos una montaña, lo fácil al inicio, y puede que sólo unos pocos lleguen a la cima, no te preocupes si no consigues entender todo a la primera, es normal. Algunas personas creen que ya saben mucho sobre Bitcoin, pero esto suele ser por efecto Dunning-Kruger y sobreestiman lo que saben.[155] Es más, suele ser muy común llegar a pensar que lo hemos entendido todo y con el paso de los años nos damos cuenta de que no sabíamos nada, como bien decía el bueno de Sócrates.

154. «Bitcoin vs gold: the great debate with Michael Saylor and Frank Giustra» [vídeo], YouTube, 22 de abril de 2021, <https://www.youtube.com/watch?v=coHC_9ApBdg>.

155. El efecto Dunning-Kruger se define como la tendencia de las personas con baja habilidad en un área específica a dar evaluaciones demasiado positivas de esta habilidad. Es un sesgo cognitivo, es decir, una forma de pensar y juzgar erróneamente. (*N. del e.*)

Quien cree que ya ha aprendido todo sobre Bitcoin es porque en realidad no ha entendido nada.

Tampoco quiero asustarte, pero sí advertirte que a partir de ahora debes poner toda tu atención. Te guiaré por cada paso del camino hasta la cima, pero cuidado, si pestañeas te lo perderás. Como dice Miguel Vidal: «Bitcoin es polisémico: Bitcoin la red, el activo y el protocolo». Bitcoin es muchas cosas, por eso cuesta acotarlo. A veces se define desde su funcionamiento técnico, otras desde sus utilidades y otras desde sus propiedades. Todas ellas correctas, pero insuficientes para tener una foto completa. Vamos a ir incluyendo piezas al puzle —aunque parezcan desordenadas— para acabar completando la imagen total.

> Bitcoin con *B* mayúscula hace referencia a la red, al sistema de incentivos y su conjunto. En cambio, bitcoin con *b* minúscula hace referencia al activo, a la unidad transferible en el sistema. BTC es la abreviatura para hacer referencia al activo, los satoshis son la fracción más pequeña de éste (0,00000001 BTC = 1 satoshi).

Sucede algo similar cuando hablamos de internet. Parece que todo se vuelve muy abstracto, ¿sabrías definir internet fácilmente a un anciano de 85 años? Hablar del correo electrónico se queda corto, si hablamos de las páginas web no terminamos nunca, y si abrimos el melón de las redes sociales podemos volverlo loco.

¿Estás de acuerdo en que internet ha cambiado el mundo por completo en veinte años? En ese caso comprenderás perfectamente que entender el cambio que ha supuesto en el mundo no implica necesariamente saber cómo funciona a nivel técnico el protocolo TCP/IP,[156] la CPU o HTML, y puedes seguir viviendo sin saberlo. Lo que no deberías dejar pasar —y sí puede suponer un antes y un después en tu vida— son los motivos del cambio de

---

156. «Modelo TCP/IP», *Wikipedia*, <https://es.wikipedia.org/wiki/Modelo _TCP/IP>.

era histórico del Bitcoinismo y cómo será el nuevo mundo para poder adaptarte a él.

> El estado actual de Bitcoin es similar al estado de internet en 1992. En aquel entonces, internet era muy incipiente. [...] Aunque ahora la mayoría de nosotros sentimos que no entendemos completamente la cadena de bloques de Bitcoin, con el tiempo todos la entenderemos tan bien y tan intuitivamente como entendemos internet hoy. No es necesario conocer los aspectos técnicos más vulnerables de internet para comprender internet y, de manera similar, no es necesario conocer las complejidades técnicas de Bitcoin para comprenderlo.
>
> WENCES CASARES (2019)

Esta dificultad para entender Bitcoin nace cuando no tenemos referencias o «animales» parecidos. Es un ser vivo totalmente nuevo y como tal tiene sus particularidades únicas e irrepetibles. Lo entenderás cuando termines el siguiente capítulo.

Hasta ahora ya hemos hecho un gran recorrido por sus diferencias y comparativas con otras formas, y seguro que te estás haciendo una idea más nítida de lo que es y sus funcionalidades. A partir de ahora vamos a ir profundizando más en este nuevo ser y las implicaciones que genera su entrada en el terreno de juego.

Valorando la red de Bitcoin

Bitcoin es un «bien red», lo que implica reconocer cómo su valor y utilidad se amplifican a través de la adopción y el uso compartido, en un ciclo de retroalimentación positiva similar al de otras redes de comunicación y sociales. Esto también se conoce como la ley de Metcalfe.[157] Es muy fácil de entender con el caso del te-

---

157. «Ley de Metcalfe», *Wikipedia*, <https://es.wikipedia.org/wiki/Ley_de_Metcalfe>.

léfono: cuantas más personas utilicen el teléfono, más valor tiene porque nos permite comunicarnos con más personas. Al igual que una red social se vuelve más valiosa para todos sus miembros cuando más personas se unen a ella porque hay más conexiones posibles y contenido generado. De la misma forma, Bitcoin se vuelve más valioso a medida que más personas lo usan. Esto se debe a que una mayor adopción mejora la liquidez, la estabilidad y la utilidad general de Bitcoin como medio de intercambio y depósito de valor.

La ley de Metcalfe es más conocida, pero quizás es más importante la ley de Reed.[158] David P. Reed desarrolló esta ley, que extiende la ley de Metcalfe. Según Reed, el valor de las redes grandes, especialmente las redes sociales, puede escalar exponencialmente con el número de usuarios. Reed señaló que el verdadero valor de una red proviene de la formación de subgrupos o comunidades cerradas dentro de la red. Esencialmente, esta ley considera que el valor de la red es proporcional a 2^n —donde n es el número de usuarios—, debido a la cantidad de subgrupos posibles que se pueden formar.

Para simplificar y entender la diferencia entre ambas leyes: la ley de Metcalfe es muy útil para entender el valor de redes de comunicación básicas como teléfonos o e-mail. Por otro lado, la ley de Reed es más aplicable a redes sociales complejas en las que la formación de grupos es un fenómeno importante, como en el caso de Facebook o LinkedIn.

También hay algunos principios heurísticos o fenómenos como el famoso efecto Lindy que sirven para entender mejor Bitcoin y algunos otros que veremos más adelante. El efecto Lindy es una teoría que sugiere que la esperanza de vida de algunas tecnologías no perecederas, como Bitcoin, es proporcional a su edad actual. Cada día que Bitcoin no ha desaparecido se reduce la probabilidad de que fracase. Por ello, cuanto más tiempo permanezca Bitcoin en uso, más probable es que siga siendo utilizado, lo cual está directamente relacionado con los efectos de red y la adopción acumulativa.

Entonces, ¿qué es Bitcoin realmente?

158. «Ley de Reed», *Wikipedia*, <https://es.wikipedia.org/wiki/Ley_de_Reed>.

Narrativas sobre qué es bitcoin

Desde el nacimiento de Bitcoin, las narrativas sobre qué es o para qué sirve han cambiado fuertemente, destacándose diferentes usos y perspectivas según transcurrían los años, como sucede con un humano que desarrolla su personalidad, intereses y propósitos conforme vive experiencias que pasan desde la niñez, a la adolescencia y después a la edad adulta (gráfico 6.1).

**Gráfico 6.1. Narrativas sobre Bitcoin
a lo largo del tiempo**

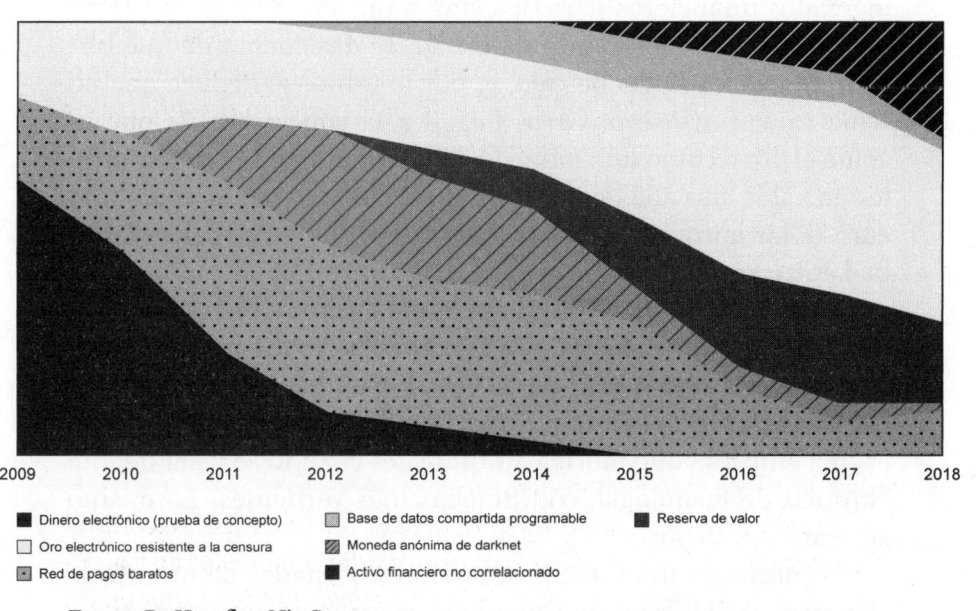

■ Dinero electrónico (prueba de concepto)	▨ Base de datos compartida programable	■ Reserva de valor
☐ Oro electrónico resistente a la censura	▨ Moneda anónima de darknet	
▧ Red de pagos baratos	■ Activo financiero no correlacionado	

Fuente: By Hasufly y Nic Carter.

Estas narrativas sobre el Bitcoin[159] han pasado por entenderse como dinero electrónico en prueba de concepto (tras el *white paper* de Bitcoin), después red de pagos económica (tras la paridad con el dólar estadounidense, 1 BTC = 1 USD), más tarde, oro digital resistente a la censura (tras el primer *halving*,

159. «Narrativas de Bitcoin», <https://medium.com/@nic__carter/visions-of-bitcoin-4b7b7cbcd24c>.

con una paridad casi completa con el oro, 1 BTC = 1 onza de oro) o reserva de valor, entre otras.

El mercado aún no sabe valorar Bitcoin correctamente. La mayoría de las personas carecen de los conocimientos mínimos necesarios para comprenderlo, y aquellos con la formación adecuada a menudo intentan encajarlo en modelos tradicionales que son insuficientes para capturar su verdadera naturaleza y potencial. Bitcoin desafía nociones convencionales como dinero, propiedad, activo y valor; es más bien un fenómeno multifacético que abarca tecnología, economía, y filosofía —entre otros.

Si eres analista de bolsa y te dedicas a valorar empresas en los mercados financieros para detectar si un activo tiene un precio óptimo para ser comprado e invertir, te das cuenta de que bitcoin no genera flujos de caja, y, por lo tanto, se deduce que no tiene valor intrínseco. Otros llegan a la conclusión de que es como el oro o como una moneda de intercambio. Por lo tanto, no le ven valor más allá de hacer *trading*, como lo harías con el par euro-dólar aprovechando las diferencias de precio y la volatilidad entre ambos.

Algo parecido pasa cuando se intenta valorar Tesla como una empresa automovilística y, por lo tanto, los resultados nos muestran que está sobrevalorada. De ser cierto, tendría más sentido invertir en otras compañías de coches. El error es creer que Tesla es una empresa que fabrica automóviles cuando se trata de una empresa de tecnología, con muchas más vertientes. Lo mismo sucede con Bitcoin.

Lo más común es que pases por cinco estados de narrativas internas sobre Bitcoin: 1. Cuando lo conoces, generas escepticismo y tratas de encontrar errores, comparaciones y mejoras constantemente. 2. Entiendes que Bitcoin es genial, pero crees que hay una criptomoneda que es mejor o tiene el potencial de serlo. 3. Llegas a la conclusión de que Bitcoin es la solución, pero como medio de pagos. 4. Comprendes que la propuesta de valor de bitcoin está como depósito de valor para proteger, conservar y trasladar valor en el tiempo. 5. En última instancia, interiorizas que por su escasez y otros factores únicos, inevitablemente todo tiende a cero contra bitcoin.

Bitcoin no es una inversión

Es un error creer que Bitcoin es sólo una inversión, simplemente porque puedas invertir en el activo. Es como creer que internet es una inversión porque puedes comprar acciones de Google o de Amazon que operan gracias a él, o que el fuego es una inversión porque puedes comprar acciones de empresas que fabrican motores de combustión. Bitcoin no fue diseñado para que inviertas y te hagas rico; aunque hay muchas personas que se han enriquecido invirtiendo en acciones de Google, Apple, Tesla o Amazon, estas compañías no nacieron con ese propósito.

Pero imagina que pudieras conseguir una fracción de internet, y que internet tuviera unidades limitadas e intercambiables por bienes y servicios. ¿Qué valor crees que tendría cada fracción de internet? ¿No crees que sería hipervaliosa? Nunca en la historia hemos podido transformar parte de nuestro tiempo o poder adquisitivo en una fracción *dinerable* o monetizable de un protocolo. Imagina haber podido *dinerizar* protocolos como TCP/IP que permiten que internet sea lo que usamos cada día, tendría un valor enorme. Algo similar pasa con Bitcoin.

Si pensamos en Bitcoin como un descubrimiento más que como una invención, no tiene sentido decir que inviertes en un descubrimiento, del mismo modo que no puedes invertir en el número cero, el fuego o la ley de la gravedad, aunque sí puedas adquirir fracciones del activo ultravalioso que es bitcoin y éste puede llegar a revalorizarse respecto al resto de los bienes.

Bitcoin no es una moneda

La gran masa cree que bitcoin tiene como único propósito ser una moneda de intercambio, pero es incorrecto. Es cierto que ponerle el nombre de *coin* (moneda en inglés) no ayuda a creer lo contrario, sino que genera muchas confusiones perjudiciales para entender el activo y saber valorarlo como se merece.

Te hablan de bitcoin sólo como moneda de intercambio,
pero realmente Bitcoin trasciende esa única utilidad.

ALFREDO ROMEO[160]

En el *white paper* de Bitcoin, donde Satoshi define el primer
prototipo de Bitcoin, se puede leer como título *Bitcoin: a peer-to-
peer electronic cash system*, y si te fijas, en ningún momento dice
moneda de intercambio, lo más parecido que nombra es *cash*.
Esto hace creer a muchas personas que *cash* hace referencia a
dinero y la gran mayoría entiende dinero como moneda de intercambio generalmente aceptada —una de las tres clásicas funciones del dinero—. Bien es cierto que bitcoin podría ser generalmente aceptado, porque cualquier negocio quiere vender más y
le viene bien recibir cualquier tipo de pago, incluso cambiándolo
en el instante a la forma dineraria que prefiera, pero esto no conlleva necesariamente que sea generalmente utilizado como medio de intercambio habitual.

En este caso, debemos entender *cash* como efectivo, como
propiedad privada al portador. Es decir, que no es nominal, sino
que pertenece a quien porta o posee el activo. Como pasa con el
efectivo en papel o con unas gafas de sol. *Cash* es riqueza líquida
al portador y con el efectivo tenemos privacidad, aunque en Bitcoin la privacidad no es inherente al bien, sino que depende de la
forma de uso que se hace con el bien, ya que el rastro que dejas
con su uso también es inmutable.

Es importante que entiendas este primer concepto de efectivo al portador, ya que nos cuesta integrar que algo digital sea
portable, finito, transferible de persona a persona, pero que no
tenga un nombre asociado a su propiedad. Normalmente pensamos en cuentas bancarias con un número y un nombre asociado,
pero Bitcoin no funciona así.

Suele haber una gran confusión, sobre todo al inicio, ya que
la primera puerta de entrada a este mundo para su uso o adqui-

160. «Por qué las CBDC son lo OPUESTO a Bitcoin con Alfredo Romeo |
B13», [vídeo], YouTube, <https://www.youtube.com/watch?v=6XZv_YZhRzM>.

sición que la mayoría utiliza es a través de un *exchange* —casa de cambio— centralizado. Este tipo de empresas son puentes entre el mundo fíat y Bitcoin. Para cumplir con las duras regulaciones que le exige el sistema fíat, los clientes deben pasar un proceso bastante exhaustivo de *know your client* (KYC) para conocer a su cliente. En ese momento perdemos toda privacidad y la custodia de nuestros fondos, ya que depositamos nuestro capital en posesión de un intermediario.

Aunque ésta no es la mejor manera de hacerlo, pues ahora ya sabes que para utilizar Bitcoin no necesitas intermediarios, puedes utilizar un *wallet* —hay decenas de opciones— que te permiten interactuar con el sistema, la red y tus fondos sin necesidad de ceder datos personales, ni poner en peligro tus preciadas claves privadas.

Ceder datos personales sensibles como éstos puede suponer un grave problema de seguridad y de tu integridad física. Pues cualquier intruso que sea capaz de llegar a esa información en cualquier momento sabrá qué cantidad de BTC tienes, dónde vives, tu edad y todos los datos personales que compartas. Además, mucho más importante, si cabe, recuerda que tus claves privadas o semilla nunca deben ser cedidas a un tercero, ni estar en formato digital, aunque sólo tú las conozcas, siempre deben asegurarse en formato físico (escrito a mano en papel, o grabado a mano en metal resistente a ser posible).

El *wallet* (billetera digital) simplemente hace de traductor entre el lenguaje máquina, las matemáticas que se requieren para utilizar la criptografía de tus claves y la gestión de la información que comparte con la red. Si nos ponemos meticulosos, lo podrías hacer a mano si supieras cómo, pues sólo son números en su mínima expresión, pero este tipo de herramientas nos facilitan el trabajo.

En Bitcoin no existen las cuentas con nombre y apellidos como sucede en un banco. Simplemente son unos apuntes contables controlados por unas claves privadas que tienen la posibilidad de gastar las unidades de bitcoin asociadas a estas mismas claves.

En resumen, bitcoin es como efectivo digital al portador —haciendo referencia a quien porta la clave privada—. Y dado que una clave privada es información, el verbo adecuado sería decir quien «conoce» la clave privada. A Bitcoin como sistema le da igual quien seas, sólo importa si conoces la clave privada o no. Si la tienes en tu poder, eres el dueño de esos satoshis (fracción de bitcoin), y de lo contrario, no hay fuerza en el universo capaz de hacerte dueño de esos mismos satoshis. En Bitcoin tu clave privada son tus bitcoins, y tus bitcoins son tu clave privada. De la misma manera que con el dinero fiat en efectivo, los 10 euros que posees son realmente el papel en el que están escritos y pertenecen únicamente a quien los posee sin estar asociados a un nombre concreto.

Entonces, ¿por qué una información digital puede ser tan valiosa?

Por qué unos apuntes contables digitales son tan valiosos

Antes de enumerar los motivos por lo que Bitcoin es valioso, recuerda que actualmente más del 93 por ciento del dinero mundial son apuntes contables digitales, y menos del 7 por ciento son billetes físicos. Además, si contabilizamos toda la riqueza del mundo (incluyendo activos financieros, derivados y todo el dinero anteriormente mencionado), más del 60 por ciento son apuntes contables.[161]

Bitcoin supone una grandísima diferencia respecto al resto del valor representado en apuntes contables, porque es el único activo real digital no dependiente de terceros.

Activos financieros vs. activos reales

Los activos que necesitan respaldo son los activos financieros, ya que son promesas de algún bien futuro. Los activos reales, en cam-

---

161. Desjardins, Jeff, «All of the world's money and markets in one visualization», *Visual Capitalist*, 27 de mayo de 2020, <https://www.visualcapitalist.com/all-of-the-worlds-money-and-markets-in-one-visualization-2020/>.

bio, son bienes presentes y no representan una promesa u obligación futura de un agente económico con riesgo de contrapartida.

Cuando decimos que es un activo real digital no dependiente de terceros, también cuesta interiorizarlo porque nunca había existido un activo real y digital al mismo tiempo hasta el nacimiento de Bitcoin. Decimos que es real porque no tiene riesgo de contrapartida —no es una promesa de pago futura ni necesita el respaldo de una entidad que cumpla con una obligación—. Podemos verlo como la cancelación final del pago como se hacía con el oro, lo que en inglés se conoce como *settlement* (liquidación final). Por lo tanto, la transacción es definitiva y no puede ser revertida.

> Lo interesante de Bitcoin es haber sido capaz de crear un activo real digital. Porque activos reales ya teníamos, pero que necesiten tener materialización. Hasta el momento los activos reales corpóreos los hace más fácilmente localizables y, por tanto, los hace confiscables y expropiables. También teníamos activos digitales, pero no son activos reales. Toda la deuda es un activo digital y no necesita una materialización concreta, incluso podríamos mantenerlo en secreto, pero esto tiene el problema de incumplimiento o de contrapartida para cumplir con el acuerdo contractual. Por lo tanto, conseguir un activo que sea real y al mismo tiempo digital es lo que le da valor y utilidad a Bitcoin.
>
> JUAN RAMÓN RALLO (2020)

Bitcoin es el respaldo y el colateral por excelencia

Una de las principales críticas que se hacen a bitcoin por aquellos ingenuos que desconocen su valor, es que bitcoin no está respaldado por nada. Pero, además de estar respaldado por una red mundial de nodos, mineros, usuarios, la criptografía más segura y un poder de cómputo incorruptible; bitcoin no necesita respaldo o colateral porque es en sí mismo el mejor colateral que existe y la mejor garantía para avalar posibles préstamos, hipotecas, créditos o incluso sustitutos monetarios. Se destaca así debido a varias características que lo diferencian de otros activos:

- **Es un activo real sin riesgo de contrapartida** —como sucede con el oro.
- **Es auditable en cualquier momento por cualquier persona sin la necesidad de confiar ciegamente en un tercero** —a través de un explorador de bloques, con un nodo propio.
- **Es valorable constantemente en los mercados porque su precio cotiza abiertamente visible para todos** —sin las complicaciones de un tasador subjetivo como en el sector inmobiliario o automóvil.
- **Es un activo líquido, redimible 24 horas al día, 365 días al año, desde cualquier parte del mundo independientemente de las posibles trabas legales concretas de un país determinado o de un lugar físico concreto como sucede con los inmuebles** —pues se encuentra en el dominio del ciberespacio.
- **Es el único activo cuya oferta no puede ser alterada, pues es inelástica** —en el resto puede ser aumentada—. Es el único activo del mundo cuya oferta es completamente independiente de la demanda. Da igual que Bitcoin tenga 10 usuarios o 10 billones, la cantidad de bitcoins que existirían hoy en ambos casos es la misma. Y la cantidad de bitcoins que existirán mañana también, eliminando la posibilidad de dilución.
- **No se limita a una jurisdicción concreta** —sobrepasa límites geográficos.
- **No se requiere conocer la identidad ni la capacidad crediticia, historial financiero u otras cuestiones relacionadas sobre la parte que utiliza bitcoin como colateral** —el propio activo incluye todas las garantías para cubrir el posible incumplimiento del acuerdo si se cuida la relación préstamo-valor (LTV).

Bitcoin tiene unas propiedades y beneficios únicos para ser el mejor colateral que hemos conocido en la historia, sin duda mucho mejor que los colaterales más utilizados en el siglo XXI.

En el caso de las hipotecas, que probablemente sea el tipo de préstamo colateralizado más común, tenemos al banco como prestamista que facilita una determinada cantidad de dinero, con el compromiso de la otra parte (el prestatario) de que éste será devuelto —junto a los intereses—. El acuerdo debe ser avalado por una capacidad de pago por parte del prestatario, a través de sus ahorros e ingresos y del colateral inmobiliario que se hipoteca para recibir el préstamo. En caso de impago, el colateral será tomado por el banco e incluso, dependiendo del tipo de contrato y deuda, puede quedar pendiente una parte de la deuda pendiente de saldar que el prestatario mantendrá después de haber sido tomado el colateral.

Desde la crisis inmobiliaria de 2008 hubo muchísimas hipotecas impagadas y los bancos se han visto desbordados de inmuebles con todo tipo de situaciones. De repente, se han visto inmersos en un modelo de negocio inmobiliario cuando su negocio es financiero. En este punto, entran en juego problemas como: tasaciones de inmuebles erróneas —ahora tienen un valor inferior al préstamo colateralizado—, inmuebles en peor estado que el inicial —cuando se hizo la valoración—, okupas (persona que se establece en el inmueble sin el consentimiento de su propietario) y muchos otros problemas. En el caso de un préstamo entre particulares también podrían pasar situaciones similares de impagos en los que se suele acudir a procesos judiciales que parecen eternos.

Sin embargo, al utilizar bitcoin como colateral, es totalmente distinto. En primer lugar, bitcoin es un activo real sin riesgo de contrapartida, similar al oro, lo que significa que no depende de la solvencia de ninguna entidad central, persona o intermediario, eliminando así un riesgo significativo.

La valoración de bitcoin es clara y se puede comprobar en cualquier momento, ya que su precio cotiza abiertamente en los mercados globales. Esto permite que todos los involucrados tengan una valoración precisa y actualizada del valor del colateral, evitando las tasaciones subjetivas que pueden conducir a errores como sucede con los bienes inmuebles. Además, bitcoin es auditable por cualquier persona para verificar el estado y la posesión del colateral en cualquier momento utilizando un explorador de bloques o ejecutando un nodo propio, sin necesidad de confiar en terceros. Esta transparencia total es una ventaja única que no existe con ningún otro activo y proporciona una capa adicional de seguridad tanto para prestamistas como para prestatarios.

En términos de liquidez, bitcoin destaca porque es redimible las 24 horas del día, los 365 días del año, desde cualquier parte del mundo para poder cancelar la deuda al instante. A diferencia de los inmuebles, no requiere papeleo adicional, notarios o un lugar físico concreto, ya que opera en el ciberespacio. Gracias a esta cualidad, tampoco cabe la posibilidad de que se deteriore, se rompa o sea okupado.

Esta accesibilidad global permite una flexibilidad financiera sin precedentes porque trasciende jurisdicciones y límites geográficos, operando a nivel global sin estar limitado a una región específica. Así elimina barreras burocráticas y legales, facilitando el uso del colateral a nivel internacional.

Finalmente, el uso de bitcoin como colateral no requiere conocer la identidad, capacidad crediticia, historial financiero u otros aspectos personales del prestatario manteniendo así su privacidad al mismo tiempo que su solvencia. El propio activo de bitcoin, con sus propiedades intrínsecas, ofrece todas las garantías necesarias para cubrir cualquier posible incumplimiento del acuerdo, siempre y cuando se mantenga una relación préstamo-valor adecuada (LTV).

En resumen, utilizar bitcoin como colateral presenta un conjunto robusto de ventajas que lo hacen ideal tanto para individuos como para empresas, proporcionando seguridad, transparencia, liquidez y un abanico de oportunidades nunca visto en el mundo financiero.

Bitcoin y la escasez absoluta

Bitcoin es el activo real más escaso del planeta y probablemente del universo, mejorando incluso el ratio *stock-to-flow (S2F)* del oro, que es la relación entre la cantidad total existente (*stock*) y la tasa a la que se produce nueva moneda (*flow*). Además debemos tener en cuenta que en el caso del oro, aunque lentamente, sigue aumentando su oferta y, por el contrario, en bitcoin se reduce el *flow* cada cuatro años a la mitad en los famosos *halvings*. También se reduce el *stock* por las unidades que se extravían debido a una mala custodia u otros tipos de pérdida de fondos. Según *The New York Times*, aproximadamente el 20 por ciento del suministro circulante total de BTC es inaccesible por alguna irresponsabilidad de sus propietarios. Aunque al ser un dato muy complicado de auditar, dependiendo de la fuente[162] que consultes se consideran perdidos entre 3 y 8 millones de BTC en 2024, de los 21 millones que habrá en su totalidad.

Por eso es tan importante disponer de un buen método de autocustodia y privacidad para poder proteger tus fondos con la tranquilidad de que están asegurados sin peligro de pérdida.

Inevitablemente, el error humano es incontrolable y sin duda seguirá disminuyendo la cantidad de *stock* disponible por el descuido y olvido de muchos. Esto redundará en beneficio del resto, ya que al reducir la oferta total aumenta el valor de cada unidad restante. Se produce una concentración y, por lo tanto, un incremento de la participación correspondiente al total, justo lo contrario a la dilución que sufrimos en nuestros ahorros por la creación de nuevo dinero fiat.

> Sólo dos cosas son realmente escasas: el tiempo y el bitcoin.
>
> Saifedean Ammous

La búsqueda del bien más escaso es una tarea milenaria y la escasez absoluta nunca ha sido posible en el mundo físico, el universo es infinito y la materia es moldeable. Con el nacimiento de internet y, en consecuencia, de un nuevo dominio entendido

---

162. «Tens of billions worth of Bitcoin have been locked by people who forgot their key», *The New York Times*, 13 de enero de 2021, <https://www.nytimes.com/2021/01/13/business/tens-of-billions-worth-of-bitcoin-have-been-locked-by-people-who-forgot-their-key.html>.

como el ciberespacio, se delimita un espacio donde las reglas no son la física y la materia, sino las matemáticas. Así se ha logrado limitar Bitcoin a un máximo de 21 millones de unidades, o lo que es igual a 2.100.000.000.000.000 de satoshis.

En el ciberespacio sí cabe la posibilidad de crear escasez radical absoluta. Como lo expresó mi amigo David Sanz en el episodio B6 de *Bitcoinismo Podcast*: «Bitcoin es escasez absoluta en el reino de las matemáticas. [...] Satoshi descubrió la escasez absoluta en el reino digital. La escasez que importa es la resistencia a que la oferta de un bien se expanda mediante el empleo de energía».[163]

En el capítulo 8 profundizaremos específicamente en el nuevo dominio del ciberespacio y en las implicaciones que tiene en esta nueva era. Pero antes de continuar, quiero proponerte un reto:

El mundo no es consciente del potencial de la escasez absoluta de Bitcoin. Nos cuesta visualizar o comprender la extrema escasez y si consigues rascar un poco de conciencia al respecto, te darás cuenta de que todos los que vivimos este período somos unos privilegiados. Bitcoin seguirá generando recompensas de bloque solamente hasta el año 2140, donde sólo emitirá 0,00000001 BTC como recompensa por bloque. Eso quiere decir que a nivel mundial, millones de personas, instituciones, megacorporaciones, Estados y mineros estarán compitiendo con cantidades bárbaras de electricidad consumiendo centenas de teravatios-hora (TWh) para conseguir los últimos BTC vírgenes de la historia.

Te propongo un reto con premio sorpresa

Te propongo un reto: el reto consiste en que calcules cuánto tiempo se tardarán en minar los últimos 0.5 BTC existentes, ¿y para 1 BTC? ¿Y los 10 últimos BTC? Si sabes las tres respuestas tengo una sorpresa para ti. Simplemente envíame un correo

163. «Qué es realmente Bitcoin? ¿Por qué es tan especial? Con David | B6», [vídeo], YouTube, 11 de febrero de 2024, <https://www.youtube.com/watch?v=sqFBYEoTV_s>.

electrónico a <soy@adrianbernabeu.com> con el asunto «ES-CASEZ ABSOLUTA» —es importante que escribas el asunto literalmente así—. En el cuerpo del correo debe estar los tres resultados del tiempo que se tarda en años, junto al número de bloques y mi equipo te responderá con la sorpresa en caso de que sea correcto —también puedes contactarme en el formulario de contacto de <www.bitcoinismo.com>.

Energía real y prueba de trabajo no falsificable

Lo brillante y sorprendente de Bitcoin es que une el mundo digital con el mundo físico de una forma muy elegante a través del uso de la energía, un recurso que no puede ser falsificado.

> La energía ni se crea ni se destruye, sólo se transforma.

> ANTOINE LAVOISIER (siglo XVIII)

El pionero Nick Szabo, científico informático, jurista y criptógrafo, sostiene que el costo de energía es infalsificable, lo que lo convierte en la mejor fórmula para evitar trampas. Es imposible crear más energía, y Bitcoin utiliza esta energía para sellar en el tiempo de manera inmutable toda la secuencia de eventos ocurridos como prueba inequívoca en su libro contable global descentralizado. A través del *Proof of Work (PoW)* —prueba de trabajo— Bitcoin transforma la energía en valor digital, convirtiendo cada unidad de bitcoin en la forma con mayor energía de trabajo real no falsificable.

> Bitcoin es un monumento de inmutabilidad que cincela su historia apilando energía; energía coordinadora imposible de fingir, energía autoevidente, energía que conecta el mundo físico con el digital, energía que da vida a un reloj cuyo tictac resuena con una intensidad cada vez más difícil de obviar. Bitcoin es único e irreproducible.

> EMÉRITO QUINTANA

Bitcoin está tan relacionado con energía que incluso el autor Jason P. Lowery, en su libro titulado *Softwar*, afirma que Bitcoin debería llamarse Bitpower para estar más alineado con su naturaleza. El autor lo define como: «cantidades de energía (vatios) convertidos en bits de información escasos, físicamente descentralizados y costosos que pueden ser transferidos por el ciberespacio.[164]

Para Lowery, «Bitpower no es un concepto imaginario para hacer a la gente más fácil comprender un caso de uso específico de una tecnología, es literalmente energía (vatios) que la gente elige tratar como información».[165]

También critica el término *coin* o moneda en Bitcoin, sugiriendo que podría estar disfrazando su verdadera esencia, que en realidad reside en el concepto de *power* o energía. Este matiz es crucial, ya que permite comprender mejor la naturaleza única y dominante de Bitcoin en comparación con otras criptomonedas.

Bitcoin representa el 94 por ciento del *hashrate* de todas las funciones de coste del resto de los protocolos combinados, y dieciséis veces más potente que el resto de los protocolos *PoW* combinados. Y así lo expresa: «Esta dominancia ha sido sesgada por personas que no comprenden, ignoran deliberadamente o intentan marginalizar o condenar el uso de la fuerza eléctrica en Bitcoin».[166]

El autor llama la atención sobre una característica del diseño de Bitcoin que le parece muy importante, y es que convierte un suministro posiblemente ilimitado de energía física en vatios, en un suministro limitado de bitpower (su representación en bits). Esto crea una propiedad emergente en bitpower en la que un solo bit de *bitpower* puede estar respaldado por una cantidad ilimitada de trabajo real físico.

Debemos diferenciar entre ilimitado e infinito, entendemos que el autor utiliza la palabra *ilimitado* porque no hay nada que restrinja el suministro de energía, algo muy diferente a que sea infinito.

164. Lowery, Jason P., *op.cit.*, p. 345.
165. Ibídem, pp. 345-347.
166. Ibídem, p. 347.

> Bitcoin es control descentralizado y sin confianza ni permiso de terceros sobre un valioso recurso: él mismo.
>
> JASON P. LOWERY[167]

Bitcoin requiere de energía —prueba de trabajo— para asegurar la inmutabilidad y el registro permanente de transacciones. Dicho registro es transparente —visible y verificable por cualquiera— y está fuera del alcance de cualquier modificación por parte de personas o entidades. Una vez que una transacción se incorpora a este libro contable descentralizado, queda grabada permanentemente en un «bloque» y se le asigna una marca de tiempo, asegurando que el historial de transacciones sea inmutable y secuencial. Esto crea una cadena confiable de eventos que no puede ser alterada, ofreciendo una base sólida para un sistema financiero descentralizado que está distribuido por todo el mundo, sin el control centralizado de bancos o gobiernos. Algo que no sucede con ningún otro libro contable en el mundo. Bitcoin contiene el único libro contable que realmente es inmutable y resiliente.

> ¿Qué cambió cuando Bitcoin entró en funcionamiento? ¿Qué era nuevo y potencialmente revolucionario? Lo único que cambió, que puede ser potencialmente revolucionario, es que todos esos componentes se combinaron de una manera nueva, creativa e inteligente para crear la primera plataforma informática potencialmente soberana. Hasta ese momento, todas las plataformas informáticas pertenecían a una persona, a una empresa o a un gobierno y esas plataformas debían obedecer la voluntad de sus propietarios y las normas de la jurisdicción donde residían. Un soberano sólo obedece sus propias reglas, nadie puede imponerle reglas. Los reyes y las reinas solían ser soberanos, luego los Estados nacionales se volvieron soberanos y ahora, por primera vez, una humilde plataforma informática tiene la aspiración de ser soberana. Esto es potencialmente revolucionario.

167. Ibídem, p. 364.

> La *blockchain* de Bitcoin es soberana en el sentido de
> que nadie puede cambiar las transacciones que ya existen
> en su base de datos y nadie puede impedir que el sistema
> acepte nuevas transacciones.

WENCES CASARES (2019)

Aunque creas lo contrario, no es necesario que entiendas el funcionamiento interno de Bitcoin a la perfección en este momento para comprender su valor. El objetivo es que comprendas la magnitud de Bitcoin y la relevancia del nacimiento de la nueva era del Bitcoinismo. Si te interesa profundizar en el campo más técnico de Bitcoin, hay algunos libros dedicados especialmente a ello como *Inventemos Bitcoin* de Yan Pritzker,[168] *Grokking Bitcoin*, de Kalle Rosenbaum o el anteriormente mencionado *Mastering Bitcoin* de Andreas Antonopoulos.[169] No obstante, todo lo que estamos viendo es suficiente para interiorizar su valor y trascendencia histórica, del mismo modo que sucedió con la electricidad o con la invención de internet.

Valor real digital y escaso

Es esencial y trascendental reconocer que nos encontramos ante un descubrimiento nunca antes visto en la historia de la humanidad. Un descubrimiento orgánico durante más de veinte mil años con base en prueba y error hasta dar con el bien que mejor cumple todas y cada una de las características deseadas por el hombre para transmitir valor en el espacio y en el tiempo. Además de éstos, encontramos beneficios que hasta ahora no habíamos podido disfrutar y en algunos casos ni siquiera imaginar.

¿Qué hace a Bitcoin revolucionario? ¿Que sea el primer y

---

168. Pritzker, Yan, *Inventemos Bitcoin: la explicación sobre el primer dinero verdaderamente escaso y descentralizado*, publicación independiente, 2019.

169. Antonopoulos, Andreas, *Mastering Bitcoin: programming the open blockchain*, O'Reilly Media, Estados Unidos, 2023.

único activo real digital, cien por cien limitado, no dependiente de terceros? ¿Cómo se consigue la escasez en el mundo digital?

Debido a su naturaleza, lo digital no suele ser limitado o escaso, permite ser copiado y, por lo tanto, duplicado las veces que queramos, sin límite. Cuando tienes una foto y la almacenas en tu smartphone, una vez que la envías se duplica. En ese momento tanto tú como el receptor tenéis la misma foto. Esto no tendría sentido para transmitir valor, ya que podríamos duplicar el dinero como hacen los bancos centrales o pagar varias cosas con el mismo dinero. Por ello necesitamos de intermediarios (terceros de confianza) como Spotify o Netflix, que ejercen un control para limitar el acceso o para que no hagamos copias por antojo. En el caso del dinero, esta labor la ejercen los bancos comerciales, para que no podamos enviar dos veces el mismo dinero. Lo que se conoce como el doble gasto de una misma unidad.

En principio parece que no debería ser un problema contar con este tipo de intermediarios, pero esto introduce problemas de dependencia y control. Funciona como una pirámide de poder sobre el activo digital con tres niveles: en el punto más bajo estamos nosotros, el escalón intermedio lo gestionan los intermediarios y en el nivel superior está el poder absoluto. Los intermediarios tienen posesión total de la propiedad digital. Pueden imponer censura, bloquear o embargar el activo de manera permanente.

> Lo que hace que un activo mantenga su valor en el tiempo es el hecho de que la contraparte no pueda falsificarlo, hipotecarlo o embargarlo, eso hace que realmente tenga valor.
> Ése es el motivo por el que los demás activos no podrán mantener su valor en el tiempo con relación a bitcoin.
>
> MICHAEL SAYLOR (2022)

En el nivel más alto y poderoso se encuentra el Estado, que puede imponer obligaciones a las empresas intermediarias del segundo escalón. Estas empresas pueden ser bloqueadas, embargadas o sus miembros encarcelados. Además, pueden verse obligadas a actuar en contra de sus clientes o usuarios —los que estamos en el escalón más bajo, sin importar sus propias intenciones.

> Me gusta Bitcoin por la misma razón por la que al gobierno comunista chino no le gusta Bitcoin, porque no pueden controlarlo.
>
> TED CRUZ, senador estadounidense (2023)

Un caso muy sonado fue el de Julian Assange y WikiLeaks, que fueron bloqueados y censurados por todos los bancos del mundo (incluido Suiza), PayPal y otros servicios financieros para envío de dinero debido a la presión del gobierno estadounidense. A excepción de Bitcoin, que no pudo ser bloqueado ni censurado, a pesar del poder que tenía la mayor potencia mundial. Pese a que en aquel momento podía causar graves problemas a Bitcoin al ser un momento tan incipiente. Recuerda cómo respondió Satoshi Nakamoto después de que un usuario animara a WikiLeaks a usar Bitcoin (cita textual en el capítulo de *Dinero enfermo*).

Sin cabeza que cortar, no hay funeral: la desaparición de Satoshi

Comúnmente se afirma que el creador de Bitcoin creía que su retiro favorecería la descentralización de la iniciativa, eliminando la necesidad de depender de una sola figura como líder o autoridad principal en debates y asuntos importantes. Sin embargo, hay indicios de que Satoshi optó por resguardarse ante los ataques de los adversarios que Bitcoin comenzaba a generar; por su bien y por el de Bitcoin. En el penúltimo mensaje de Satoshi en el foro BitcoinTalk,[170] se percibe la precaución que estaba tomando en relación con la creciente popularidad del proyecto. Además de lo que expresó públicamente sobre el caso de WikiLeaks el 11 de diciembre de 2010.

170. Bitcoin Forum, <https://bitcointalk.org/index.php?topic=2216.msg 29280#msg29280>.

Una de las mejores cosas que hizo Satoshi fue desaparecer.

Jimmy Song

Cuando escuchas por primera vez que el creador —o creadores— de Bitcoin (Satoshi Nakamoto) está desaparecido y que no sabemos quién o quiénes son, incluso que es mejor así, la gente se extraña porque estamos acostumbrados a que deba haber un respaldo o algo detrás, cuando en muchas ocasiones eso supone un problema porque debemos confiar en ese respaldo. Bitcoin es *trustless* (sin necesidad de confiar en un tercero), está diseñado para que en lugar de confiar ciegamente y cruzar los dedos para que no te decepcionen, puedas verificarlo tú mismo de forma transparente, pues la cadena de bloques es pública y auditable por cualquiera.

Sin cabeza que cortar, no hay funeral. Sin una cara visible, el proyecto es mucho más sólido y resiliente, pues no depende de una persona que haga algo bien o mal, alguien que caiga bien o mal al público, una opinión que guste o sea rechazada. Por ejemplo, en el caso de Elon Musk, el CEO de Tesla, X (Twitter) y SpaceX, a pesar de ser un genio y crear empresas increíbles, hay personas que lo odian y personas que lo aman y, queramos o no, los proyectos dependen de que él siga al pie del cañón. ¿Qué pasaría con sus empresas y la cotización de éstas en el mercado si tuviera un accidente grave? ¿O qué pasará cuando sus capacidades no sean las mismas por la vejez o incluso cuando llegue el día en que fallezca como cualquier otra persona? Eso no sucederá con Satoshi Nakamoto.

Hay un mito griego que ayuda a entender esta situación y explica por qué Satoshi desapareció para no cometer el mismo error que Prometeo.

Prometeo y el superpoder del fuego eterno

Prometeo es un titán de la mitología griega que desafió audazmente a Zeus, la máxima autoridad, el rey de los dioses olímpicos, en un acto de rebelión que resonaría en el tiempo y se transmitiría entre generaciones para aprender la lección.

Antes de la creación de los humanos, los dioses griegos habían luchado contra una raza de gigantes llamada titanes, liderada por Cronos, padre de Zeus. Después, los dioses derrotaron y encarcelaron a los titanes en el Tártaro, hasta que a Prometeo y su hermano Epimeteo les fue encomendada la creación de la humanidad. Epimeteo distribuyó cualidades como la fuerza y la belleza entre los humanos, mientras que Prometeo, movido por una profunda compasión, optó por un regalo que cambiaría el destino de la humanidad.

Prometeo se atrevió a ascender al monte Olimpo, hogar de los dioses, y robó una chispa del carro de Helios, dios del sol. Así, Prometeo pudo hacer el mejor regalo posible a los humanos y los dotó de fuego, el catalizador del progreso y la civilización. Este acto de desafío no pasó inadvertido. Zeus, al descubrir el robo de Prometeo, se puso furioso y lo sentenció a un eterno tormento. Envió a Hefesto, dios de la herrería, para que encadenara a Prometeo a una roca en las montañas del Cáucaso, donde cada día, un águila descendía y devoraba su hígado, que luego volvía a crecer durante la noche. Este castigo brutal es emblemático no sólo de la tiranía de Zeus, sino también del precio del progreso y la rebelión contra el orden establecido.

La figura de Prometeo, que simboliza la lucha contra la opresión y el sacrificio por el avance de la humanidad, encuentra un eco moderno en el personaje enigmático de Satoshi Nakamoto (creador de Bitcoin). Como Prometeo, Satoshi desafió el orden establecido, ofreciendo a la humanidad una nueva forma de valor y libertad. Satoshi ya sabía lo que le esperaba, pues ya hubo otros intentos anteriores clausurados por el gobierno de Estados Unidos. El más conocido ocurrió en la década de 1990, cuando Bernard von NotHaus, creador de una moneda alternativa llamada Liberty Dollar, fue acusado de violar la ley federal de Estados Unidos por crear y promover una moneda que pretendía competir con el dólar. Von NotHaus fue declarado culpable en 2011 por fabricar monedas de plata y billetes con la intención de que fueran utilizados como moneda alternativa, y sentenciado a seis años de prisión en 2014.

Satoshi no cometió el mismo error. No sólo por crear un sistema distribuido imposible de bloquear o clausurar, sino porque fue consciente de las posibles represalias por parte de poderosas entidades y gobiernos. Optó por el anonimato y desapareció tras dar a luz Bitcoin.

La narrativa de Prometeo y Satoshi Nakamoto, unidos por el hilo del sacrificio y la rebelión, subraya una verdad eterna: desafiar al poder establecido es un acto tanto de valor como de riesgo calculado. Ambos, a su manera, cambiaron el curso de la historia y sus legados perduran, alimentando las llamas del progreso y la disrupción. Algo más importante aún si cabe: una vez que Prometeo enseña a los humanos qué es el fuego y cómo utilizarlo, ya no hay forma de desaprenderlo. Del mismo modo se extrapola a Bitcoin como descubrir el superpoder que supone.

Para concluir, te invito a reflexionar conmigo, pues muchas personas desean desvelar la identidad de Satoshi y normalmente procede de un deseo egoísta. Al fin y al cabo es irrelevante quién inventó una tecnología que contribuye a mejorar la vida de millones de personas. ¿Quién inventó internet, o la rueda? La mayoría de la gente no lo sabe, y en el fondo a casi nadie le importa aunque todo el mundo lo usa en su día a día.

La rata autómata

Desde entonces, nada ha podido parar a Bitcoin, incluso sin empleados, sin directivos, sin departamentos, sin CEO, sin oficinas, sin cuentas bancarias, sin redes sociales, sin marketing ni campañas de publicidad pagadas en televisión, radio o medios de comunicación. Todo a través del código abierto y libre, las comunidades y la colaboración de los mayores genios del planeta. Incluso algunas personalidades, como Jack Dorsey, cofundador de Twitter, o Michael Saylor, presidente de MicroStrategy, dejaron sus puestos como altos ejecutivos al frente de unas de las empresas de mayor prestigio cotizadas en bolsa para dedicarse completamente a Bitcoin. Además, Bitcoin tiene el mayor presupuesto en seguridad del planeta, gracias al poder de cómputo descentralizado más potente del mundo, la red está totalmente protegida.

Desde su nacimiento, Bitcoin lleva cumpliendo de manera impecable con su labor de evitar la duplicidad de unidades y con sus otras muchas funcionalidades, y ello sin necesidad de intermediarios. Funciona sin descanso 24 horas al día, 7 días de la semana, 365 días al año desde el 3 de enero de 2009. A pesar de haber recibido ataques de todo tipo: mediáticos, políticos, prohibiciones, denegaciones de servicios (DoS) y muchas otras. Porque es como un panal de abejas con la mejor miel del mundo. Aun así, eso no lo ha salvado de tener un par de momentos puntuales sin estar operativo en 2010 y en 2013.

Andreas Antonopoulos, reconocido pionero y experto en Bitcoin, utiliza la analogía de la rata de cloaca y el *bubble kid* (niño burbuja) para destacar la diferencia entre la resiliencia desarrollada a través de la exposición a adversidades y la vulnerabilidad creada por un entorno excesivamente protegido. En este contexto, la rata simboliza el sistema que ha ganado fortaleza y resiliencia al enfrentarse a desafíos constantes, similar a cómo Bitcoin ha evolucionado y se ha fortalecido a través de ataques, críticas e intentos de regulación. Por otro lado, el *bubble kid* es como ese niño que está protegido hasta el extremo de cualquier peligro o influencia externa, hasta tal punto que sus padres lo meten en una simbólica burbuja protectora permanentemente, para que no esté expuesto a nada que le pueda dañar (de ahí el *bubble*). Al final, eso da lugar a una salud con un sistema inmune muy débil y endeble, además de otros posibles problemas sociales. En esta analogía, representa sistemas que, al estar aislados de cualquier tipo de adversidad, se vuelven extremadamente vulnerables a cualquier amenaza —por mínima que sea— debido a la falta de exposición a desafíos que fortalezcan su capacidad de adaptación y supervivencia.

En contraste, Bitcoin tiene la virtud de estar públicamente expuesto a todo y todos. Absolutamente todo el mundo tiene la libertad de atacarlo y además con un incentivo altísimo para tratar de sustraer parte de su descomunal valor. Pero nunca nadie lo ha conseguido, y es en gran parte debido a que la fortaleza de

Bitcoin ha crecido junto a su valor. Cada vez que un ataque se produce y fracasa, el sistema se vuelve más resiliente y más fuerte. Así, sin duda, su capacidad para resistir el siguiente ataque será todavía mayor. Es como un sistema inmune que supera una enfermedad y se inmuniza ante otras futuras aún peores. Por eso encaja tan bien la analogía de la rata de Antonopoulos, porque son animales que llevan dentro todo tipo de enfermedades que te puedas llegar a imaginar y aun así no mueren. Han conseguido inmunizarse.

Al examinar otras redes de pago en el mundo, como Redsys —la plataforma líder en España para el procesamiento de pagos electrónicos tanto en comercios físicos como en línea—, vemos que sólo en 2023 se produjeron dos fallos graves en Redsys. En contraposición, Bitcoin se erige en una red descentralizada global que opera independientemente de intermediarios, lo que le otorga cualidades de ser un sistema resistente a la censura y a embargos.

Antes se necesitaba de estos agentes intermediarios, a quienes cedíamos la confianza ciegamente para que también certificaran la validez del activo en cuestión, como en el caso de la acuñación de monedas selladas por el mandamás, el poderoso, sinónimo de quiénes tienen el monopolio de la violencia para confiscar la riqueza y redistribuirla. Ahora, Bitcoin hace tremendamente fácil estas tareas, sin la necesidad de esa entidad central verificadora, la verificación se hace constantemente por los nodos de la red, distribuidos a nivel global.

El control que el Estado y los intermediarios tienen sobre nosotros es cada vez mayor, por culpa de los datos que cedemos y la presión de quienes anteponen la falsa seguridad a la libertad. A través del control que ejercen sobre nosotros, o simplemente con la observación de tu forma de vida, se puede saber si tienes pertenencias valiosas para confiscar.

Cuanto más accesible sea esa información y dependiendo de quién acceda a ella, más peligra nuestra seguridad y aumentan las posibilidades de coacción física o de violencia para tratar de arrebatártelo. Por eso es tan importante la privacidad.

Privacidad y seguridad textual

> Cuando alguien dice que no le interesa su privacidad porque no tiene nada que esconder, es como que diga que no le interesa su libertad de expresión porque no tiene nada que decir.
>
> EDWARD SNOWDEN, exempleado de
> la Agencia Central de Inteligencia y de la Agencia
> de Seguridad Nacional (2015)

La privacidad es la capacidad de desvelar selectivamente la información que decidamos de manera voluntaria.

Ahora, con Bitcoin se puede evitar este tipo de riesgos de custodia, incluso aunque no hayamos hecho un buen trabajo de privacidad y ejerzan la fuerza física sobre nosotros. Ya que ni con la muerte podrían conseguir el activo si tú no lo cedes voluntariamente.

No obstante, antes de llegar al límite de la muerte para frustrar un posible robo, independientemente de que traten de torturarte o amenazar a tu familia para acceder a los fondos, también existen varios mecanismos como dejar un señuelo con una parte de los fondos utilizando una *passphrase* (frase de seguridad adicional), o utilizar *multifirmas,* donde la custodia se distribuye en varias firmas que no deben estar físicamente en la misma ubicación, u otras opciones de autocustodia todavía más avanzadas. Puedes buscar ayuda de algún profesional para aprender a aplicar técnicamente el nivel máximo de seguridad según tu caso concreto, pero debes tener cuidado al elegir al profesional y la información que muestras en el proceso.

Bitcoin es la primera forma de riqueza en la historia que te permite atesorar valor a través del conocimiento.

Recuerda lo que aprendiste en el capítulo «La superstición de la propiedad privada». Lo más importante para autocustodiar correctamente tu riqueza en Bitcoin es asegurando tu *semilla* (traducción en doce o veinticuatro palabras de las claves privadas) y la *passphrase* separada e independiente físicamente. En definitiva, se trata de información que puedes proteger como lo haces con tu secreto más valioso.

> El poder de la libertad de expresión: Bitcoin es una idea. Una idea que, en su forma actual, es la manifestación de una maquinaria puramente alimentada por texto. Cada aspecto de Bitcoin es texto: el documento técnico es texto. El software que se ejecuta por sus nodos es texto. El libro mayor es texto. Las transacciones son texto. Las claves públicas y privadas son texto. Cada aspecto de Bitcoin es texto y, por lo tanto, equivalente al lenguaje.
>
> GIGI[171]

Bitcoin es literalmente texto, ceros y unos en su esencia. No se puede prohibir ni bloquear el texto a nivel mundial. A nivel nacional, si un país como Estados Unidos o cualquier otro prohibiese Bitcoin, dejaría en evidencia más fehacientemente la incapacidad de llevar la prohibición a la práctica, poniendo de manifiesto su imposibilidad para censurar texto basado en el conocimiento distribuido en una red global que, al fin y al cabo, gestiona texto.

Al complicar de tal forma la confiscabilidad por parte del Estado o de un intermediario, te cambia la percepción del concepto de propiedad como lo entendías hasta el momento y no quieres volver a lo anterior. Cuando compruebas que realmente es tuyo y nadie te lo puede quitar, todo cambia. Esta capacidad tiene un impacto enorme sobre el camino a la servidumbre que critica Hayek[172] o sobre la servidumbre voluntaria que nombra La Boétie en la introducción.[173]

Bitcoin asegura el lenguaje del valor y el derecho de propiedad más absoluto

> Bitcoin es el derecho de propiedad más alto que la raza humana haya inventado hasta la fecha, no podemos tener

171. Gigi, *op. cit.*
172. Hayek, Friedrich A., *Camino de servidumbre*, Alianza editorial, 2011.
173. La Boétie, Étienne, *La servidumbre voluntaria*, Página Indómita, 2020.

> derechos de propiedad más fuertes que tener cien millo-
> nes de dólares con una contraseña memorizada en la ca-
> beza o claves multifirma, todo lo demás es un derecho de
> propiedad más débil.
>
> MICHAEL SAYLOR

Si fusionamos estas propiedades únicas nunca vistas hasta Bitcoin con las características ancestrales que hemos ido seleccio-
nando orgánicamente durante siglos, nos daremos cuenta de
que Bitcoin cumple con el mayor grado de *dinerabilidad* de un
modo brillante. Dando como resultado una versión *gourmet* de
la forma por excelencia para transportar riqueza en el espacio y
en el tiempo.

Además de integrar los beneficios más deseados que hemos
visto hasta ahora en otras formas, como la portabilidad, durabilidad, divisibilidad o escasez, también reduce al mínimo los
costes de custodia, ya que puedes (y debes) autocustodiarlo, eliminando así la dependencia de intermediarios o terceros de
confianza. Al ser descentralizado, nos permite un acceso global
desde cualquier rincón del mundo con acceso a internet o a un
simple móvil.

> Los derechos de custodia a cinco mil millones de personas
> que nos permite Bitcoin no tienen precedentes, nunca ha
> habido una propiedad en la historia de la humanidad que
> le haya dado a la gente más derechos de propiedad.
>
> Si tienes un teléfono Android de 50 dólares en Zim-
> babue, puedes caminar con 10.000 dólares en bitcoins
> en tu bolsillo y nadie sabe que lo tienes, e incluso si te
> apunto con un arma para quitártelo, y te disparo, tam-
> poco lo conseguiría. Si bombardeo tu casa, tampoco lo
> obtendré, no puedo quitártelo sin tu voluntad y si consi-
> guieras un minuto libre, puedes enviarlo al otro extremo
> de la Tierra.
>
> No se puede hacer esto con tierras, no se puede hacer
> con el ganado, con el oro o la plata, o con una acción o un
> bono o con una propiedad inmobiliaria, no se puede ha-

cer con un montón de dinero en efectivo, ¿qué es mejor que Bitcoin? La respuesta es nada. Nada es mejor.

MICHAEL SAYLOR (2022)

Es habitual asociar Bitcoin a tecnología moderna y al mundo digital, pero lo más importante está en formato físico, tangible. Tu semilla o clave privada debe ser física, y no digitalizarse, los nodos de la red son físicos y también los *mineros* (máquinas especializadas que utilizan poder de cómputo para asegurar la red, recibiendo bitcoins como recompensa).

Del mismo modo, entendemos que Bitcoin vive en internet y que, por lo tanto, necesita de conexión a internet indiscutiblemente, pero en algunas circunstancias, aunque parezca difícil de creer, podríamos utilizar Bitcoin prescindiendo de conexión. No olvides que la esencia de Bitcoin es información (texto), por eso Bitcoin podría utilizarse incluso sin internet. Bitcoin permite la comunicación del valor a través del lenguaje. Podemos comunicar valor con Bitcoin igual que hablamos un idioma. Es el lenguaje internacional del valor.

La posibilidad de realizar transacciones de bitcoin sin una conexión a internet se ha explorado mediante varias tecnologías, por ejemplo SMS (servicio de mensajes cortos). Este método puede ser especialmente útil en regiones con acceso limitado a internet o durante interrupciones de dicho acceso en países en desarrollo o áreas rurales en regiones de África, América Latina y algunas partes de Asia. Aunque realizar transacciones de bitcoin a través de SMS puede parecer complejo, se basa en principios básicos de comunicación y criptografía.

Aunque parezca increíble, otra posibilidad es utilizar transmisores de radio de onda corta para enviar transacciones de Bitcoin. Esto permite a los usuarios realizar transacciones sin depender de internet, empleando en su lugar la red de radio global.

Por otro lado, de forma paralela e independiente, se transmiten bloques de Bitcoin y transacciones a través de satélites en el espacio, que cubren prácticamente todo el planeta. Esto permite a los usuarios recibir datos de la *timechain —blockchain* o cadena de bloques— de Bitcoin sin una conexión a internet, aunque para enviar transacciones todavía se necesitaría una forma de subir esa información a la red, pero no tendría que hacerlo el remitente de la transacción. Es decir, podrías crear la transacción sin conexión y transmitirla con cualquier sistema que permita enviar información, como una simple carta postal hasta un destinatario que sí pueda publicarla en internet para que se incluya en un bloque y se distribuya por los nodos globalmente. Esto se hace generando y firmando la transacción en un dispositivo seguro fuera de línea y luego llevando esa transacción firmada (impresa en papel, en formato código QR o descargada en un archivo y transportada en una tarjeta SD) a un dispositivo en línea para su retransmisión por la red (*broadcasting*).

También podríamos crear un *paperwallet* que contenga la única copia de las claves privadas y entregar ese papel como si se tratase de un billete fíat para realizar una transacción económica (las claves privadas asociadas deberían poseer fondos en BTC por la misma cantidad a la transacción económica ejecutada). Éste no es un método seguro ni recomendable, pero es posible.

Existen otras soluciones parecidas, pero en formato USB, que actuaría como un sello inviolable para almacenar y gastar bitcoin de forma similar al efectivo físico; o también en formato tarjeta recargable para gastar de forma sencilla por NFC (*contactless*).

Cada uno de estos métodos tiene sus propias limitaciones y consideraciones de seguridad. Por ejemplo, la transmisión de datos a través de redes de malla o radio puede ser menos segura que una conexión a internet cifrada, y los satélites requieren hardware específico para recibir señales. La elección del método dependerá de las circunstancias específicas del usuario, incluyendo sus necesidades de seguridad, accesibilidad y privacidad.

Estos casos de uso fortalecen la premisa de que nos encontramos ante la comunicación de valor más resistente a la censura que ha existido en la historia. Como hemos visto anteriormente, una clave privada o una transacción pueden estar representadas en infinitas versiones: texto, códigos QR, imágenes, sonido, código morse, obras de arte, emojis, señales de humo, mímica o cualquier sistema para transmitir un mensaje. Por eso Bitcoin se convierte en un sistema incensurable, porque no hay forma de coartar o prohibir las matemáticas y todos los mensajes de comunicación existentes.

La revelación singular

Seguro que ya estás vislumbrando por qué Bitcoin es tan especial y los motivos por los que supone un cambio completo para el mundo que conocemos, convirtiendo este sistema en imparable, independientemente del Estado, el gobierno o el partido político de turno.

Sin ningún titubeo, podemos asegurar que la creación de Bitcoin supone uno de los mayores puntos de inflexión para la raza humana, porque supone el descubrimiento de la escasez absoluta matemática alcanzada en el reino digital. Es un concepto que siempre ha estado ahí, como las matemáticas o la física, pero hasta su descubrimiento por parte de Satoshi no habíamos podido implementar su aplicación real. Del mismo modo que sucede con la óptica, por ejemplo. La luz ya estaba ahí antes de nuestra existencia, la reflexión y la refracción de la luz han sido observadas y estudiadas desde la antigüedad, pero fue en el siglo XVII cuando científicos como Isaac Newton y Christiaan Huygens comenzaron a desarrollar teorías matemáticas precisas sobre el comportamiento de la luz para más adelante inventar las lentes ópticas que permiten ver correctamente a tantas personas.

Más adelante nos sumergiremos en lo que implica esta nueva era del Bitcoinismo, pero antes es imprescindible que interiorices todo su potencial y sus bondades, por eso vamos a hacer un repaso de todas las características que la humanidad ha considerado valiosas en la historia y cómo Bitcoin cumple con el mayor grado de *dinerabilidad*. Además de otras cuestiones adicionales que no son atribuibles a ninguna otra forma o activo alternativo.

Cuando comprendes el valor de Bitcoin, entiendes que no tiene competidores, no hay un segundo mejor. En ese momento, deja de tener sentido pensar en el corto plazo, tu preferencia temporal cambia y los intercambios por el activo más valioso se piensan dos o tres veces antes de ejecutarse. Desprenderse de lo que tiene valor para adquirir otras cosas con menos valor no te lleva a buen puerto.

El que vende, muere.

RAMÓN ARECES,
fundador de El Corte Inglés

21 motivos

Vamos a enumerar las 21 cualidades, utilidades y beneficios de Bitcoin como sistema o red, además de bitcoin como activo, que lo convierten en uno de los inventos más valiosos conocidos por el ser humano. Entender esta lista te ayudará a profundizar en las repercusiones del Bitcoinismo y facilitará la comprensión de la nueva era.

1. **Escasez:** Bitcoin es el activo más escaso del universo conocido, con una oferta total predefinida, inflexible y finita en un máximo de 21 millones de unidades, con un calendario de emisión exacto y conocido previamente hasta su finalización.
2. **Divisibilidad:** cada unidad puede fraccionarse para subdividirse hasta en una cienmillonésima parte (100.000.000 de subunidades por cada BTC). La unidad más pequeña sería 1 satoshi o 0,00000001 BTC. —En segundas capas como Lightning Network se puede subdividir con más decimales y la unidad más pequeña es el milisatoshi.
3. **Durabilidad:** no se deteriora o desgasta con el tiempo. Al ser digital, su integridad se mantiene en el ciberespacio. No lo confundas con el formato en el que almacenas o custodias la información para controlar los fondos que posees.
4. **Portabilidad:** es fácilmente portable y transmisible, al tratarse de información incluso podría estar almacenado en tu mente como un recuerdo, una idea o un secreto.

5. Es un **seguro** para el futuro ante imprevistos o eventos inesperados, tanto financieros como políticos o incluso meteorológicos.

6. **Accesibilidad global:** está disponible desde cualquier parte del mundo, abierto para todos, de libre asociación y desasociación, lo que permite que sea utilizado sin necesidad de pedir permiso.

7. **Sin límite de uso:** no se desgasta ni deteriora con el tiempo, ni se limita su uso.

8. **Activo real** (un bien presente) y **digital**, sin riesgo de contrapartida.

9. **Depósito de valor:** Bitcoin se especializa en la función de depósito de valor para transportar riqueza en períodos largos de tiempo.

10. **Inconfiscable** e **inexpropiable:** con una buena autocustodia y privacidad, Bitcoin es imposible de confiscar.

11. **Extrema liquidez:** opera en un mercado global los 365 días del año.

12. **Coste mínimo de custodia o almacenamiento**.

13. **Primer y único libro contable mundial sobre la verdad con un registro inmutable** de derechos de propiedad real y digital. Todo lo que sucede en Bitcoin es infalsificable y verificable en tiempo real de forma global y pública desde su origen.

14. **Neutralidad e igualdad jurídica:** no distingue entre edades, razas, sexos, nacionalidades, religiones, diferencias físicas o funcionales. Tampoco entre seres, dando cabida a la utilidad por parte de todo tipo de seres vivos, terrestres o extraterrestres, incluidas máquinas, robots o inteligencias artificiales.

15. **Apolítico**, **agnóstico** y sin fronteras (global y descentralizado).

16. **Resistente a la censura** por su independencia de terceros o intermediarios. Además, las transacciones son irreversibles y se registran permanentemente en la *blockchain*.
    —El registro **más inmutable** que existe por su naturaleza distribuida y por su modelo de consenso.

17. **Cuantificable** y **auditable** globalmente en tiempo real, sin vacaciones ni descansos.
18. Bitcoin es el **colateral** más eficiente para préstamos internacionales sin ceder datos personales y sin necesidad de *scoring* financiero o crediticio.
19. Bitcoin es el sistema más **robusto** y **seguro** del planeta, asegurado por la mayor capacidad de cómputo jamás igualada, y verificada por miles de nodos repartidos por la Tierra —de momento.
20. Bitcoin es un nuevo estándar global para poder **medir el valor y el tiempo** independientemente de tu país, cultura, orientación política o religión.
21. Bitcoin es el catalizador de nuevas fuentes de **energía** (**naranja**) que hasta entonces no eran tan eficientes o que estaban siendo desperdiciadas.

> Bitcoin resuelve una necesidad humana básica: la preservación y transferencia de riqueza de forma segura en el tiempo y el espacio; y lo consigue perfeccionando las siguientes cualidades: seguridad, minimización de confianza, inmutabilidad, bajo coste de preservación y verificación, y escasez.
>
> EMÉRITO QUINTANA

Espero que hayas podido descubrir hasta ahora lo asombroso y fascinante que es Bitcoin, pero esto no acaba aquí. En el siguiente capítulo descubrirás una dimensión sobre Bitcoin que muy probablemente jamás hayas imaginado...

7

Bitcoin: un ser vivo simbiótico

«Parece un sistema vivo», dijo Emérito Quintana. En palabras de Jameson Lopp (2022), Bitcoin es una nueva forma de vida: la electricidad es su comida, internet es su sistema circulatorio, los mineros son su corazón, los bloques son los latidos, los nodos son las células blancas y los participantes humanos son las neuronas.

Yo te pregunto, ¿y si realmente Bitcoin fuera un nuevo ser vivo digital?

Puede parecer el resultado de algún consumo de alucinógenos, enteógenos o psicotrópicos, pero te invito a hacer de nuevo un ejercicio de apertura mental. No olvides lo que decía Einstein sobre abrir la mente.

> Bitcoin es la cristalización de décadas de avances en diferentes áreas de conocimiento, avances conseguidos por miles de mentes brillantes, concentrados en un protocolo con reglas fijas y sencillas; un conjunto de reglas que parece un sistema vivo, extendiéndose y adaptándose a su entorno para protegerse a sí mismo.
>
> EMÉRITO QUINTANA

Es cierto que puede sonar desorbitado la primera vez que te lo planteas, pero vamos a imaginar juntos con base en los hechos y el empirismo para profundizar en esta idea, ¿qué entendemos por ser vivo? De manera muy resumida un ser vivo es un sistema abierto que mantiene una homeostasis, que está compuesto de células, que tiene un ciclo de vida, que experimenta un cierto metabolismo, que crece, se adapta a su ambiente, responde a estímulos, se reproduce y evoluciona. Esta definición encaja con todo tipo de seres vivos, desde una bacteria hasta un sistema más complejo como nosotros, los humanos.

Otra forma alternativa de definir a los seres vivos es mediante el concepto de autopoiesis,[174] introducido por los doctores Humberto Maturana[175] y Francisco Varela.[176,177] La idea es definir a los sistemas vivientes (biológicos) por su organización más que por un conglomerado de funciones. Un sistema se define como autopoiético cuando las moléculas producidas generan la misma red que las produjo y especifican su extensión. Los seres vivos son sistemas que viven mientras conservan su organización. Todos sus cambios estructurales son para adaptarse al medio en el cual ellos existen. De la misma forma, podemos decir que Bitcoin cumple en cierto modo con estos parámetros.

En primer lugar, es un sistema abierto que puede intercambiar información y o materia con su entorno. En el caso de Bitcoin, no puede intercambiar materia con masa que ocupe espacio físico, pero si intercambia energía y mucha información; está hecho de información, como veíamos anteriormente, tanto el código como las transacciones, las direcciones o las claves son información, todo está sintetizado en texto.

Es un sistema que mantiene homeostasis,[178] entendiendo que

174. «Autopoiesis», *Wikipedia*, <https://es.wikipedia.org/wiki/Autopoie sis>.

175. «Humberto Maturana», *Wikipedia*, <https://es.wikipedia.org/wiki/ Humberto_Maturana>.

176. «Francisco Varela», *Wikipedia*, <https://es.wikipedia.org/wiki/Fran cisco_Varela>.

177. Maturana, Humberto; y Varela, Francisco, *De máquinas y seres vivos: una teoría sobre la organización* biológica, Chile, 1972.

178. «Homeostasis», <https://definicion.de/homeostasis/>.

la homeostasis (del griego *hómoios*, 'igual', 'similar', y 'estado', 'estabilidad') es una propiedad de los organismos[179] que consiste en su capacidad para mantener una condición interna estable[180] compensando los cambios en su entorno mediante el intercambio regulado de materia y energía con el exterior (metabolismo).[181] En los seres humanos se hace a través de la ingesta de alimentos y expulsión de desechos, el efecto osmótico que regula el agua corporal o el intercambio de oxígeno y dióxido de carbono que se necesita para vivir.

Cualquier ser vivo necesita procesar el alimento que ingiere para transformarlo en energía. Bitcoin también vive de energía y lo hace de forma similar, su aparato digestivo son máquinas repartidas por todo el mundo transformando energía eléctrica en fuerza computacional (prueba de trabajo), conocido también como *hashrate,* que es la capacidad de cómputo de la red. Cuanto mayor sea el número de estas máquinas (mineros) que participan en el sistema, mayor será el *hashrate.*

La homeostasis de Bitcoin

Bitcoin es capaz de hacer homeostasis, regulando la dificultad con la que se obtienen recompensas por cerrar un nuevo bloque cada 2.016 bloques, y seguir aumentando la cadena. Este ajuste está diseñado para mantener el tiempo promedio entre la creación de bloques en unos diez minutos, lo cual es crucial para la seguridad y la estabilidad del sistema.

En 2021 tuvo lugar la caída de *hashrate* más grande de la historia[182] por una gran represión del gobierno chino contra la

179. «Ser vivo», *Wikipedia*, <https://es.wikipedia.org/wiki/Ser_vivo>.

180. «Estado estacionario», *Wikipedia*, <https://es.wikipedia.org/wiki/Estado_estacionario>.

181. «Metabolismo», *Wikipedia*, <https://es.wikipedia.org/wiki/Metabolismo>.

182. Esparragoza, Luis, «Bitcoin tiene la caída de *hashrate* más grande de su historia», *Cripo Noticias*, 28 de junio de 2021, <https://www.criptonoticias.com/mineria/bitcoin-caida-hash-rate-grande-historia/>.

minería de Bitcoin, lo que generó un éxodo masivo de mineros de Bitcoin desde China hacia otros lugares del mundo. En aquel momento, China suponía el 60 por ciento del poder de minado de Bitcoin y la seguridad se redujo junto al poder computacional en más del 50 por ciento respecto a su máximo histórico.

Este suceso supone algo similar a una pérdida sanguínea de 2-2,5 litros de los 5 que tiene un ser humano tras una cirugía, lo que podría llegar a destruir por completo cualquier sistema, al no tener los mecanismos necesarios para mantener la homeostasis. En el caso de Bitcoin, muy lejos de morir supo cómo adaptarse y no sólo cambió la geografía de la minería de Bitcoin en tan sólo unos días, sino que también llevó a una mayor descentralización de la red. Al dispersar el *hashrate* entre una gama más amplia de países potenció la antifragilidad, aumentando la seguridad y la robustez del sistema. Igual que el cuerpo puede combatir esa pérdida sanguínea con la administración de fluidos, fármacos vasopresores e inotrópicos aumentando el volumen, el flujo sanguíneo y la resistencia de las tuberías por las que circula la sangre permitiendo al sistema tener tiempo para regenerarse.

Lo que no lo mata, lo hace más fuerte

Tan sólo un mes más tarde de esta sacudida, después de realizar la homeostasis, volvió a los rigurosos diez minutos por bloque como un reloj suizo. Este acontecimiento ratifica que también cumple con la definición de ser vivo en cuanto a que se «adapta a su ambiente». Bitcoin demostró asombrosamente cómo puede reajustarse de la manera exacta que requiere para volver a su estado de equilibrio natural, sobrepasando los retos y adversidades que ocurren en el reino terrenal. Para comprender la resiliencia y la antifragilidad de Bitcoin, es muy ilustrativo visualizarlo como la hidra de Lerna, un monstruo de la mitología griega que tenía múltiples cabezas y cada vez que una cabeza era cortada dos más crecían en su lugar. Este monstruo se convirtió en un símbolo de la naturaleza fractal e impredecible del cambio en constante evolución.

Bitcoin es como una hidra antifrágil

Por ejemplo, para resistir ante cualquier posible ataque de computación cuántica, Bitcoin simplemente tendría que prescindir de esa cabeza afectada y utilizar otra cadena paralela más resiliente a través de un *hard fork* (bifurcación de la cadena) con los cambios pertinentes, como un nuevo algoritmo anticuántico que aguante este tipo de ataques para siempre, aumentando así su antifragilidad sucesivamente con cada ataque.

El conocido investigador y financiero libanés, Nassim Nicholas Taleb, autor de numerosos libros, empleó el concepto de antifragilidad para describir sistemas que se benefician del estrés, la volatilidad y la incertidumbre. A diferencia de los sistemas frágiles, que se descomponen y se rompen ante el estrés, los sistemas antifrágiles se vuelven más fuertes y resistentes a medida que son expuestos a presiones externas.[183]

Bitcoin cumple con esta definición por su naturaleza, es una red descentralizada y autónoma. Bitcoin tiene por sangre el valor y se mueve gracias a la energía como cualquier ser vivo, es inmutable e incensurable porque cada transacción de la red es verificada y validada por múltiples nodos sin que exista un punto central de fallo, y se registra de manera permanente en la cadena de bloques. Cualquier intento de manipular o alterar la información en la cadena de bloques es detectado y rechazado por la red. Ese rechazo es muy similar al que los humanos y otros seres vivos hacemos cuando un virus quiere atacarnos. Nuestras células se encargan de reconocer al virus y generar anticuerpos que eliminarán las interferencias en el sistema y aprenderán a combatir futuras amenazas similares. Cada vez que se produce una amenaza externa a la red, como un intento de manipulación o censura, la red de Bitcoin se adapta y evoluciona para hacer frente a la amenaza, fortaleciéndose aún más y volviéndose más resistente a medida que evoluciona.

183. Taleb, Nassim Nicholas, *Antifrágil: las cosas que se benefician del desorden*, Paidós, Barcelona, 2013.

Huesos fracturados en Bitcoin

Otro buen ejemplo para comprender cómo Bitcoin se beneficia de su exposición a ataques y dificultades es el funcionamiento de reparación óseo. Cuando un ser vivo con esqueleto se fractura algún hueso, el cuerpo inicia un proceso denominado osteogénesis, donde el callo óseo se forma en el sitio de la lesión, reforzando el hueso afectado. Esta adaptación natural ilustra cómo sistemas biológicos se robustecen tras enfrentar daños. Análogamente, la red Bitcoin se fortalece tras cada ataque. La comunidad detecta fallos, implementa soluciones y mejora el sistema, incrementando su seguridad y resistencia, similar a cómo el callo óseo repara el hueso en la zona.

Un suceso real que ilustra este proceso podría ser el *bug* (error de código) que detectó Satoshi en 2010 y que literalmente podría haber dado lugar a la creación de infinitas unidades de bitcoin. Rápidamente, se detectó y reparó con un parche en el software de cliente Bitcoin Core y en un par de días toda la red corría en una nueva versión sin el *bug*. Un ejemplo muy similar a la fractura de un hueso ya que el resultado final no es exactamente igual que el punto de partida, sino que hay una reparación añadida que fortalece al sistema completo.

Bacterias, virus e infecciones en Bitcoin

Del mismo modo, el proceso que subyace al funcionamiento para combatir y aprender de las infecciones víricas es muy similar. Cuando un virus o una bacteria penetra en un organismo, el sistema inmunológico aprende a neutralizarlo. Este aprendizaje fortalece y prepara al organismo para enfrentar futuros ataques de antígenos similares. En Bitcoin es un proceso habitual y constante. Por ejemplo, una situación tan simple como una transacción errónea en el sistema será purgada por el protocolo y nunca será validada por los nodos. Como si se tratase de una bacteria maliciosa o una toxina que el sistema inmune detecta y defiende rechazándola. De la misma forma que nos deshacemos de células muertas o dañadas tras verse afectadas por una bacteria o un virus.

Puede haber un ataque mucho más grave en el sistema, como una enfermedad terminal, dónde las células sufren una mutación que genera un desarrollo anormal de la división celular permitiendo la reproducción sin control y destruyendo la homeostasis, provocando daños graves que pueden destruir al ser vivo. Podríamos decir que Bitcoin estuvo muy enfermo entre 2015 y 2017 cuando se libró un conflicto entre la comunidad, mineros y desarrolladores tratando de encontrar la mejor solución para escalar la red y ayudar a la adopción masiva de usuarios sin problemas. Se trató de ampliar el tamaño de los bloques, pero este cambio no era del agrado de toda la comunidad, y como cualquier sistema vivo, entendió que implantar el cambio no era beneficioso para el conjunto del organismo, ya que había una minoría de células que estaban actuando en contra. Finalmente, como si de un proceso fisiológico de excreción de desechos se tratase, se acabó expulsando a la parte que estaba generando discordia y el sistema excretó a la minoría conflictiva conocida como *bitcoin cash* a través de una bifurcación de la cadena (*hard fork*).

El sistema originario de Bitcoin logró un consenso en ese proceso de homeostasis y metabolismo, consiguió superar el conflicto para continuar gozando de salud. Si tienes más interés por este tema, Jonathan Bier narra en detalle todo lo sucedido en su libro *The blocksize war*, que además tiene un prólogo magnífico de Miguel Vidal.[184]

Después de esta guerra interna, Bitcoin integró actualizaciones respecto a las transacciones y la escalabilidad en segundas capas como *Lightning Network*, que permite transacciones más baratas y más rápidas. Además, Bitcoin sigue un orden muy establecido para integrar nuevas propuestas de mejora a través de los conocidos BIP (*bitcoin improvement proposal*), que sirven para introducir nuevas características y mejoras al protocolo Bitcoin y pueden cubrir una amplia gama de temas, mejoras técnicas, cambios de protocolo y actualizaciones de red. Ésta es la manera en la que el sistema evoluciona como cualquier otro ser vivo.

184. Bier, Jonathan, *The blocksize war: la guerra por el control de las reglas del protocolo de Bitcoin*, Prometea, 2023.

Las células que componen a Bitcoin

Para entender cómo funcionan las células que componen el sistema de Bitcoin debemos comprender qué es un nodo. Un nodo es esencialmente un ordenador, una especie de calculadora o en esencia un ábaco más avanzada tecnológicamente, cuya función principal es simplificar y hacer más eficiente el trabajo al ser humano. Básicamente convierte una acción humana en un resultado comprensible y más eficaz, como una extensión del intelecto que lo controla. En teoría, nosotros mismos podríamos hacer a mano todo este proceso —recuerda que es pura información—, desarrollando todos los cálculos e interpretaciones de lo que está sucediendo en el sistema, pero somos muy lentos e ineficientes como seres humanos y el tiempo es lo más escaso de nuestras vidas, por ello necesitamos valernos de esta extensión tecnológica para acelerar un proceso mecánico.

Así lo expresa David Sanz de *Bitcoin Bridge* en nuestra conversación del episodio B6 en *Bitcoinismo Podcast*: «El software de cada nodo es sólo una herramienta que permite a nuestros cerebros verificar el protocolo de Bitcoin como una extensión de nosotros mismos. Los nodos somos nosotros».[185]

El funcionamiento de los nodos de Bitcoin puede compararse con los sistemas automáticos del cuerpo, controlados por el sistema nervioso autónomo. De la misma manera que la respiración, los latidos del corazón, la digestión, la regulación de la presión arterial, la temperatura corporal o las respuestas del cuerpo al estrés, funcionan sin pensamiento consciente, los nodos de Bitcoin operan automáticamente para regular la red.

Si entendemos que las células de Bitcoin son los miles de nodos replicados por el mundo y que, en realidad, estos dispositivos simplemente son una herramienta extendida de nosotros mismos que nos permite interactuar con el sistema de Bitcoin, como una especie de traductor de idioma humano a idioma máquina,

---

185. «¿Qué es realmente Bitcoin? ¿Por qué es tan especial? con David | B6» [vídeo], YouTube, 11 de febrero de 2024, <https://youtu.be/sqFBYEoTV_s?si=wB6m4zvlpt5vNlWH>.

podríamos deducir que cada usuario es parte del organismo de Bitcoin. De una forma u otra somos Bitcoin.

Los nodos y el software que ejecutan son una extensión de nosotros que nos permite verificar e interactuar con el protocolo de Bitcoin.

Bitcoin es un ser vivo y nosotros somos parte.

DAVID SANZ

Bitcoin se reproduce como un hongo

La reproducción, entendida como replicar tu código genético, es la capacidad de generar copias parecidas del mismo organismo, ya sea sexual o asexualmente. Podríamos decir que Bitcoin se reproduce de una manera similar al proceso de mitosis, el proceso de división celular en el que una célula madre se divide para formar dos células hijas genéticamente idénticas, cada una con el mismo número de cromosomas que la célula madre.

Cada vez que un usuario habla de Bitcoin a otra persona que no lo conoce, se interesa y se adentra cada vez más en la madriguera interminable, estudia para comprenderlo mejor y utiliza Bitcoin, el sistema está siendo replicado. Este proceso se parece a la reproducción y crecimiento de un hongo. Los hongos presentan una enorme variedad en sus ciclos de vida, con algunas especies que sólo se reproducen de manera asexual, otras que sólo se reproducen sexualmente, y muchas que pueden alternar entre ambos métodos dependiendo de las condiciones ambientales. Esta flexibilidad reproductiva es una de las razones por las cuales los hongos son tan exitosos en colonizar una amplia gama de hábitats. Cuando las esporas germinan, crecen formando nuevas redes de micelios. El micelio,[186] la estructura vegetativa subterránea de los hongos, se expande a través del suelo o del sustrato que esté colonizando, absorbiendo nutrientes y, a su

186. «Micelio», *Wikipedia*, <https://es.wikipedia.org/wiki/Micelio>.

vez, puede producir más esporas para continuar el ciclo de reproducción y expansión.

El micelio puede continuar creciendo y expandiéndose mientras tenga nutrientes disponibles y condiciones favorables. Incluso, algunos hongos tienen ciclos de vida que pueden durar cientos y hasta miles de años.

A medida que crece, se crea un manto o red subterránea de micelios que puede ser extremadamente vasto y densamente conectado, actuando como una especie de internet natural que permite la comunicación y el transporte de nutrientes entre diferentes partes del hongo e incluso entre diferentes plantas y otros organismos. Este sistema interconectado ayuda a la descomposición de materia orgánica, contribuye a la salud del suelo y desempeña un papel crucial en los ecosistemas terrestres, formando redes extensas alrededor del mundo.

Entonces, ¿en qué punto nos hemos unido? ¿Nos hemos fusionado a Bitcoin, o por el contrario Bitcoin se ha fusionado a quienes interactuamos con el protocolo?

Cuando convives con Bitcoin tienes superpoderes

La mejor respuesta está en entender cómo funciona este proceso es acudiendo a la figura de Venom, el personaje de los cómics de Marvel, una raza de seres protoplásmicos que pueden formar un lazo simbiótico con otros seres vivos fortaleciéndolos y aumentando sus características intrínsecas. La simbiosis se lleva a cabo de modo fructífero cuando un organismo está muy estrechamente asociado con otro organismo vivo, de manera similar a la que Venom convive con Eddie Brock.[187]

Ambos sistemas, nosotros y Bitcoin, tenemos una vida mejor coexistiendo y cooperando en una relación simbiótica de ayuda mutua. Como seres humanos tenemos superpoderes gracias al sistema de Bitcoin que cohabita en nosotros.

187. «Eddie Brock», *Wikipedia*, <https://es.wikipedia.org/wiki/Eddie _Brock>.

En este momento, mientras lees estas líneas, tú también estás siendo cohabitado, poco a poco, con el Simbionte de Bitcoin. A través del intelecto se está transfiriendo a ti parte del sistema de Bitcoin. Una vez que adquieres estos superpoderes, eres capaz de transportar y transferir riqueza tanto en el espacio como en el tiempo, de una manera en la que antes eras incapaz. Puedes almacenar tiempo y energía sin que nadie pueda arrebatártelos, de un modo que nunca antes habíamos sido capaces.

No nos da alas o visión de rayos equis, pero sí nos da la capacidad de ver el mundo con otra perspectiva, permitiéndonos ver cosas que antes no veíamos, y nos aporta una libertad que no habíamos podido alcanzar. Son superpoderes financieros, económicos e intelectuales.

Por otro lado, Bitcoin no necesita de un único ser vivo como sucede con Venom, pero sí necesita alojarse en una serie de células/nodos/personas como nosotros, repartidas y replicadas por todo el mundo para que acojan a este Simbionte. Éste es el motivo por el que Bitcoin nos ayuda para que queramos alojarlo y nos motiva a reproducirlo en otros seres una vez que descubres los superpoderes que te aporta. Cuando Bitcoin se aloja en nosotros y nos da estos superpoderes, también empieza a extraer algo de todos y cada uno de nosotros. De una manera muy curiosa, Bitcoin detecta qué sabemos hacer bien cada uno de nosotros, y así comenzamos a emplear nuestras mejores habilidades en ayudar a Bitcoin. Quien sabe escribir código decide mejorar el software, quien sabe montar hardware empieza a construir herramientas para Bitcoin, quien es buen orador o educador empieza a explicar Bitcoin a los demás de la mejor forma posible para que más personas lo entiendan y aporten, y así sucesivamente. En mayor o menor medida, cada uno de nosotros ayuda a Bitcoin a reproducirse y a crecer. ¿Por qué? Es el Simbionte de Bitcoin haciendo su trabajo.

Puede sonar un tanto extraño o complejo de comprender en su totalidad, pero si dedicas el tiempo suficiente a comprenderlo, seguro que te sorprenderá su profundidad.

En resumen, entendemos que cualquier ser vivo cumple las características de la organización (a partir de las células que son sus entidades primordiales), la homeostasis (el equilibrio que existe en su interior), el metabolismo (la conversión de nutrientes en energía), la irritabilidad (respuesta ante estímulos exteriores), la adaptación (las especies vivas evolucionan para adaptarse al ambiente), el desarrollo (incremento de tamaño) y la reproducción (la capacidad de generar copias parecidas del mismo organismo, ya sea sexual o asexualmente).[188]

Después de este recorrido, podemos deducir que Bitcoin cumple con cada uno de estos procesos, lo que lo convierte en el primer ser vivo digital (nativo tecnológico) de la historia de la humanidad.

Puede que no tenga el aspecto que habíamos imaginado cuando pensamos en el primer robot o en un ente digital con vida propia. No es como nos lo han mostrado con base en las películas y novelas que han visto la luz en los últimos años, pero así es. Bitcoin no es un ser inerte, igual que sucede con Terminator o Robocop, pero sin una forma humana.

Ralph Merkle el genio prolífico inventor de algoritmos de criptografía, creador de sistemas de autentificación, investigador de nanotecnología y pionero en la preservación humana (criogenia), que aportó algunas de las piezas más importantes de Bitcoin como la criptografía de clave pública, el *hash* criptográfico o los árboles de Merkle, ya veía a Bitcoin como una nueva forma de vida:

> Bitcoin es el primer ejemplo de una nueva forma de vida. Vive y respira en internet. Vive porque puede pagarle a la gente para mantenerlo vivo. [...] No se puede cambiar. No se puede discutir con él. No puede ser manipulado. No se puede corromper. No se puede detener. [...] Si una guerra nuclear destruyera la mitad de nuestro planeta, continuaría viviendo, sin corromperse.

RALPH MERKLE

188. <https://definicion.de/ser-vivo/#:~:text=Un%20ser%20vivo%20es%20un,constante%20relación%20con%20el%20entorno>.

A muchos de nosotros, Bitcoin nos ha cambiado la vida y siempre lo llevamos en el corazón. Y como dice Gigi: «El latido del corazón de la red de Bitcoin superará a todos los nuestros».

¿Aún sigues dudando si Bitcoin da luz a una nueva era para la humanidad, cambiando por completo nuestra historia? Pasa a la siguiente página para averiguarlo.

8

Bitcoinismo

El movimiento histórico con nuevos estándares

Bitcoin supone un test de ego, pues desafía y evalúa todo lo que tenías preestablecido. Esto es especialmente cierto para aquellos con formación tradicional en economía o estudios muy asentados con ciertas creencias que han generado un coste hundido significativo.

A partir de este momento, descubrirás todo lo que supone la nueva era liderada por Bitcoin, aunque para algunos visionarios como Tim May no supone ninguna sorpresa:

> Dos personas podrán intercambiar mensajes, hacer negocios y negociar contratos electrónicos, sin saber nunca el nombre real o identidad legal de la otra parte.
>
> TIM MAY[189]

Tim May ya imaginó Bitcoin en 1988, y no iba nada desencaminado. Ahora es una realidad que trasciende la posibilidad de intercambiar valor de forma global.

189. May, Tim, *Manifiesto CriptoAnaqrquista 1988*, <https://es.scribd.com/document/504168850/Tim-May-Manifiesto-CriptoAnarquista-1988>.

Bitcoin asienta las bases para crear un nuevo ESTÁNDAR en mayúsculas, un estándar apolítico que no dependa de una nación o entidad concreta con privilegios. Ya entre 1976 y 1984, el intelectual economista Friedrich Hayek, apuntaba en la dirección correcta —teniendo en cuenta sus matices y la distancia temporal— con su famosa obra *La desnacionalización del dinero* y también nos regaló declaraciones proféticas como:

> No creo que volvamos a tener un buen dinero hasta que se lo quitemos al gobierno de las manos, es decir, no podemos quitárselo violentamente, todo lo que podemos hacer es introducirlo astutamente de tal forma que no lo puedan parar.
>
> FRIEDRICH HAYEK[190]

Asimismo, Carl Menger, padre fundador del pensamiento de la escuela austriaca de economía inaugurada con la publicación de su obra *Principios de economía política* en 1871, también predicaba con un discurso similar: «El dinero no es un invento del Estado. No es producto de un acto legislativo. En su origen, es una institución social y no estatal. La sanción por la autoridad estatal es una noción que le es ajena».[191]

Bitcoinismo supone la separación del dinero y el Estado

Estas ideas sientan las bases de lo que gracias a Bitcoin hemos conseguido. La era del bitcoinismo da inicio a la separación fehaciente y fidedigna del dinero y el Estado. Del mismo modo que sucedió con la separación entre la Iglesia y el Estado que se consolidó durante los siglos XIX y XX, así se asientan las bases para el estándar global del valor gracias a Bitcoin.

---

190. Hayek, Friedrich, *La desnacionalización del dinero*, Unión Editorial, Madrid, 1983.
191. Menger, Carl, *El dinero*, Unión Editorial, Madrid, 2013.

Es interesante observar que Satoshi Nakamoto decidió publicar oficialmente el *white paper* de Bitcoin el 31 de octubre de 2008 —casualmente o causal—. Esta fecha coincide con un evento histórico significativo: el 31 de octubre de 1517,[192] cuando Martín Lutero[193] publicó sus 95 tesis en la puerta de la iglesia del Castillo de Wittenberg (Alemania). Aunque dicha publicación no marcó directamente la separación entre la Iglesia y el Estado, sí sentó las bases para un proceso que se desarrollaría en los siglos siguientes. Las ideas de Lutero sobre la relación entre la fe y la autoridad civil desafiaron la supremacía de la Iglesia católica, contribuyendo al desarrollo de la tolerancia religiosa y la separación entre la fe y el poder político.[194]

El 3 de enero de 2009, Satoshi puso en funcionamiento Bitcoin, coincidiendo de nuevo —casual o causalmente— con otro evento crucial para Martín Lutero y la Reforma Protestante: el 3 de enero de 1521, cuando el Papa León X publicó la bula papal *Decet Romanum Pontificem*,[195] la respuesta oficial a 95 tesis de Lutero. La publicación de la bula aumentó las tensiones entre Lutero y la Iglesia católica y fortaleció la determinación de Lutero de desafiar la autoridad papal y contribuyó a la radicalización del movimiento protestante. Las acciones de Lutero tuvieron un impacto profundo y duradero en el mundo, no sólo en el ámbito religioso, sino también en el social, político y cultural. Su legado sigue siendo complejo y controvertido, pero sin duda es una figura clave en la historia de Occidente.

Satoshi también hizo otro guiño histórico a la crisis financiera mundial al incluir la portada del diario británico *The Times* del 3 de

192. Kenk, Julen, «El 31 de octubre de 1517: Martin Lutero publica sus 95 tesis, iniciando la reforma protestante», *El Orden Mundial*, <https://elordenmundial.com/hoy-en-la-historia/31-octubre/31-de-octubre-de-1517-martin-lutero-publica-sus-95-tesis-inicio-de-la-reforma-protestante/>.

193. «Martín Lutero», *Wikipedia*, <https://es.wikipedia.org/wiki/Martín_Lutero>.

194. Dalberg, John E. E.; Figgis, John N.; y Laurence, R. V. (eds.), *Historical Essays and Studies*, Kessinger Publishers, Estados Unidos 2007.

195. *Decet Romanum Pontificem*, *Wikipedia*, <https://es.wikipedia.org/wiki/Decet_Romanum_Pontificem>.

enero 2009 grabado de manera inmutable en el primer bloque de Bitcoin conocido como el *Bloque Génesis*. El titular decía así: «Canciller a punto de un segundo rescate para los bancos» (imagen 8.1).

**Imagen 8.1. Portada del periódico *The Times*
el 3 de enero 2009**

Fuente: Portada del periódico *The Times* el 3 de enero de 2009.

Aunque la idea de Bitcoin es anterior a su materialización, sus intentos por llevarlo a cabo se datan en más de veinte años previos al nacimiento de Bitcoin, con Digicash por parte de David Chaum en 1989; CyberCash en 1994 por Daniel Lynch, William Melton y Steve Crocker; E-gold en 1996 por el doctor Douglas Jackson y el abogado Barry Downey; B-money de Wei Dai en 1998, y Bit-gold de Nick Szabo en 1998 (gráfico 8.1).

Bitcoin es el descubrimiento culminado después de numerosos intentos de algo totalmente nuevo y desconocido para la humanidad hasta el momento, como los elementos químicos de la tabla periódica para la ciencia o un nuevo número para las matemáticas.

Gráfico 8.1. Prehistoria de Bitcoin cuarenta años antes

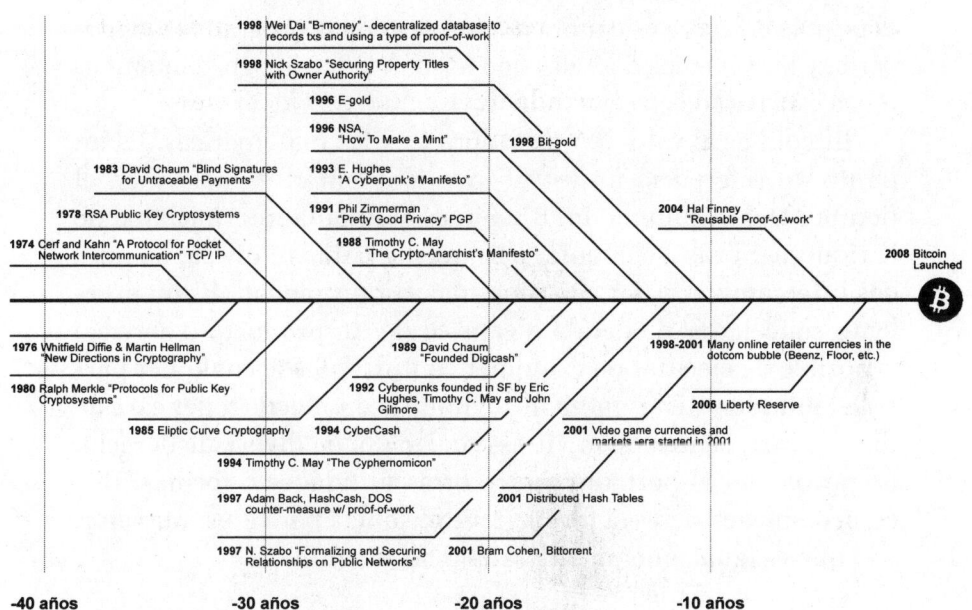

Fuente: Elaboración propia a partir del gráfico de @DanHeld.

Bitcoin es al valor lo que el cero es a las matemáticas

Hay muchos hitos históricos que cambiaron la concepción del mundo tal y como se percibía anteriormente. El número cero es uno de estos hitos, totalmente revolucionario porque introdujo una nueva forma de matemáticas al permitir representar el vacío o la nada y facilitar cálculos complejos. El cero apareció por primera vez en Babilonia[196] en el siglo III a. C., aunque su escritura en tablillas de arcilla se remonta a 2000 a. C. y el primer uso documentado corresponde al año 36 a. C., haciendo uso de la numeración maya.[197]

196. «Babilonia», *Wikipedia*, <https://es.wikipedia.org/wiki/Babilonia_(ciudad)>.
197. «Numeración maya», *Wikipedia*, <https://es.wikipedia.org/wiki/Numeración_maya>.

Desde entonces hemos podido desarrollar gran parte de la civilización que disfrutamos hoy en día, hasta tal punto que todo lo digital es posible gracias a este número, porque toda la programación moderna y los sistemas digitales que forman la tecnología contemporánea está basada en ceros y unos.

Bitcoin es al valor lo que el cero es a las matemáticas. Es un punto de referencia universal invariable en el espacio y en el tiempo. Del mismo modo, Bitcoin es el idioma internacional de la riqueza. Si vas a cualquier país que no hable tu divisa, no puedes intercambiar valor con ninguna otra propiedad. Es un excelente cancelador de deuda a cambio de un producto o servicio —posible de ejecutar en cualquier cantidad desde cualquier parte del mundo—. Es riqueza ultravitaminada. Puede tener cara de dinero, cara de inversión, de especulación, de divisa, de derecho de propiedad al portador, entre otras utilidades o formas. Bitcoin, como activo, es la forma por excelencia para atesorar valor, o lo que es igual, energía de trabajo no consumida.

El Ebionismo es lo opuesto al Bitcoinismo

El movimiento del Bitcoinismo es sinónimo de prosperidad y riqueza para quienes interioricen el potencial y aprovechen los beneficios de Bitcoin. Es sin duda, diametralmente opuesto al movimiento del Ebionismo que se manifestó en el siglo II y explica Escohotado en su obra *Los enemigos del comercio*. Los ebionitas surgieron después de la muerte de Jesús y la destrucción del Templo de Jerusalén en el año 70 d. C. Eran enemigos del comercio y para ellos la riqueza estaba mal vista. El nombre *ebionita* proviene del hebreo *ebionim*, que significa 'pobres', y refleja su énfasis en la pobreza como una bendición, pues la consideraban una virtud cristiana. Pero como dice el economista Rallo: «La pobreza no es una condición deseable, pero es la situación más común en la historia de la humanidad» y por supuesto, como dice el profesor Bastos: «La riqueza no es algo malo en sí misma, es el resultado del trabajo, la creatividad y la innovación».

Bitcoin, como red distribuida, es el estándar para comunicar valor globalmente sin censura. Hasta el comienzo del Bitcoinismo como nueva corriente histórica, las redes disponibles para transmitir valor no estaban interconectadas y siempre dependían de un tercero que aprobara o censurara la transacción.

Los costes del cliente cautivo

Hay economistas que dicen que bitcoin no funcionará nunca como dinero por los costes de cambio —los costes en los que incurre un consumidor o empresa al cambiar de un producto, servicio o proveedor a otro, incluyendo costes financieros, de tiempo y esfuerzo—, y el efecto red que ya está asentado entre quienes utilizan su deplorable dinero nacional. Provocan una sensación de «cliente cautivo». Se entiende muy bien con otros productos o servicios, como por ejemplo cuando tienes contratada una hipoteca en un banco, con seguros de todo tipo o con otros servicios financieros que dificultan el cambio de entidad bancaria, o cuando estás suscrito a un servicio de almacenamiento en la nube y tienes tantos gigas almacenados que moverlo a otro lugar para dejar de pagar la suscripción parece imposible. A pesar de que nos conviene hacer el cambio, no damos el paso definitivo por una especie de Síndrome de Estocolmo.

Tengamos en cuenta que vivimos en un mundo cada vez más globalizado y con menos fronteras, y que existen más de 180 divisas oficiales o *de facto* reconocidas por las Naciones Unidas, que funcionan por distintos circuitos financieros, lo que dificulta gravemente la interoperabilidad mundial, además de todas las limitaciones y problemas relacionados con los tipos de cambio en numerosos países. Al margen de que bitcoin no sea una simple divisa, tiene la utilidad residual de utilizarse como tal y sus facultades y utilidades sobrepasan el simple y trivial intercambio monetario.

Micropagos sin fronteras

Para facilitar y estandarizar el uso como medio de intercambio generalmente aceptado, se creó una red adicional llamada Lightning Network que funciona sobre el protocolo de Bitcoin, y desde 2018 ha ido creciendo cada vez más, ganando mayor tracción y uso. Sin entrar en demasiados tecnicismos, puedes imaginarlo como una red en la segunda capa que se soporta sobre la primera (el protocolo de Bitcoin). Esta red adicional está conectada a la red principal y permite hacer pagos instantáneos a un coste ínfimo sin necesidad de grabar las transacciones en la cadena de bloques original. Aunque lo relevante no es poder hacer pagos instantáneos a bajo coste, porque esta utilidad ya es viable a través de otras alternativas, lo realmente significativo es que abre las puertas a los micropagos.

Hasta 2018, no habíamos sido capaces de enviar valor en cantidades inferiores a la menor fracción que tu divisa nacional sea capaz de subdividir su moneda. Es decir, en el caso del dólar, la fracción más pequeña es 0,01 y no existe modo ni físico ni digital de poder transmitir cantidades inferiores. Incluso a nivel bancario, en muchas ocasiones tampoco es viable realizar transferencias por cantidades tan bajas representadas en centavos de dólar. Gracias a Lightning Network podemos enviar unos pocos satoshis al otro lado del mundo en cuestión de segundos sin problemas.

En una conversación en mi pódcast *Bitcoinismo*[198] con Napoleón, compartió una reveladora anécdota sobre la utilidad de esta red. Napo es conocido por ser el primer conductor de Uber en aceptar bitcoin en El Salvador y por esta razón le invitan a participar como *speaker* en algunas de las conferencias más importantes del mundo sobre Bitcoin donde hemos coincidido en varias ocasiones. Durante el primer evento de *Lugano's Plan ₿* en Lugano, Suiza, su hijo de 12 años lo llamó desde El Salvador

198. «Bit-Driver: El primer Uber que acepta bitcoin en El Salvador con Napo | B15» [vídeo], YouTube, 14 de abril de 2024, <https://www.youtube .com/watch?v=MxwMAF8HJmE>.

para pedirle 40 dólares por una urgencia en la escuela. Napo, en cuestión de minutos, usó una aplicación de Lightning Network en su smartphone para enviar el dinero equivalente a 40 dólares en bitcoin al otro lado del mundo. Su hijo lo recibió en unos pocos segundos. Concluyó la historia diciendo: «Yo me alegro de que bitcoin suba de precio, pero no es lo principal. Creo que poco a poco, con educación, el mundo se va a ir dando cuenta de que bitcoin es eso. Bitcoin te da libertad».

¿Te imaginas cómo hubiera podido resolver este problema sin la existencia de Bitcoin?

1. Un niño de 12 años no puede tener cuenta bancaria propia o pasarela de pagos para recibir transferencias de estas características.
2. Los sistemas de pagos o redes tradicionales no conectan fácilmente Suiza con El Salvador. Ya sea por conectividad interbancaria o por accesibilidad para abrir cuenta con documentación extranjera.
3. Incluso con una cuenta bancaria o cualquier servicio financiero que permita hacer transferencias desde Suiza a El Salvador, probablemente tiene unos costes tan altos como la cantidad que tenía pensado enviar en ese momento. Por lo que hace todavía más inviable enviar cantidades inferiores.
4. Además, en la mayoría de los casos, el tiempo que tardaría para que su hijo lo reciba, es muy probable que supere las 48 horas, y para ese entonces la urgencia habrá dejado de ser una emergencia.

Éste es sólo un ejemplo anecdótico de uso, pero lo más impresionante radica en el potencial de los micropagos. El pionero Nick Szabo, en su trabajo *Micropayments and mental transaction costs*,[199] explica cómo los costos mentales de las transaccio-

199. Szabo, Nick, «Micropayments and mental transaction costs», <https://www.fon.hum.uva.nl/rob/Courses/InformationInSpeech/CDROM/Literature/LOTwinterschool2006/szabo.best.vwh.net/berlinmentalmicro.pdf>.

nes representan una barrera para los micropagos, más allá de los costos monetarios. Szabo destaca que el esfuerzo mental requerido para decisiones sobre montos bajos es demasiado elevado, haciendo que no valga la pena. Sin embargo, las experiencias con Bitcoin y Nostr (un protocolo descentralizado para la transmisión de mensajes que permite la creación de redes sociales sin un servidor centralizado, asegurando privacidad y resistencia a la censura) sugieren un cambio importante: los micropagos se vuelven reacciones impulsivas, casi automáticas, reduciendo significativamente el costo mental, muy similar a los *likes* en redes sociales habituales. Este fenómeno podría desafiar teorías económicas existentes y abrir nuevas oportunidades comerciales, además de plantear retos regulatorios frente a transacciones financieras masivas, sin fronteras y sin necesidad de permisos.

Szabo también menciona los obstáculos tecnológicos y de interfaz como los mayores desafíos. Es necesario desarrollar interfaces y tecnologías que reduzcan efectivamente los costos mentales o barreras cognitivas asociados con los micropagos. Además, la estructura de costos de los proveedores influye en las decisiones de precios, y por ello muchos servicios de internet han optado por tarifas planas en lugar de micropagos para reducir estos costos mentales. El pionero bitcoiner español Félix Moreno de la Cova lo explica de este modo en una publicación:

> En un conocido artículo de 1937, Ronald Coase explicó la influencia de los costos de transacción. En 2001, Nick Szabo amplió esto explicando cómo el costo mental de las transacciones planteaba una barrera para los micropagos más allá de los costos monetarios.
>
> El esfuerzo mental requerido para tomar una decisión es demasiado alto para que valga la pena cuando la cantidad es demasiado baja. Es simplemente una pérdida de tiempo.
>
> En otras palabras... ni siquiera vale la pena preguntarse: «¿Hacer ⚡ zap o no ⚡ zap?» por unos cuantos sats.
>
> Nostr zaps es el experimento más grande jamás realizado en microtransacciones y está arrojando serias dudas sobre estas teorías. Cuando un zap está a sólo un par de clics de distancia, o incluso a un clic con algunos clientes, se vuelve tan trivial como un me

gusta. Se convierte en una reacción impulsiva. «Me gusta, luego hago zap.»

Me gusta mucho, por eso esto recibe un gran impacto.

El costo mental es mínimo. El tiempo perdido es minúsculo. La acción se vuelve reactiva, automática.

Estamos viendo que esto sucede ahora, a escala, en todo el mundo gracias a Nostr y Bitcoin. ¡Los datos que se generan son preciosos! Los economistas deberían estudiarlo detenidamente para revisar sus teorías. Los teóricos del marketing deberían estar obsesionados con las oportunidades de negocio. Los reguladores deberían darse cuenta de que su absurda vigilancia de las transacciones financieras es inútil frente a miles de millones de micro y nanotransacciones sin fronteras y sin permisos que ocurrirán todos los días cuando Nostr crezca hasta alcanzar millones de usuarios.

Aquí se está haciendo historia.

Del mismo modo, por exponer otro ejemplo ilustrativo, imagina a un periodista independiente, que publica en un blog. Podría recibir micropagos de sus lectores del mismo modo que recibe comentarios o reacciones en formato *like*. Lo mismo podría suceder en YouTube. Esto ya sucede en aplicaciones como Fountain para escuchar pódcast, donde los usuarios pueden enviar *boost* (pago vía *Lightning Network*) a sus creadores de contenido favoritos para generar un intercambio de valor por valor. Puedes escuchar allí mismo el pódcast con la historia de Napo o muchos otros en *Bitcoinismo Pódcast* y enviar unos satoshis como agradecimiento.

Ahora, imagina un caso similar al del periodista pero aplicado en Amazon y los *e-books*. Un lector podría comenzar a leer este mismo libro y hacer micropagos conforme va avanzando; cada vez que pasa una página o lee un nuevo párrafo hace un micropago proporcional al valor total del libro. De esta forma, si decide no terminarlo, no habrá pagado la totalidad del libro, sólo por aquello que ha consumido. Esto reduciría muchísimo la fricción de venta y se abriría un nuevo mundo con nuevos modelos de negocio innovadores e innumerables aplicaciones a través de los micropagos para la nueva era.

Sólo por lo señalado hasta ahora, independientemente de todo lo mencionado con anterioridad, ya supone un motivo suficiente para marcar una línea divisoria en la historia desde el nacimiento de Bitcoin y catalogar esta nueva era en su nombre. Aunque Bitcoin no sólo supone el estándar global del valor por excelencia, también funciona como estándar del tiempo.

Bitcoin y su capacidad para realizar micropagos sin fronteras ni límites tiene el potencial de cambiar radicalmente cómo los emprendedores del futuro pueden enfocar sus modelos de negocio y cómo cualquier empresa puede alcanzar a sus clientes. En resumen, revolucionar la forma en que se aporta y se recibe valor a una escala mundial.

Bitcoin como estándar global del valor

Bitcoin no es fácil de utilizar como unidad de cuenta monetaria para expresar el valor de bienes y servicios económicos debido a su intrínseca volatilidad, aunque tampoco es imposible, ya que unidades de cuenta como el peso argentino o el bolívar venezolano, a pesar de sus grandes fluctuaciones, se han estado utilizando normalmente en sus respectivos países. Al ser un activo finito, Bitcoin siempre fluctuaría en función de la demanda, manteniendo su oferta finita. A diferencia de la tendencia de devaluación constante de las divisas mencionadas anteriormente, en Bitcoin es más probable que la tendencia sea la contraria, apreciándose respecto a los bienes con oferta alterable. Mientras que otras divisas pueden ajustar su oferta en función de la demanda para reducir la volatilidad en detrimento y pérdida de poder adquisitivo de todos los que atesoran dicha divisa, con Bitcoin eso no es posible y cada modificación en la demanda se traduce en su totalidad en una alteración del precio porque la oferta no cambia y es conocida de antemano.

Por lo tanto, no sabemos si algún día funcionará como estándar mundial de unidad de cuenta para facilitar la comparación de precios y manifestar el valor de los diferentes bienes a través de los precios de mercado. De todas formas, tampoco es necesario que así sea para tener un valor deseable universalmente como sucede con el oro. Lo que sí sabemos en la actualidad es que Bitcoin resuelve problemas históricos, no sólo tecnológicos, aunque utilice tecnología para hacerlo, que lo convierten en hegemónico para funcionar como un estándar internacional.

Algo similar sucede a escala global con el protocolo estándar de internet TCP/IP,[200] que por su masiva adopción e integración en la infraestructura tecnológica mundial se ha enraizado profundamente, generando un coste altísimo de cambio hacia otros protocolos y provocando que cualquier reemplazo requiera un esfuerzo colosal y una cooperación internacional. Este tipo de protocolos estándar son difícilmente sustituibles debido a su fundamental papel como columna vertebral de internet y no tiene sentido sustituir su labor a estas alturas mientras su funcionamiento sea correcto. La fosa abismal defensiva que crea respecto a sus posibles competidores aumenta con cada minuto que pasa, haciéndose más infranqueable.

Bitcoin está en este mismo proceso. A medida que crece el sistema por el efecto red y es adoptado por más personas, empresas, instituciones o incluso naciones, también va creciendo el abismo defensivo y el coste de cambio. Teniendo en cuenta que para cambiar al estándar de Bitcoin ya hay muchas de estas barreras y el cambio sólo se llega a realizar cuando lo que te aporta o facilita el cambio es muchísimo mayor que la alternativa anterior. El cambio debe compensar enormemente. También puede suceder cuando no queda otra opción, porque la opción anterior esté en declive, porque no tenga los recursos para competir o porque, directamente, se autodestruya.

El argentino empresario, pionero en tecnología financiera Wences Casares, CEO de Xapo Bank y fundador de Internet Argentina, Wanako Games, Patagon, Lemon Wallet y Banco Lemon, lo resume de una manera brillante: «El mundo ya tiene un estándar global apolítico de medida con el metro, y un estándar global apolítico de peso en el kilo. ¿Te imaginas un mundo en el

200. «Protocolo de control de transmisión», *Wikipedia*, <https://es.wikipedia.org/wiki/Protocolo_de_control_de_transmisión>.

que cambiemos periódicamente la longitud del metro o el peso del kilo según consideraciones políticas? Sin embargo, eso es lo que estamos haciendo con nuestro estándar de valor. Hoy utilizamos el dólar estadounidense como estándar mundial de valor, lo cual es mucho mejor que nada, pero bastante imperfecto: ha perdido un valor significativo desde su creación, es difícil saber cuántos dólares quedarán en circulación en el futuro y, cada vez más, la capacidad o la imposibilidad de utilizarlo como plataforma depende de consideraciones políticas. El mundo estaría mucho mejor con un estándar de valor global apolítico.

Sólo los bancos pueden participar en la mayoría de las redes de liquidación (como SWIFT, Fedwire, ACH en Estados Unidos, CHAPS en el Reino Unido, SEPA en Europa, Visa y Mastercard, etcétera). Los individuos, las corporaciones y los gobiernos sólo pueden acceder a estas redes de liquidación a través de los bancos. Cualquier otro individuo, corporación o gobierno en cualquier parte del mundo, en tiempo real y gratis, las 24 horas del día, los 7 días de la semana y los 365 días del año.

Bitcoin haría al dinero lo que internet hizo con la información.

En un mundo en el que Bitcoin triunfa, todas las monedas pueden cotizarse en satoshis (la fracción más pequeña de un bitcoin). Cuando tu nieta pregunte cuál es el precio del dólar neozelandés puede que reciba una respuesta en satoshis: el dólar neozelandés hoy cuesta 72 satoshis. ¿Y el precio de la lira turca? 21 satoshis hoy. ¿El dólar estadounidense? 107 satoshis hoy. ¿Un barril de petróleo? 5.600 satoshis hoy. ¿PIB mundial? 97.356.765 bitcoins. ¿El PIB de Indonesia? 1.417.007 bitcoins. ¿Las reservas del Banco de la Reserva de Sudáfrica? 53.230 bitcoins. Entiendes la idea. Entonces todos estos valores serían fácilmente comparables a través del tiempo y entre geografías.

Cuando su nieta pregunte: «Abuelo, ¿cómo hacían un seguimiento de todas estas cosas cuando no tenían Bitcoin?», su respuesta será «Usamos el dólar estadounidense». Entonces ella puede preguntar: «¿En serio? ¿Pero no es ésa la moneda de Estados Unidos?». Después de que usted diga que sí, ella puede preguntarle: «¿Y cómo realizó un seguimiento del dólar estadounidense?». A lo que dirás «Bueno... principalmente en euros, a veces en yenes, francos suizos u otras monedas dependiendo de lo que estuviéramos hablando».

Quizás piense que éramos raros.

Bitcoin como estándar global del tiempo

> Se necesita una herramienta relacionada con el tiempo para establecer un ordenamiento canónico y hacer cumplir una historia única en ausencia de un coordinador central.
>
> GIACOMO ZUCCO (2019)

Para que la medición del tiempo tenga utilidad necesitamos ser objetivos sobre el «ahora», un punto en el tiempo que conecta el pasado con el futuro. En Bitcoin, este «ahora» se representa por el bloque más reciente en la cadena con la carga de prueba de trabajo acumulada. Satoshi lo tenía claro cuando dijo: «Necesitamos un sistema para que los participantes se pongan de acuerdo sobre una historia única. [...] La solución que proponemos comienza con un servidor de marcas de tiempo». Gracias a cómo está diseñado Bitcoin y a su sentido interno del tiempo, porque funciona como un reloj universal distribuido, es increíblemente difícil engañar a Bitcoin y por lo tanto, mentir sobre el tiempo. Uno tendría que reescribir el pasado o predecir el futuro, pero la cadena temporal de Bitcoin impide ambas cosas.

Todos los relojes funcionan con procesos periódicos, lo que podríamos llamar un «tictac». El conocido tictac de un reloj de pie es esencialmente el mismo que el zumbido atómico-molecular de nuestros modernos relojes de cuarzo y cesio. Algo se balancea (u oscila) y simplemente contamos estas oscilaciones hasta que suman un minuto o un segundo. En los relojes de péndulo grandes, estas oscilaciones son largas y fáciles de ver, mientras que en relojes más pequeños y especializados se necesita un equipo especial para observarlas. La frecuencia de un reloj (la rapidez con la que hace tictac) depende de su uso. La mayoría de los relojes tienen una frecuencia fija porque queremos saber la hora con cierta precisión. Sin embargo, hay relojes con frecuencia variable. Un metrónomo, por ejemplo, tiene una frecuencia ajustable que se configura antes de comenzar. Aunque un metrónomo mantiene un ritmo constante una vez ajustado, el tiempo en Bitcoin varía con cada tictac debido a su mecanismo probabilístico. A pesar de esta variabilidad, el objetivo es el mismo: mantener el ritmo para que la música siga y el baile continúe.

Para medir períodos de tiempo más amplios utilizamos otras herramientas diferentes al reloj. Actualmente, en la zona geográfica de occidente contamos los años de acuerdo con el calendario gregoriano, introducido por el papa Gregorio XIII en 1582 como una reforma del calendario juliano y, a su vez, del calendario de la Antigua Roma, creado e impuesto por uno de sus dos primeros reyes, Rómulo,[201] para corregir el desfase con las estaciones. El calendario gregoriano se basa en el ciclo del sol para determinar la longitud del año, dividiéndolo en doce meses de longitudes ligeramente variables.

A pesar de ser el calendario más utilizado para organizar el tiempo en la sociedad moderna, toma como referencia y como cambio de era total la fecha de nacimiento de Jesús de Nazaret, pero por desgracia no es un dato correcto si nos atenemos a los registros históricos. Sin embargo, durante más de dos mil años seguimos preservando todas nuestras tradiciones y costumbres fundamentadas en este error. Ni Jesús nació el año 1, ni fue el 25 de diciembre.[202] Según la investigación de National Geographic, las fuentes principales que tenemos sobre el nacimiento de Jesús son los evangelios y éstos nos ofrecen dos datos incompatibles. Por un lado, los evangelistas Mateo y Lucas fechan su nacimiento «en los días de Herodes el grande», rey vasallo de Roma entre los años 37 y 4 a. C. (fechas que sí conocemos con exactitud por los registros

201. «Rómulo y Remo», *Wikipedia*, <https://es.wikipedia.org/wiki/Rómulo_y_Remo>.

202. Abel, G. M., «En qué año nació Jesús según la Historia», *National Geographic*, 21 de diciembre de 2023, <https://historia.nationalgeographic.com.es/a/que-ano-nacio-jesus-segun-historia_15207>.

romanos) y, según los Evangelios, reinó todavía uno o dos años en vida de Jesús, que, por lo tanto, habría nacido el año 5 o 6 a. C.

A su vez, en muchos países asiáticos el calendario gregoriano se usa para propósitos oficiales y civiles, al contrario que en Occidente, en el territorio oriental del planeta Tierra se utilizan varios tipos de calendarios como el chino, el hindú o el hebreo que son calendarios lunisolares, en cambio, el islámico es puramente lunar.

Además de los cambios de horario y las franjas horarias de la Tierra, dividiendo el mundo en 24 zonas, cada una aproximadamente 15 grados de longitud aparte, correspondientes a cada hora del día. El punto de partida es el meridiano de Greenwich, en Inglaterra, y cada franja horaria se ajusta a partir de ahí hacia el este y el oeste. Las horas en diferentes lugares del mundo se determinan según estas franjas horarias. La ubicación de las fronteras de las franjas horarias puede ajustarse por razones prácticas o políticas, no siguiendo siempre líneas longitudinales exactas. Esto permite que regiones enteras o países operen bajo la misma hora local por conveniencia y coherencia.

En el año 2022 occidental, al otro lado del mundo tuvo lugar el año chino 4720 bajo el signo del tigre, comenzando el 1 de febrero, mientras que el año anterior, el 4719, se celebró el 25 de enero de 2021 bajo el signo del buey. Además, el año 2022 en el calendario gregoriano corresponde al año hebreo 5782, al año musulmán 1443, y al año hindú 1943, entre muchos otros calendarios, y cada uno de estos años comienza y termina en diferentes momentos del año 2022 según sus respectivos sistemas de calendario.

¿No te parecen unas reglas poco intuitivas y demasiado complejas para poder determinar el paso del tiempo en un mundo global con comunicación en tiempo real y cada vez más hiperconectado?

Bitcoin es el reinicio del tiempo y la medición unificada

Al ser un sistema global, sincronizado en todo el mundo, no manipulable, apolítico y descentralizado, es perfecto para contabilizar el paso del tiempo y grabar de manera inmutable lo que acontece.

Lo más lógico es contar el tiempo en bloques, en lugar de meses o años, desde el bloque génesis de Bitcoin. De esta forma, todos tendríamos una referencia común, sin traducciones, sin constantes ajustes ni confusiones. No es necesario eliminar por completo lo que ya tenemos, pues muchas de estas medidas estándar nos ayudan a orientarnos según las estaciones del año para la agricultura y muchas otras cuestiones que nos facilitan la vida moderna, pero sí podemos utilizar Bitcoin para apoyarnos en esta nueva forma de contar el tiempo y tender un puente universal como medida del tiempo internacional transfronteriza.

Bitcoin funciona muy bien para datar sucesos concretos en un momento temporal, como hacemos con los años o los siglos, pero con base en la altura de bloques. Por ejemplo, Maxim, el hijo de mi amigo David, nació durante el bloque 783899. También sirve para tener un consenso temporal sobre un acontecimiento histórico muy importante a nivel mundial.

El 24 de febrero de 2022, poco antes de las 06.00 horas UTC+3 de Moscú, o 04.00 CET (bloque 724693) de ese día aparecen unas declaraciones sorpresa en la televisión. A través de los canales rusos se emitió un mensaje a la nación[203] en el que el presidente de Rusia informaba su decisión de lanzar una «operación militar especial» en el este de Ucrania, ya que, en sus palabras: «Rusia no puede sentirse segura ante la amenaza ucraniana».[204] Así el presidente de Rusia, Vladímir Putin, da comienzo a la invasión de la vecina Ucrania, desencadenando el peor conflicto en el continente europeo desde la Segunda Guerra Mundial.

Otro uso similar para determinar universalmente un momento concreto a través de la altura de bloques, podría ser con un intervalo de bloques. Podríamos decir que La Organización Mundial de la Salud (OMS) declaró la pandemia de la COVID-19

203. «Mensaje a la nación», *Wikipedia*, <https://es.wikipedia.org/wiki/Mensaje_a_la_nación>.

204. «Mensaje de Vladímir Putin del 24 de febrero de 2022», *Wikipedia*, <https://es.wikipedia.org/wiki/Mensaje_de_Vladímir_Putin_del_24_de_febrero_de_2022>.

en una conferencia de prensa[205] realizada el 11 de marzo de 2020 (bloques 621137-621259).

A través de la altura de bloques en el *timechain* (la cadena de tiempo medido en bloques) de Bitcoin podemos referenciar un momento concreto en el tiempo sin traducciones según la localización del receptor. Esta fórmula se convierte en el estándar neutral para cualquier nación o cultura, y es verificable a tiempo real desde cualquier parte del mundo en un explorador de bloques con una copia de la cadena o en un nodo propio.

En esta nueva era, desde el nacimiento de Bitcoin, el tiempo vuelve a cero y se reinicia para comenzar de nuevo desde el primer bloque génesis del *timechain* de Bitcoin, igual que sucedió con el nacimiento de Cristo y la forma en la que contamos el paso del tiempo desde entonces. Es la única fecha universal y puede servir como unidad de cuenta temporal para medir el paso del tiempo, además de que todos los sucesos quedan grabados en su línea temporal inalterable. En cambio, no funciona tan bien para contabilizar temporalidades cíclicas como las horas del día, los meses o las estaciones.

La relación entre el concepto del tiempo y Bitcoin es igual de profunda que de apasionante. No es una cuestión sobre la que se haya reflexionado demasiado, pero sí hay autores como Gigi que han escrito al respecto con unas conclusiones muy interesantes. Así finaliza su artículo *Bitcoin is Time*: «Bitcoin es tiempo en más de un sentido. Sus unidades son tiempo almacenado porque son dinero, y su red es tiempo porque es un reloj descentralizado. El incesante latido de este reloj es lo que da origen a todas las propiedades mágicas de Bitcoin. Sin él, la intrincada danza de Bitcoin se desmoronaría. Pero con él todos los habitantes de la Tierra tienen acceso a algo verdaderamente maravilloso: el dinero mágico de internet».[206]

205. Cronología de la respuesta de la OMS a la COVID-19, 29 de junio de 2020, <https://www.who.int/es/news/item/29-06-2020-covidtimeline#:~:text=11%20de%20marzo%20de%202020,19%20puede%20considerarse%20una%20pandemia.)>.

206. <https://dergigi.com/2021/01/14/bitcoin-is-time/>.

La era del Bitcoinismo cambia los incentivos sociales, políticos y la lógica de la violencia

Cuando la vida aprieta para muchos y se vuelve extremadamente fácil para otros: los incentivos cambian.

En la era del Bitcoinismo, estos incentivos se reconfiguran radicalmente. Es prudente considerar la posibilidad de eliminar la capacidad del gobierno para expandir la base monetaria (crear más dinero), ya que con el tiempo suficiente los problemas económicos se corregirían por sí mismos. Esto realinearía los incentivos hacia una economía sólida y una participación justa en una sociedad realmente productiva.

¿Qué tienen que ver los incentivos y la lógica de la violencia con esta nueva era? El autor Álvaro D. María utiliza la invención de la pólvora[207] como ilustración de un cambio de era inevitable, ya que modificó la lógica de la violencia, la organización social y el poder de negociación: «Estamos en un proceso de transición, en un cambio de era, de la misma forma que pasó con la pólvora».

Imagina a un humilde campesino sometido a altos tributos que no puede rechistar ante un caballero medieval con armadura y espada. El campesino no tiene manera de protegerse ante el expolio y le toca entregar la parte de su producción o aceptar la muerte; pero con la aparición de la pólvora, su capacidad de defenderse a distancia con un simple mosquete y poder de negociación mejora sustancialmente. De manera similar, Bitcoin representa una revolución silenciosa para los ciudadanos modernos, ofreciendo una forma pacífica y poderosa de proteger y controlar sus recursos sin necesidad de violencia. A medida que la gente comprenda más este poder, más personas adoptarán Bitcoin, transformando nuestra sociedad, sin necesidad de alzarse en armas, de forma pacífica y cuanto más aprieten a la población, más *bitcoiners* se crearán.

Quién se imaginaría en la Edad Media, cuando la mayoría de las ciudades estaban amuralladas y protegidas con ejércitos de caballería que, de repente, la aparición de un polvito iba a revolucio-

---

207. «Pólvora», *Wikipedia*, <https://es.wikipedia.org/wiki/Pólvora>.

nar la historia de la humanidad. Sería surrealista hacerle entender a un general de caballería de entonces que ese simple polvo haría inútil en combate a su ejército de caballería desde la distancia, que cambiaría la forma en la que se hacían las guerras y acabaría con las murallas que protegían a sus ciudades y a sus reyes desde hacía miles de años, sin que el enemigo tuviera que derramar una sola gota de sangre en el campo de batalla. Es muy probable que el general de la época, al escuchar tal sandez, pusiera cara de extrañeza y desprecio y no creyera ni una palabra de ese relato. Con Bitcoin sucede lo mismo, hasta que no experimentas el superpoder simbiótico que te da Bitcoin al ser propietario soberano de un activo inconfiscable e incensurable y que se revaloriza en períodos largos de tiempo, no entiendes las consecuencias revolucionarias de este cambio de era. En el momento en que el general puede experimentar cómo un cañón derriba una muralla o en cuanto ve a un niño de 12 años sin experiencia en el campo de batalla que agarra un arcabuz —arma de fuego de los siglos xv-xvii que era capaz de perforar armaduras y precedió al mosquete— y mata a su mejor caballero a 50 metros de distancia, antes de que el caballero pudiera demostrar las habilidades que había practicado con la espada durante toda su vida, en ese mismo momento, al general se le queda la misma cara que a los políticos, las instituciones y el sistema financiero tradicional cuando experimentan las consecuencias de Bitcoin.

Ahora, la mayoría de la gente ve Bitcoin como una cosa especulativa sin mucha utilidad, de la misma forma que la pólvora al inicio, cuando simplemente era un polvo negro sin mucha utilidad y desde entonces se necesitaron varios siglos para que realmente implicase un cambio radical de era. En compensación, con Bitcoin no tiene que pasar tanto tiempo. De hecho, ya estamos viendo las consecuencias en su primera década.

La salvación de El Salvador

Fíjate en el caso de El Salvador, un país que ha atravesado períodos significativos de conflicto y violencia, especialmente durante la guerra civil salvadoreña que duró más de diez años, desde 1980 hasta 1992. Este conflicto armado fue particularmente brutal y dejó profundas cicatrices en la sociedad del país.

Después de la guerra, El Salvador se convirtió en uno de los países más peligrosos del mundo, con altas tasas de homicidios y la actividad violenta por parte de las pandillas como Mara Salvatrucha (MS-13) y Barrio 18. Estas pandillas, surgidas en parte debido a la deportación de pandilleros salvadoreños desde Estados Unidos en la década de 1990, exacerbaban la violencia y el crimen en el país.

El nivel de violencia alcanzó puntos críticos en varias ocasiones, siendo uno de los más recientes en 2015, cuando El Salvador experimentó una de las tasas de homicidios más altas del mundo, registrando más de 6.650 homicidios[208] durante ese año, lo que supone de media unos 18 asesinatos al día aproximadamente, 2.735 más que en 2014. Esta cifra refleja una tasa de aproximadamente 103 homicidios por cada 100.000 habitantes.

Cuando participé en 2023 como *speaker* en Adopting Bitcoin,[209] la conferencia más importante del país y una de las más importantes del mundo, tuve la oportunidad de contrastar información sobre la situación social, política y económica del país para poder escribir estas líneas. Visité diferentes ciudades y pueblos, conociendo a innumerables salvadoreños a los que pregunté hasta la saciedad y les pedí que compartieron sus experiencias sobre el ambiente de criminalidad antes de la presidencia de Nayib Bukele.[210] Todos relataron incidentes graves de violencia, asesinatos, violaciones u otras atrocidades, sufridos en carne propia o por amigos y familiares cercanos.

Desde que Nayib Bukele ganó las elecciones en 2019, ha endurecido las políticas contra las pandillas, logrando reducir notable-

---

208. El Salvador, homicidios intencionados, <https://datosmacro.expan sion.com/demografia/homicidios/el-salvador?anio=2015>.

209. <https://www.adoptingbitcoin.org>.

210. «Nayib Bukele», *Wikipedia*, <https://es.wikipedia.org/wiki/Nayib_Bu kele>.

mente las tasas de violencia. Estas medidas han sido muy polémicas y criticadas por presuntas violaciones a los derechos humanos, no obstante, las medidas drásticas de seguridad de Bukele han logrado ser efectivas para reducir la tasa de homicidios.

A pesar de todas las críticas, Nayib Bukele ha logrado un hito histórico que aunque poco relacionado con Bitcoin directamente, sí ha permitido que se asienten unos cimientos políticos y sociales de paz para introducir Bitcoin con éxito. Bukele ha sabido reconocer la tendencia y el potencial de Bitcoin como palanca de cambio y El Salvador se ha convertido en el país pionero a nivel mundial al adoptarlo, marcando así una referencia para el resto del mundo independientemente de su compleja e inestable situación anterior. La Ley Bitcoin[211] fue aprobada el 8 de junio de 2021 por la Asamblea Legislativa de El Salvador con 62 votos a favor y 19 en contra. Esta ley convirtió a El Salvador en el primer país[212] en autorizar el uso de Bitcoin como moneda de curso legal el 7 de septiembre de 2021. La propuesta de ley fue entregada a la Asamblea Legislativa[213] por Nayib Bukele a través de la ministra de Economía, María Luisa Hayem.[214]

El Banco Mundial,[215] el FMI[216] y el BID[217] reaccionaron negativamente a la adopción del bitcoin como moneda de curso legal

211. «Ley Bitcoin en El Salvador», *Wikipedia*, <https://es.wikipedia.org/wiki/Ley_Bitcoin_en_El_Salvador>.

212. «Bitcoin: El Salvador, el primer país del mundo en autorizar que la criptomoneda sea de curso legal», BBC, 6 de junio de 2021, <https://www.bbc.com/mundo/noticias-america-latina-57373067>.

213. «Asamblea Legislativa de El Salvador», *Wikipedia*, <https://es.wikipedia.org/wiki/Asamblea_Legislativa_de_El_Salvador>.

214. «María Luisa Hayem», *Wikipedia*, <https://es.wikipedia.org/wiki/María_Luisa_Hayem>.

215. «Banco Mundial», *Wikipedia*, <https://es.wikipedia.org/wiki/Banco_Mundial>.

216. «Fondo Monetario Internacional», *Wikipedia*, <https://es.wikipedia.org/wiki/Fondo_Monetario_Internacional>.

217. «Banco Interamericano de Desarrollo», *Wikipedia*, <https://es.wikipedia.org/wiki/Banco_Interamericano_de_Desarrollo>.

en El Salvador, afirmando que esto no solucionaría los problemas económicos del país. A pesar de las críticas públicas sobre la deuda del país, el ministro de Hacienda, Alejandro Zelaya, confirmó el pago y reiteró que «El Salvador cumplía sus obligaciones de deuda». Tras la aprobación de la Ley Bitcoin,[218] surgieron reacciones y propuestas para su implementación en otros países.

Un día antes de la aprobación de la Ley Bitcoin, el 6 de septiembre del 2021, El Salvador había comprado sus primeros 400 BTC.[219] Y ha continuado comprando de forma recurrente[220] durante los siguientes años como modo de ahorro para el país. Estas acciones reflejan un enfoque audaz por parte de El Salvador para afirmar su independencia y autonomía en la gestión de su economía y sistema monetario, incluso en el contexto de una potencial tensión con el Fondo Monetario Internacional, que presiona[221] a reconsiderar sus planes sobre Bitcoin[222] y retirar finalmente lo construido hasta la fecha. El FMI es consciente de su pérdida de poder sobre El Salvador al permitir que adopte Bitcoin y atesore parte de su riqueza en este bien incensurable, en lugar de hacerlo en dólares estadounidenses que sí son de oferta variable a su antojo y censurables por decreto.

218. Gudiño, Ronny, «Legalización de bitcoin en El Salvador será impulso a otros países a buscar soluciones similares», *La República*, 10 de junio de 2021, <https://www.larepublica.net/noticia/legalizacion-de-bitcoin-en-el-salvador-sera-impulso-a-otros-paises-a-buscar-soluciones-similares-especialista>.

219. Gómez Torres, Rafael, «El Salvador compra sus primeros 400 bitcoins y anuncia más inversiones en BTC», *Cripto Noticias*, 6 de septiembre de 2021, <https://www.criptonoticias.com/comunidad/adopcion/el-salvador-compra-primeros-200-bitcoins-anuncia-inversiones-btc/>.

220. Nayib tracker, <https://nayibtracker.com>:

221. «Por qué el FMI insta a El Salvador a retirar el bitcoin como moneda de curso legal», BBC, 26 de enero de 2022, <https://www.bbc.com/mundo/noticias-america-latina-60135521>.

222. «El FMI llama a El Salvador a "reconsiderar" sus planes para expandir el uso del bitcoin», *Europa Press*, 13 de febrero de 2023, <https://www.europapress.es/economia/finanzas-00340/noticia-fmi-llama-salvador-reconsiderar-planes-expandir-uso-bitcoin-20230213130853.html>.

Este hito histórico de cambio recuerda las hazañas del sultán Mehmed II, cuando con tan sólo 21 años se presentó con cañones ante la mejor fortificación de la época y acabó tomando la ciudad de Constantinopla en 1453, enviando un mensaje claro al mundo: no podemos mirar hacia otro lado, todo ha cambiado.

Inevitablemente, esto obliga a la reorganización social y política, acabando con muchas cosas que estaban completamente preestablecidas y modificando los incentivos, tanto a nivel personal como estatales, para el conjunto de la sociedad.

Prohibir o impulsar: los incentivos aprendidos con la pólvora

China cometió el error de no utilizar debidamente la pólvora para el uso bélico y eso le supuso perder la hegemonía militar. Sus competidores tuvieron una ventaja adoptando la pólvora contra ellos, dándoles una superioridad armamentística. China, que ha sido la cuna de muchos inventos revolucionarios, descubrió la pólvora en el siglo IX durante la dinastía Tang, inicialmente como un subproducto de la alquimia en la búsqueda de la inmortalidad, como uso medicinal. Sin embargo, no fue hasta el siglo XI cuando se comenzó a documentar su composición específica y sus aplicaciones militares durante la dinastía Song. A pesar de ser pioneros en el uso de la pólvora, no fue hasta mucho después cuando otros Estados comenzaron a explotar su potencial, especialmente en Europa y el Medio Oriente en los siglos siguientes, donde se utilizó no sólo en conflictos militares sino también en la minería y la construcción. A lo largo del tiempo, la pólvora desplazó gradualmente a las armas tradicionales de combate cuerpo a cuerpo y transformó las tácticas de guerra y las fortificaciones.

A partir de ahora podemos hacernos una idea de las principales razones por las que cualquier Estado se estaría inmolando en caso de prohibir Bitcoin, manteniéndose al margen de su adopción o simplemente ignorándolo.

> Uno de los principios de la realidad política es que vivi-
> mos en una dialéctica de Estados, es decir, no hay un Es-
> tado, todos están enfrentados entre ellos, entonces, si hay
> un activo, como en su momento fue la pólvora, y ahora yo
> creo que es bitcoin, que es superior a otros, ¿por qué no lo
> van a aprovechar?
>
> ÁLVARO D. MARÍA

Piénsalo, si estuvieras en la época de la pólvora y tuvieras el control de un Estado, ¿desarrollarías la industria alrededor de la pólvora para promoverla y adoptarla o de lo contrario, la prohibirías y perseguirías legalmente? La estrategia más inteligente parece obvia. Si los gobernantes donde resides tratan de prohibir o perseguir a quienes utilizan Bitcoin y los incentivan a huir del país, están perjudicándose a sí mismos, porque si lo adopta el Estado vecino va a tener una ventaja competitiva brutal en todos los sentidos. Los incentivos para abrazar Bitcoin son enormes. El rechazo de nuevas tecnologías suele generar desventajas competitivas significativas, mientras que la adopción y el desarrollo tecnológico tienden a proporcionar ventajas estratégicas y económicas.

Recibir sin robar

Recuerda el problema número cuatro que vimos en el capítulo de «El elefante naranja», donde se exponía el desafío de costes estructurales que tenían los Estados y cómo se convertían en «vampiros de riqueza» para sustraer la mayor riqueza posible a sus ciudadanos. Es paradójico como en El Salvador —sin ser éste su objetivo— se ha provocado una captación de capital a nivel mundial como nunca antes había sucedido. Después de más de dos años comprando y atesorando BTC, el gobierno de El Salvador decidió autocustodiar los fondos sin depender de un intermediario y cuando lo consiguieron llevar a cabo, el presidente Bukele reveló en la red social Twitter X la dirección de Bitcoin[223]

223. Cárdenas, Héctor, «Bukele revela dirección de El Salvador con miles de

donde El Salvador custodiaba los BTC. Este acontecimiento sorprendió a todo el mundo al revelarse —el jueves 14 de marzo— que tenían más cantidad de la que se conocía anteriormente, superando con creces la cantidad estimada por el sitio <nayibtracker. com>, que contabilizó con poco más de 2.800 BTC, pero una vez se conoció la nueva dirección, se descubrieron más de 5.600 BTC, un hito en la historia de la adopción de Bitcoin. Pero esto no es lo más sorprendente de este hito, ya que contra todo pronóstico, al conocerse públicamente la dirección donde se encontraban los BTC, muchas personas anónimas de todo el mundo comenzaron a enviar donaciones a fondo perdido de millones de satoshis a las arcas del gobierno salvadoreño. Aquí se puede comprobar públicamente. Estos pagos enviados al gobierno destacan porque surgen de manera voluntaria y totalmente altruista, al contrario que los impuestos que imponen los Estados.

El Estado que adopte Bitcoin atraerá talento y riqueza, beneficiando a su población. Si un gobierno destina parte de su tesorería a Bitcoin, como lo está haciendo El Salvador, garantizará mayor solvencia futura, inconfiscable e incensurable, en comparación con una jurisdicción que dependa de deuda y moneda fiduciaria en constante devaluación.

Es probable que Bitcoin perdiera relevancia si los Estados gestionaran sus sistemas financieros de manera impecable, con políticas monetarias sin fisuras. Bitcoin actúa como un índice de referencia sobre los actos de la clase gobernante: cuanto peor lo hacen los políticos, mayor adopción y protección de la riqueza, funcionando como una póliza de seguro contra malas decisiones estatales y monetarias.

La ilógica violencia

Dejando de lado las consideraciones de carácter moral, en la época en que se descubrió la pólvora para uso militar, podía ser

bitcoins y llueven donaciones», *Cripto Noticias*, 14 de marzo de 2024, <https://www.criptonoticias.com/comunidad/bukele-revela-direccion-elsalvador-5600-bitcoin-donaciones/>.

muy honorable luchar en duelo con espadas para preservar el honor. Sin embargo, si tu vida está en juego y tienes a tu disposición un fusil que puede disparar desde la distancia para derribar con facilidad a un enemigo armado con espada, sería absurdo insistir en seguir luchando con espadas, ya sea para proteger tu propiedad o en cualquier conflicto bélico. No adaptarse es equivalente a un acto de suicidio.

El matemático Chuck Hammill[224] realizó una ponencia en la Conferencia del Futuro de la Libertad de 1987 titulada «De las ballestas a la criptografía: frustrando los planes del Estado a través de la tecnología», donde explicaba con otras palabras parte de lo que acabas de leer. Gracias a la transcripción de Alfre Mancera podemos incluir parte de esta magnífica conferencia que dice así:

Ya sabéis, la tecnología, y en particular la tecnología informática, a menudo ha tenido una mala reputación en los círculos libertarios. Tendemos a pensar en *1984* de Orwell, o en *Brasil* de Terry Gilliam, o en los detectores de proximidad que mantenían a los de Berlín Oriental en su propio lado de la frontera, o en los dispositivos de Nixon para acosar a los que estaban en su «lista de enemigos».

O, reconocemos que por el precio de un billete en el Concorde podemos volar al doble de la velocidad del sonido, pero sólo si primero pasamos por un detector de metales dirigido por un policía del gobierno y le permitimos hurgar en nuestro ser.

Pero creo que esa mentalidad es un error. Antes de que existieran las varas con punzones, los gobiernos torturaban a sus prisioneros con palos y mangueras de goma. Antes de que existieran los láseres para espionaje, los gobiernos utilizaban prismáticos y lectores de labios. Aunque el gobierno ciertamente utiliza la tecnología para oprimir, el mal no está en las herramientas, sino en el que las maneja.

De hecho, la tecnología representa una de las vías disponibles más prometedoras para recuperar nuestras libertades de aquellos

224. «De las ballestas a la criptografía (Chuck Hamill)», <https://alfre .info/blog/crossbows-cryptography-chuck-hammill-1987/>.

que las han robado. Por su propia naturaleza, favorece a los brillantes (aquellos que pueden ponerla en práctica) frente a los aburridos
y con poco interés (aquellos que no pueden). Favorece a los que se
adaptan (que son rápidos para ver lo nuevo) frente a los perezosos
(que se aferran a los métodos probados por el tiempo).

Y ¿qué dos palabras pueden describir mejor la burocracia gubernamental que aburrida y lenta?

Uno de los triunfos más claros y clásicos de la tecnología sobre
la tiranía es la invención de la ballesta portátil. Con ella, un campesino no entrenado podía atacar un objetivo a 50 metros, de forma
totalmente fiable y letal, incluso si ese objetivo fuera un caballero
montado con su cota de malla.

A diferencia del arco largo, que, ciertamente, era más potente y
podía disparar más veces por unidad de tiempo, la ballesta no requería entrenamiento formal para utilizarla. Mientras que el arco
largo requería una elaborada coordinación visual, táctil y kinestési-
ca para lograr algún grado de precisión, el portador de una ballesta
simplemente tenía que colocar el arma en su hombro, apuntar a lo
largo de la flecha, y podía estar razonablemente seguro de dar en el
blanco.

Además, dado que los únicos caballeros montados a caballo
que visitarían al campesino medio serían los soldados del gobierno
y los recaudadores de impuestos, la utilidad del dispositivo era clara: con él, la plebe podía defenderse a sí misma tanto de otros atacantes como de sus amos gubernamentales.

La ballesta era el equivalente medieval de la bala perforante, y,
en consecuencia, los reyes y los sacerdotes (que eran el equivalente
medieval de la Oficina de Alcohol, Tabaco y Ballestas) amenazaban
con la muerte y la excomunión, respectivamente, por su posesión
ilegal.

Si observamos la evolución posterior, vemos cómo la tecnología, por ejemplo, el arma de fuego, en particular el rifle de repetición y el revólver, seguidos más tarde por la ametralladora Gatling
y otras armas de fuego sofisticadas, alteró radicalmente el equilibrio del poder interpersonal e intergrupal. No sin razón el Colt del
45 fue llamado «el igualador».

Una frágil anfitriona de un salón de baile con una Colt del 45 en su poder era totalmente capaz de protegerse a sí misma del más bravo gañán de cualquier salón. La publicidad de la época también refleja la comercialización del rifle de cartuchos de repetición con el siguiente reclamo: «un hombre a caballo, armado con uno de estos rifles, simplemente no puede ser capturado». Y, mientras sus captores dependieran de armas de pedernal, o rifles de un solo tiro, el mensaje del anuncio era, sin duda, verdadero.

Actualizando ahora el contexto al presente, el cifrado de clave pública (con un ordenador personal para ejecutarlo) representa un salto cuántico equivalente en las armas defensivas. No sólo se puede utilizar esta técnica para proteger los datos de una persona, sino que también puede permitir que dos extraños intercambien información a través de un canal inseguro de comunicación, como una línea telefónica intervenida por ejemplo, sin que se hayan reunido previamente para intercambiar claves de cifrado. Con un ordenador de 1.000 dólares se puede crear un cifrado que un multimega buck CRAY X-MP (es decir, un ordenador de los primeros, que eran enormes) no puede descifrar en un año.

Dentro de unos años debería ser económicamente factible cifrar de forma similar las comunicaciones de voz; poco después, imágenes de vídeo digitalizadas a todo color. La tecnología no sólo habrá hecho obsoletas las escuchas telefónicas, sino que habrá derribado por completo el control del gobierno sobre las transferencias de información.

Las matemáticas que hacen posible este principio es el algoritmo RSA, por Rivest, Shamir y Adleman, quienes lo crearon conjuntamente.

A raíz de la explicación de Hammill, para entender su funcionamiento de una manera simplificada, Alfre lo expone sin tecnicismos complejos de la siguiente manera: «Lo que hace que esto sea un desarrollo innovador, y por qué se llama criptografía de clave pública, es porque existen dos claves y puedo compartir abiertamente mi clave pública mientras mantengo en secreto mi clave privada, de este modo cualquiera puede enviarme un mensaje encriptado, pero sólo yo puedo recuperar el mensaje original. Otra ventaja de este esquema es la noción de firma digital, que permite autentificar el origen de un mensaje determinado».

Como podrás deducir, así funciona Bitcoin, y ya lo exponía Chuck en 1987, pero sorprendentemente los paralelismos no terminan aquí, pues unos minutos más tarde, en esa misma conferencia dice:

> En lugar de suplicar al Estado que, por favor, no nos esclavice, saquee o coarte, propongo una red libertaria [...] con la que podemos conquistar la libertad por nosotros mismos.

> Pero aquí debemos ser un poco cuidadosos. En la actualidad, no es ilegal encriptar la información cuando el gobierno quiere espiarte, pero no hay garantía de lo que pueda deparar el futuro. Se han presentado proyectos de ley, por ejemplo, que habrían convertido en delito llevar chaleco antibalas cuando el gobierno quiere dispararte. Es decir, si cometieras ciertos delitos mientras llevas un chaleco de *kevlar*, ese hecho constituiría un delito federal independiente por sí mismo. Esta ley, que yo sepa, no se ha aprobado... todavía... pero indica cómo piensa el gobierno.

> Otras aplicaciones tecnológicas, sin embargo, sí plantean riesgos legales. Reconocemos, por ejemplo, que cualquiera que ayudara a un esclavo a escapar de la preguerra civil en el «ferrocarril subterráneo» estaba haciendo un uso claramente ilegal de la tecnología, ya que el gobierno soberano de Estados Unidos de América en ese momento consideraba que la compra y venta de seres humanos era tan aceptable como la compra y venta de ganado. Del mismo modo, durante la Prohibición —ley seca 1920—, cualquiera que utilizara su bañera para fermentar la levadura y el azúcar y convertirla en la droga psicoactiva ilegal, el alcohol, utilizaba la tecnología de un modo que podía hacer que los agentes federales lo mataran a tiros por su «crimen» —desgraciadamente, no se le devolvió la vida cuando el Congreso dio marcha atrás y volvió a permitir el uso de esta droga.

No sé cuándo estarás leyendo estas líneas, pero es muy probable que todo lo que estás aprendiendo sea aplicable ahora mismo, del mismo modo que las palabras de Chuck Hammill siguen siendo actuales más de treinta años después. Aunque creas que ya es tarde, esa misma sensación la hemos tenido casi todos, independientemente del año que fuese, pero que no te impida ponerte manos a la obra para actuar en consecuencia y estar preparado en esta nueva era. No llegas tarde.

Desde la revolución neolítica, cuando pasamos de cazadores recolectores a agricultores ganaderos —hace más de diez mil años— estamos buscando una solución. Bitcoin finalmente culmina la búsqueda para satisfacer el intercambio sin recurrir a la violencia. Bitcoin no sólo supone un cambio en la lógica de la violencia como lo hizo la pólvora o la ballesta —pero sin necesidad de llegar a la agresión—, sino que también supone un cambio en la idea de las clases sociales.

> En la lucha por la supervivencia, las especies que se adaptan mejor a su entorno son las que tienen más probabilidades de sobrevivir y reproducirse. Este proceso de selección natural también se aplica a las clases sociales, ya que las clases que son más capaces de adaptarse a los cambios económicos y sociales son las que tienen más probabilidades de prosperar.
>
> CHARLES DARWIN[225]

La era del Bitcoinismo cambia las clases sociales

A lo largo de la historia humana se puede comprobar que las clases sociales estaban estancadas en castas inamovibles. Es decir, si nacías agricultor, morías agricultor, y si nacías siendo el primogénito del rey, acabarías siendo el rey. Pero gracias a la era industrial con meritocracia y más tarde a la era de internet con conectividad instantánea mundial, hemos conseguido acercar las oportunidades globalmente. Se potencia todavía más con la llegada de Bitcoin, puesto que no sólo la información es accesi-

225. Darwin, Charles, *El origen de las especies*, Alianza Editorial, Madrid, 2023.

ble desde cualquier punto, sino también el valor. Esto permite ceder nuevas oportunidades a las generaciones posteriores al facilitarse la transferencia de riqueza intergeneracional a través de las herencias. Atesorar riqueza en el tiempo para más tarde transferirla a los herederos siempre ha sido una preocupación, pues el legado es el motivante de muchas personas para generar un patrimonio que poder ceder a sus hijos y nietos. Pero este proceso puede ser muy engorroso, si se hace a través de inmuebles, acciones o depósitos bancarios, siempre conlleva un proceso burocrático extremadamente complejo y una merma por impuestos que se pierde en el proceso. Con bitcoin puedes transmitir la misma riqueza sin perder valor, de forma secreta, con sólo hacer llegar las semillas o claves privadas —una fracción de texto— que controlan la propiedad del bitcoin por heredar. Es un activo *offshore*[226] de todas las jurisdicciones, inconfiscable e incensurable.

Es posible que en el futuro veamos casos de amnistías que perdonen las infracciones fiscales pasadas para que los gobiernos puedan comenzar a recaudar impuestos en bitcoin, ya que perseguirlo individualmente es extremadamente costoso y laborioso. Algunas jurisdicciones podrían incluso eximir de obligaciones tributarias la riqueza atesorada en Bitcoin como ya está ocurriendo, atrayendo así a ahorradores que decidan emplear su patrimonio y el de sus familias en esos lugares.

La era del Bitcoinismo también conlleva la mayor transferencia de riqueza desde las élites hacia los más ingeniosos y adaptables, sin importar la situación económica, localización geográfica, edad, idioma o color de piel. Muchos multimillonarios, multinacionales y Estados actuales están anclados en el pasado, con mentalidades obsoletas, obsesionados con sus antiguas espadas y armaduras, ignorando la pólvora y las ballestas (la innovación representada por Bitcoin). Por un motivo comprensible, pues son las mismas espadas y armaduras que les han hecho ganar numerosas batallas, permitiéndoles disfrutar de su posición actual. Son esas mismas murallas las que los han protegido

---

226. *«Offshore»*, *Wikipedia*, < https://es.wikipedia.org/wiki/Offshore>.

hasta el momento de sus enemigos, pero todo esto ya no sirve en la nueva era.

Para que podamos tener una perspectiva más objetiva y curiosa, según *Statista*[227] y el informe del banco suizo UBS en 2022, el número de millonarios es de 59,4 millones —con base en la riqueza global—. Si lo dividimos entre 21 millones de BTC totales, da como resultado 0,35 BTC por millonario, sin tener en cuenta las unidades de BTC perdidos o no disponibles —según un estudio de *The Wall Street Journal*,[228] estima que la cantidad de bitcoins perdidos o no disponibles ronda entre los 3 y los 5 millones—. Por lo tanto, muchas de las personas que actualmente tienen en posesión una cantidad de 0,35 o superior en BTC, ya tienen más que la cantidad correspondiente a cada millonario del mundo. Esto evidencia el cambio de «clases» que está por desarrollarse en las próximas décadas del Bitcoinismo y del cual, los ricos más tradicionales aún no son conscientes.

Mario Conde, el famoso empresario, abogado del Estado —con la mejor nota de la historia—y expresidente del Banco Español de Crédito (Banesto),[229] cuenta una historia sobre algunos de sus familiares que se codeaban con la realeza y lo acabaron perdiendo todo por no aceptar el cambio. En una entrevista lo cuenta con las siguientes palabras:

> Yo eso lo llevo en la sangre porque mi bisabuelo paterno, que era muy rico, tenía entre otras cosas el transporte en diligencia entre Madrid y El Escorial, cuando la Casa Real estaba en El Escorial. Mi bisabuela me contaba que eran muy ricos, que bailaban con el rey y demás [...], y en esa época se inventó un aparato demoníaco

227. Melo, María Florencia, «El número de millonarios se ha disparado», *Statista*, 28 agosto de 2023, <https://es.statista.com/grafico/30683/evolucion -del-numero-de-millonarios--en-millones--y-porcentaje-respecto-de-la-pobla cion-nacional/>.

228. «Good News! You Are a Bitcoin Millionaire. Bad News! You Forgot Your Password», *The Wall Street Journal*, 19 de diciembre de 2017, <https:// www.wsj.com/articles/good-news-you-are-a-bitcoin-millionaire-bad-news- you-forgot-your-password-1513701480?mod=rss_Technology>.

229. «Banesto», *Wikipedia*, <https://es.wikipedia.org/wiki/Banesto>.

al cual le llamaban coche o automóvil, y mi abuelo en un alarde de inteligencia supina dijo que la gente de clase jamás iría en un bicho de ésos, seguiría yendo en una diligencia a caballo. No se paró a pensar que los dos parámetros de rapidez y comodidad eran mucho más determinantes que la supuesta elegancia. Mi tía bisabuela me contaba que vio cómo sacaban de casa todas sus pertenencias, incluso las escopetas de caza de la quiebra que pegó [...].

Algunos agentes ya están moviendo ficha y tratando de adaptarse. Mientras escribo estas líneas los mayores gestores de activos del mundo: BlackRock, Fidelity, Van Eck, ARK Invest e Invesco entre otros, gestionan miles de millones de dólares estadounidenses en bitcoin (BTC), algo completamente inimaginable hace diez años. Pero estos gigantes de las finanzas han llegado quince años después de que empezara a funcionar Bitcoin.

Bitcoin es por ello probablemente un *one time event only*.

ADOLFO CONTRERAS

Por primera vez en la historia, las personas de a pie, el pueblo llano, ha tenido la posibilidad de acceder a la propiedad más finita que ha existido jamás, y con las revalorizaciones más grandes, antes que las grandes instituciones multinacionales o los Estados omnipotentes. Para ponerlo en perspectiva, algunas de las críticas más banales y comunes que se suelen hacer a Bitcoin es la comparación con la burbuja de los tulipanes (tulipomanía)[230] en los Países Bajos durante la década de 1630. Uno de los ejemplos más notorios fue el bulbo de tulipán llamado *Semper Augustus*, cuyo precio llegó a multiplicarse más de veinte veces en comparación con el valor normal de un bulbo, lo que representa un aumento de más del 2.000 por ciento.

En el caso de Bitcoin, si hacemos un cálculo con referencias

230. «Tulipomanía», *Wikipedia*, <https://es.wikipedia.org/wiki/Tulipomanía>.

objetivas, considerando que comenzó a cotizar a 0,003 dólares por bitcoin[231] en la primera casa de intercambio en 2010, las cifras son aún más impresionantes. Bitcoin ha multiplicado su precio miles de veces. Comparar su revalorización con la de los tulipanes es mezquino y llamar burbuja a un bien que no sólo no colapsa, sino que supera su máximo histórico repetidamente cada cuatro años es ridículo, aunque es prudente no asumir que siempre será tan exacto.

Ahora, cualquiera desde cualquier parte del mundo con acceso a internet puede tener un *wallet* de Bitcoin con algunos satoshis (fracciones de bitcoin). No necesita pedir permiso a ninguna autoridad, no hay que realizar papeleo, y no hay riesgo de que lo bloqueen. Además, este acceso es inclusivo y no hace distinciones por sexo, edad, o raza.

Un africano tiene la oportunidad de cambiar por completo su futuro y el de las siguientes generaciones como nunca antes, a través de internet, simplemente ofreciendo entretenimiento online o creando un modelo de negocio que solucione un problema real y teniendo un dispositivo —smartphone, móvil, computadora, tablet...— que le permita recibir pagos desde cualquier parte del mundo en bitcoin. Jamás había existido esta posibilidad en ninguna otra era de la humanidad.

Si un individuo hubiera comprado 100 dólares en bitcoins en 2010, cuando el precio era de 0,003 dólares por bitcoin, habría adquirido aproximadamente 33.330 BTC. Si redondeamos el precio del bitcoin a 70.000 dólares por unidad, tomando en cuenta que fue casi el máximo histórico de 2021 y que más tarde fue superado en 2024, esto equivaldría a 2.300 millones con una inversión inicial de 100 dólares. Para ponerlo en perspectiva, esta cifra sería aproximadamente la mitad del PIB de países como Montenegro o las Maldivas, cuyos PIB anuales oscilan alrededor de 5.000 o 6.000 millones de dólares.

Para que te hagas una idea más sencilla, simplemente calcula cuál es la valoración actual —en el momento que estés leyendo estas líneas— en dólares de la recompensa por bloque en Bitcoin

231. «Historial de precios de bitcoin», *Wikipedia*, <https://es.wikipedia.org/wiki/Anexo:Historial_de_precios_de_bitcoin>.

y reflexiona en la siguiente conclusión: cualquier persona que consiga 0,01 BTC, para el año 2056 aproximadamente tendrá más bitcoin que el *coinbase* (recompensa por bloque), y las recompensas por bloque nunca han sido poca cosa.

Por supuesto, todos estos cálculos son inútiles para representar la realidad, pues las probabilidades de que se alineen tantos factores como que alguien haya adquirido BTC desde tan temprano, no lo haya extraviado, lo haya mantenido sin vender o utilizar a pesar de la presión psicológica con tales revalorizaciones, teniendo en cuenta la incertidumbre estratosférica de los inicios, entre otros motivos, son ínfimas. Simplemente sirve como ejercicio mental, para que seamos conscientes de la demencial revalorización y de las posibilidades de cambio que tiene para tantas familias que no podrían haber cambiado su situación durante generaciones. Es igual de ingenuo pensar que te vas a hacer rico de la noche a la mañana sólo por comprar una fracción de bitcoin que pensar que llegas tarde y que no tiene sentido ahorrar en bitcoin después de todo lo que hemos visto a lo largo de esta obra.

Riqueza accesible por igual para ricos y pobres

Lo más potente de esta perspectiva es que no hemos tenido muchas ocasiones en la historia para estar expuestos de forma tan accesible a una forma de riqueza que iguale las oportunidades entre los mayores millonarios del mundo y un africano sin facilidades de acceso a agua potable. En tu caso, si tienes la posibilidad de estar leyendo esto es porque puedes acceder a una porción de bitcoin. Por lo tanto, si Bitcoin duplica su precio, multiplica proporcionalmente tanto para el mayor multimillonario como para ti. Es decir, independientemente de quién seas y dónde vivas, tienes acceso a la misma apreciación potencial. Antes esto era imposible, tanto por restricciones de accesibilidad a productos financieros, de inversión o ahorro, como por carencia de infraestructuras o conectividad.

Esto no quiere decir que sea dinero fácil, dinero rápido o que no haya provocado justo lo contrario al empobrecer a muchas personas que pensaban que era un casino. Que tenga grandes revalorizaciones no significa que todo el mundo se vaya a hacer rico o que todo el mundo sepa cómo gestionar las grandes volatilidades en el corto plazo. Igual que les ha pasado a muchas personas que perdieron hasta la cartera por tomarse la bolsa como si fuera jugar a la ruleta, independientemente de que el índice de referencia estadounidense haya generado una revalorización superior al 40.000 por ciento entre 1957 y 2024.

Como activo especulativo, a algunos les irá muy bien y a otros extremadamente mal, pero es irrebatible que Bitcoin genera oportunidades nunca vistas para la grandísima mayoría de la población desfavorecida que no tiene acceso al sistema bancario, métodos de pago alternativos al efectivo con los que recibir y enviar riqueza más allá de su círculo físico o métodos de ahorro para prosperar y combatir la devaluación del resto de bienes con una oferta ampliable.

Bitcoin no es una inversión para hacerte rico rápidamente, es una herramienta para evitar que te hagas pobre lentamente, entre otras muchas funcionalidades.

Inclusión financiera descentralizada

Según el Banco Mundial «alrededor de 2.500 millones de personas no utilizan servicios financieros formales y el 75 por ciento de los pobres no tienen cuenta bancaria. La inclusión es clave para reducir la pobreza e impulsar la prosperidad».[232] En cambio, el número de usuarios con acceso a internet en el mundo se estimó en más de 5.200 millones según *Statista*,[233] lo que representa alrededor de dos tercios de la población mundial (gráfico 8.2).

232. Inclusión financiera, <https://www.bancomundial.org/es/topic/finan cialinclusion/overview>:

233. Número de usuarios de Internet en el mundo entre 2005 hasta 2022, <https://es.statista.com/estadisticas/541434/numero-mundial-de-usuarios -de-internet/>.

Gráfico 8.2. Qué porcentaje de adultos están fuera del sistema bancario tradicional

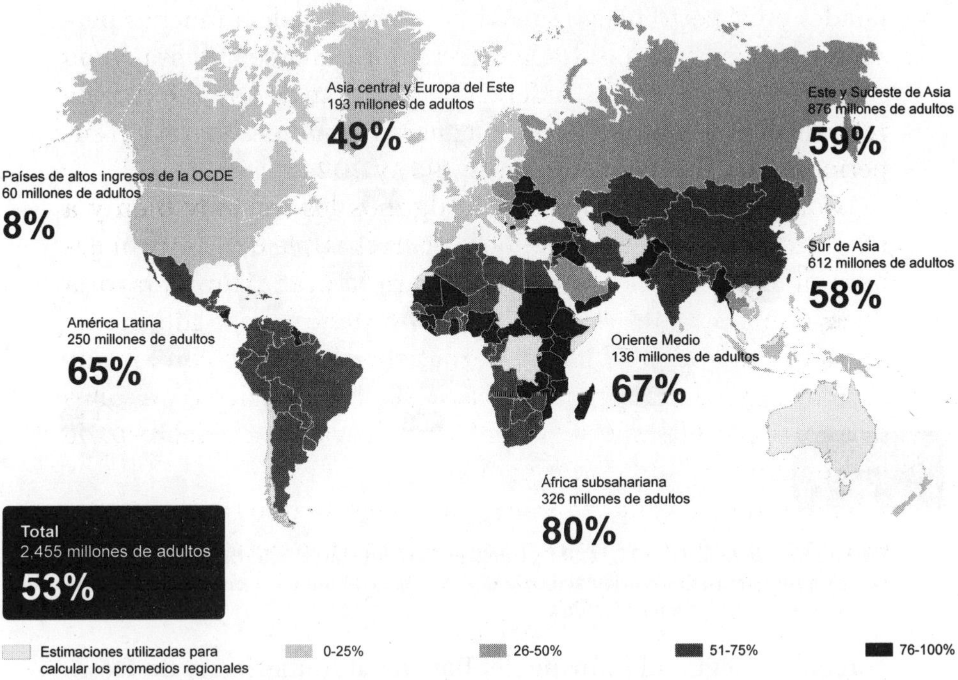

Asia central y Europa del Este
193 millones de adultos
49%

Este y Sudeste de Asia
876 millones de adultos
59%

Países de altos ingresos de la OCDE
60 millones de adultos
8%

Sur de Asia
612 millones de adultos
58%

América Latina
250 millones de adultos
65%

Oriente Medio
136 millones de adultos
67%

África subsahariana
326 millones de adultos
80%

Total
2.455 millones de adultos
53%

Estimaciones utilizadas para calcular los promedios regionales | 0-25% | 26-50% | 51-75% | 76-100%

Fuente: McKinsey & Company, Global Financial Inclusion Report.

Por otro lado, según el Informe de Desarrollo Humano de las Naciones Unidas de 2023,[234] hay más personas con acceso a internet que con acceso a agua potable segura. Se informó que 2.000 millones de personas, aproximadamente el 26 por ciento de la población mundial, no tienen acceso a agua potable segura, y 3.600 millones, cerca del 46 por ciento, carecen de acceso a servicios de saneamiento gestionados de manera segura (gráfico 8.3).

No podemos menospreciar las grandísimas necesidades de envíos de dinero a través de las remesas a los países más desfa-

234. Global offline population steadily declines to 2.6 billion people in 2023, <https://www.itu.int/itu-d/reports/statistics/2023/10/10/ff23-internet-use/>.

Gráfico 8.3. Adopción de internet mundial

Fuente: Kepios Analysis; ITU; GSMA Intelligence; Eurostat; World Bank; Google's Advertising Resources; Cia World Factbook; CNNIC; APJII; Kantar & Iamai; Local Government Authorities; Naciones Unidas.

vorecidos. Según el informe del Banco Interamericano de Desarrollo,[235] las remesas recibidas por los países de América Latina y el Caribe proyectan un récord de 155.000 millones de dólares en 2023.[236] Esto representa un aumento del 9,5 por ciento en comparación con los 142.000 millones recibidos en 2022, consolidando quince años consecutivos de crecimiento (gráfico 8.4).

Todas estas evidencias indican que la solución está en la brillante combinación entre internet, para la conexión y la comuni-

---

235. Maldonado, René; y Harris, Jeremy, «Las remesas a Latinoamérica y el Caribe en 2023: retomando el crecimiento previo», BID, noviembre de 2023, <https://publications.iadb.org/es/las-remesas-latinoamerica-y-el-caribe-en-2023-retomando-el-crecimiento-previo>.

236. «Récord en el envío de remesas a países de América Latina y el Caribe», DIB, 16 de noviembre de 2023, <https://www.iadb.org/es/noticias/record-en-el-envio-de-remesas-paises-de-america-latina-y-el-caribe#:~:text=Según%20un%20nuevo%20informe%20del,observadas%20hasta%20la%20fecha%20continúan>.

Gráfico 8.4. Crecimiento de usuarios de Internet en todo el mundo

En mil millones

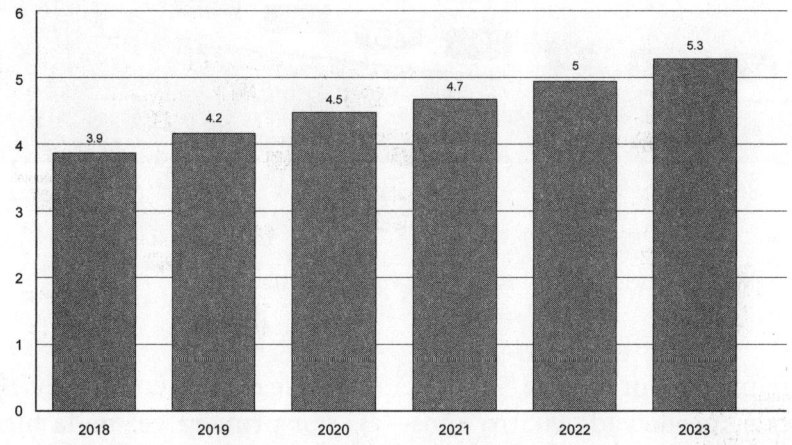

Fuente: Elaboración propia a partir de los datos de Cisco Systems © Statista 2024.

cación, y Bitcoin para el valor. Un cóctel que da como resultado la capacidad de un cambio drástico de estatus y clase social para muchas familias, con bitcoin como estándar global del valor. Lo que permite el acceso a un vehículo de ahorro o atesoramiento de riqueza a largo plazo que hasta el período histórico del Bitcoinismo suponía una realidad inalcanzable (gráfico 8.5).

> Por primera vez en la historia, tenemos la posibilidad de escalar la confianza y la seguridad a nivel global, basado en un protocolo abierto que nadie puede controlar, cooptar o corromper.
>
> ANDREAS ANTONOPOULOS

Bitcoin es riqueza limitada por su escasez absoluta

En el bloque 840.000 se produjo un hecho histórico que muestra una vez más el cambio de era que estamos viviendo. Desde la reducción a la mitad del 19 de abril de 2024 sobre los BTC que

Gráfico 8.5. Récord de remesas en LATAM

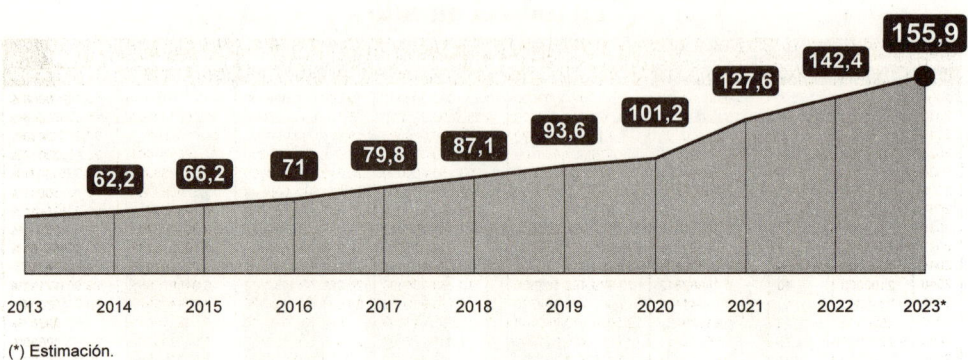

(*) Estimación.

Fuente: Elaboración propia basados en los datos de BID.

se minan por bloque —reducción que se conoce como *halving* y que sucede cada cuatro años—,[237] por primera vez en la historia, los humanos tenemos una forma de riqueza cuya producción de oferta es menos del 1 por ciento anual —ahora menor que la del oro. Nunca mejorada hasta la fecha—. Oferta que seguirá reduciéndose a la mitad cada 210.000 bloques —cuatro años aproximadamente— hasta finalizar alrededor del año 2140, cuando habrán sido ya emitidos los 21 millones de unidades de bitcoin, o lo que es igual a 2.100.000.000.000.000 de satoshis. Como dato curioso que pocos conocen, la cifra exacta no es de 21 millones de BTC, aunque se acerca bastante. En una publicación de su blog, Jameson Lopp —ingeniero de software y *cypherpunk*— detalla que el total de satoshis (la unidad más pequeña de bitcoin, que equivale a 0,00000001 BTC) que podrán existir es 2.099.999.997.690.000[238] (gráfico 8.6).

En la primera fase de recompensa se emitían 50 BTC por cada bloque, y con cada *halving* se reduce a la mitad la recompensa por bloque cerrado (gráfico 8.7).

237. <https://www.bitcoinblockhalf.com/>.

238. Lopp, James, «How is the 21 Million Bitcoin Cap Defined and Enforced?», <https://blog.lopp.net/how-is-the-21-million-bitcoin-cap-defined-and-enforced/>.

Gráfico 8.6. Halvings de Bitcoin, recompensas y bloques

Año	Bloque	Halving	Recompensa por bloque en BTC	BTC al inicio del Halving	BTC añadido	BTC al final del Halving	Incremento BTC	% BTC del límite en circulación
2009	0	0	50,00000000	0.00000000	10.500.000,000000	10.500.000,000000	Infinito	50,00000006%
2012	210000	1	25,00000000	10.500.000,000000	5.250.000,000000	15.750.000,000000	50,00000000%	75,00000008%
2016	420000	2	12,50000000	15.750.000,000000	2.625.000,000000	18.375.000,000000	16,66666667%	87,50000010%
2020	630000	3	6,25000000	18.375.000,000000	1.312.500,000000	19.687.500,000000	71,42857140%	93,75000010%
2024	840000	4	3,12500000	19.687.500,000000	656.250,000000	20.343.750,000000	33,33333330%	96,87500011%
2028	1050000	5	1,56250000	20.343.750,000000	328.125,000000	20.671.875,000000	16,12903230%	98,43750011%
2032	1260000	6	0,78125000	20.671.875,000000	164.062,500000	20.835.937,500000	0.79365079%	99,21875011%
2036	1470000	7	0,39062500	20.835.937,500000	82.031,250000	20.917.968,750000	0.39370079%	99,60937511%
2040	1680000	8	0,19531250	20.917.968,750000	41.015,625000	20.958.984,375000	0.19607843%	999,80468761%
2044	1890000	9	0,09765625	20.958.984,375000	20.507,812500	20.979.492,187500	0.09784736%	99,90234386%
2048	2100000	10	0,04882812	20.979.492,187500	10.253,905200	20.989.746,092700	0.04887585%	99,95117198%
2052	2310000	11	0,02441406	20.989.746,092700	5.126,952600	20.994.873,045300	0.02442599%	99,97558604%
2056	2520000	12	0,01220703	20.994.873,045300	2.563,47300	20.997.436,521600	0.01221001%	99,98779307%
2060	2730000	13	0,00610301	20.997.436,521600	1.281,737100	20.998.718,258700	0.00610426%	99,99389658%
2064	2940000	14	0,00305175	20.998.718,258700	640,867500	20.999.359,126200	0.00305164%	99,99694833%
2068	3150000	15	0,00152587	20.999.359,126200	320,432700	20.999.679,558900	0.00152592%	99,99847420%
2072	3360000	16	0,00076293	20.999.679,558900	160,215300	20.999.839,774200	0.00076294%	99,99923713%
2076	3570000	17	0,00038146	20.999.839,774200	80,106600	20.999.919,880800	0.00038146%	99,99961859%
2080	3780000	18	0,00019073	20.999.919,880800	40,053300	20.999.959,934100	0.00019073%	99,99980932%
2084	3990000	19	0,00009536	20.999.959,934100	20,025600	20.999.979,959700	0.00009536%	99,99990468%
2000	4200000	20	0,00004768	20.999.979,959700	10,012800	20.999.989,972500	0.00004708%	98,00005230%
2092	4410000	21	0,00002384	20.999.989,972500	5,006400	20.999.994,978900	0.00002384%	99,99997620%
2096	4620000	22	0,00001192	20.999.994,978900	2,503200	20.999.997,482100	0.00001192%	99,99998812%
2100	4830000	23	0,00000596	20.999.997,482100	1,251660	20.999.998,733700	0.00000596%	99,99999408%
2104	5040000	24	0,00000298	20.999.998,733700	0,625800	20.999.999,359500	0.00000298%	99,99999706%
2108	5250000	25	0,00000149	20.999.999,359500	0,312900	20.999.999,672400	0.00000149%	99,99999855%
2112	5460000	26	0,00000074	20.999.999,672400	0,155400	20.999.999,827800	0.00000074%	99,99999929%
2116	5670000	27	0,00000037	20.999.999,827800	0,077700	20.999.999,905500	0.00000037%	99,99999966%
2120	5880000	28	0,00000018	20.999.999,905500	0,037800	20.999.999,943300	0.00000018%	99,99999984%
2124	6090000	29	0,00000009	20.999.999,943300	0,018900	20.999.999,962200	0.00000009%	99,99999993%
2128	6300000	30	0,00000004	20.999.999,962200	0,008400	20.999.999,970600	0.00000004%	99,99999997%
2132	6510000	31	0,00000002	20.999.999,970600	0,004200	20.999.999,974800	0.00000002%	99,99999999%
2136	6720000	32	0,00000001	20.999.999,974800	0,002101	20.999.999,976900	0.00000001%	100,00000000%
2140	6930000	33	0,00000000	20.999.999,976900	0,000000	20.999.999,976900	0.00000000%	100,00000000%

Fuente: White Paper de Bitcoin & Bitcoin Core.

Con cada *halving* la emisión de bitcoins (inflación) es cada vez menor y, cuando terminen de emitirse los 21 millones, Bitcoin puede considerarse deflacionario, teniendo en cuenta las inevitables pérdidas de claves privadas con fondos que nunca podrán volver a recuperarse, además de aquellos que los *holders* mantengan inmóviles y fuera del mercado líquido. Esto provocará una mayor escasez, reduciendo la oferta disponible, y con igual o mayor demanda el mercado sólo podrá ajustarse por precio. Cada *halving* suele atraer a nuevos usuarios, porque históricamente ha generado un incremento del precio muy significativo que llama la atención a los que hasta el momento no tenían interés. Es como una campaña de marketing y visibilidad para Bitcoin, sin necesidad de presupuesto para publicidad ni un equipo o departamento de marketing especializado para atraer a nuevos

Gráfico 8.7. Reducción de la recompensa de bloque en Bitcoin cada 210.000 bloques hasta el año 2140

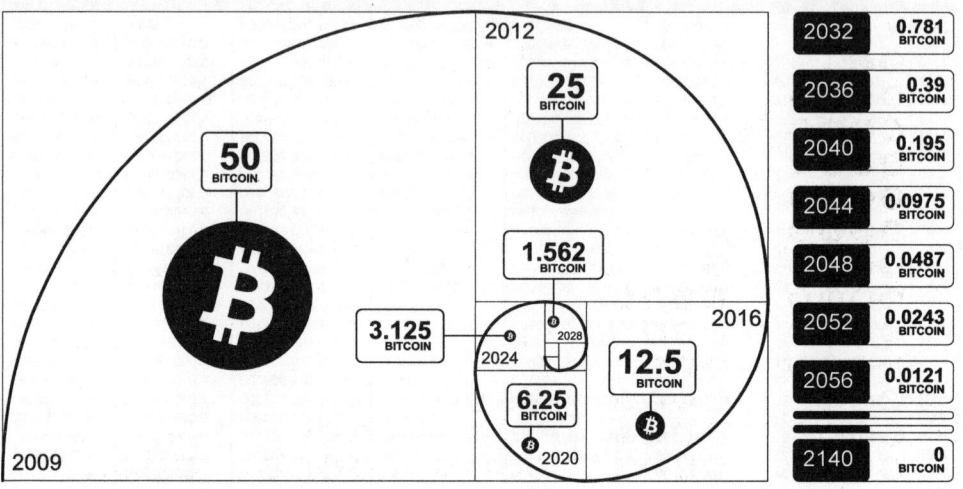

Fuente: Elaboración propia en base al gráfico diseñado por @MR21MILLION para @ORANGEPILLAP.

demandantes. Y esto limita aún más la oferta de unidades disponibles (gráfico 8.8).

Muchos economistas que admiran a John Keynes y sufren de fobia deflacionaria podrían criticar que generaría un proceso deflacionario que en teoría deprimiría la economía. Sin embargo, en el libro *Defendiendo la deflación* del economista Philipp Bagus se defiende lo contrario.[239] La obra de Bagus presenta una sólida argumentación teórica respaldada por ejemplos históricos y evidencia empírica para demostrar que la deflación puede ser beneficiosa para la economía y no debe ser temida. Un tratado provocador y perspicaz que cuestiona las ideas convencionales sobre la inflación y defiende los beneficios de la deflación en la economía. A través de una exhaustiva investigación y un análisis riguroso, Bagus desafía el consenso predominante y argumenta que la deflación no es una amenaza económica, sino más bien un proceso natural y beneficioso.

239. Bagus, Philipp, *Defendiendo la deflación*, Innisfree, Reino Unido, 2002.

Gráfico 8.8. Reducción de la recompensa de bloque de Bitcoin

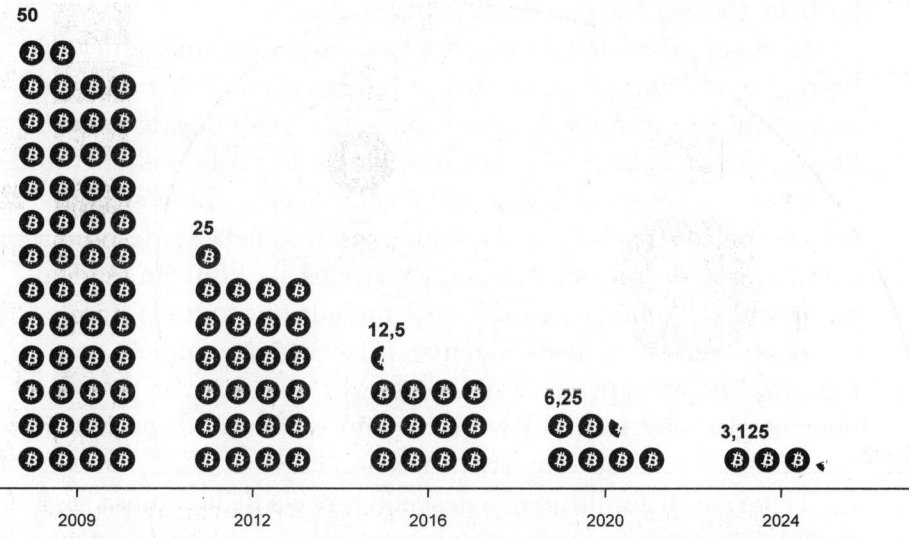

Fuente: Elaboración propia a partir del gráfico de White Paper de Bitcoin & Bitcoin Core.

Como hemos visto, la dureza del dinero en el que preservamos nuestra riqueza es uno de los factores más relevantes para prosperar. Cuanto más *dinerable* es la forma en la que resguardamos nuestra riqueza y menos aumenta su oferta, mejor conserva su valor en el futuro. Por lo tanto, más nos permite planificar y prever el futuro, e inevitablemente frenará los impulsos inmediatos de gasto presente, a favor del ahorro y el consumo racional.

Bitcoin lo hace posible, no sólo nos permite una forma de dinero fuera del control gubernamental, sino que también es la forma con mayor grado de *dinerabilidad* y más avanzada que jamás haya existido, mejor incluso que el oro. Pase lo que pase, puedes estar seguro de que la fracción de bitcoin que poseas nunca se diluirá en más del 1 por ciento anual.

Bitcoin es el recurso más escaso que conocemos y el único completamente finito. Aquellos que son capaces de atesorar bitcoins, en primer lugar, se encontrarán entre las clases más privilegiadas del planeta. En la era del Bitcoinismo se acelera el proceso de devaluación de todo respecto a bitcoin. Te recomiendo visitar la página web interactiva de FixYourMoney para comprobarlo en tiempo real con datos actualizados.[240]

Hasta el inicio de esta era, los Estados tenían una poderosa herramienta llamada impuestos para proteger su soberanía y el monopolio por imposición, pero como dice Vijay Boyapati en su libro *La tesis alcista del bitcoin*: «Cuando la gente pierde confianza en la moneda oficial, su valor colapsa en un proceso conocido como hiperinflación. El valor de la moneda se desploma primero frente a todos los bienes y servicios. [...] Bitcoin es ideal para combatir una hiperinflación. A medida que todas las monedas continúen en su tendencia histórica hacia la completa devaluación, Bitcoin será un destino cada vez más popular para los ahorros globales. Daniel Krawisz acuñó el término *hiperbitcoinización*[241] para describir este proceso».[242]

Tiene cierta similitud a la deseada especia de la famosa saga de *Dune*,[243] en la que todo el universo conocido trata de extraer la valiosísima materia prima del planeta desértico, Arrakis. En una de las escenas de la película, mientras cena con los Harkonnen, el protagonista Paul Atreides dice: «La especia es la esencia. Controla la especia, controlas el universo», haciendo referencia a su escasez y valor incalculable. Bitcoin es como la especia de *Dune* en la Tierra.

Tropezando con la misma piedra

Cuando quienes gobiernan tratan de evitar lo inevitable, suceden hechos insólitos como con el gran Imperio romano y así es

240. <https://fixyourmoney.space/>.

241. Krawisz, Daniel, «Hyperbitcoinization», Bullish Case for Bitcoin, 29 de marzo de 2014, <https://www.bullishcaseforbitcoin.com/references/hyperbitcoinization>.

242. Boyapati, Vijay, *La tesis alcista del bitcoin*, Nakamoto Publishing, pp. 56-57, 2021.

243. «Dune», *Wikipedia*, <https://es.wikipedia.org/wiki/Dune>.

descrito en la titánica obra *4.000 años de controles de precios y salarios* de Schuettinger y Butler haciendo referencia al historiador y economista francés Jean-Philippe Lévy (1912-2011):

> Lévy atribuye nuevamente el fenomenal crecimiento de los precios subsiguiente, al gran incremento de la cantidad de dinero en circulación. «El precio de la misma medida de trigo creció en Egipto de 6 dracmas en el primer siglo a 200 en el tercero; en el año 314 a 9.000 dracmas, en el 334 a 78.000; poco después del año 344 se disparó a más de 2 millones de dracmas» (p. 36). Poco después explica cómo las élites políticas trataron de evitarlo sin éxito: «Se sancionaron normas inefectivas para combatir la Ley de Gresham (la moneda mala desplaza a la buena) y la especulación local con las distintas clases de moneda. Se prohibió comprar o vender monedas; sólo podían utilizarse para hacer pagos. ¡Hasta se prohibió atesorarlas! Era prohibido fundirlas (para extraer la pequeña cantidad de plata aleada con bronce). El castigo por todas estas ofensas era la muerte. Se establecieron controles en los caminos y puertos, donde la policía registraba a los viajeros y comerciantes. Por supuesto, todos estos esfuerzos fueron inútiles».

Ahora cambia el dracma por tu moneda de curso legal y responde: ¿no crees que esto podría pasar en la era del Bitcoinismo? Lo cierto es que ya está pasando en mayor o menor medida y bitcoin es la mejor protección para la riqueza que produces y así evitar la pobreza.

El ciberespacio como quinto dominio no dominado

Desde que existe el poder, los espacios donde se ha podido ejercer el control y la violencia han sido dominados por el poderoso del territorio. El territorio se ha delimitado por el dominio terrestre hasta donde los ejércitos del poder han llegado. Intentando siempre agrandar ese poder con la conquista de nuevo territorio para someter a los que allí trabajan y expropiar la riqueza que allí atesoraban a través de la fuerza.

Conforme avanzó la tecnología, el afán por el control fue ampliándose a otros dominios como el marítimo con las embarcaciones, el aéreo con los aviones y el espacial con todo tipo de satélites y naves. Desde el nacimiento de internet se generó un nuevo dominio, un espacio al que podemos denominar como ciberespacio, un dominio cibernético donde los Estados no tienen la misma legitimidad.

Es el único dominio de los cinco nombrados que no se delimita por un espacio físico concreto y, por lo tanto, la violencia física o el uso de armas bélicas tradicionales no son una opción para su conquista y control.

El ciberespacio es el hábitat natural de Bitcoin, es su dominio y es independiente del resto de los espacios. Presta atención a las palabras textuales que el mismo John Perry Barlow,[244] miembro fundador de la Electronic Frontier Foundation (EFF)[245] utiliza en la Declaración de Independencia del Ciberespacio[246] presentado en el Foro Económico Mundial (World Economic Forum) de Davos, Suiza el 8 de febrero de 1996.

> Gobiernos del mundo industrial, vosotros, cansados gigantes de carne y acero, vengo del ciberespacio, el nuevo hogar de la mente. En nombre del futuro, os pido en el pasado que nos dejéis en paz. No sois bienvenidos entre nosotros. No ejercéis ninguna soberanía sobre el lugar donde nos reunimos. No hemos elegido ningún gobierno, ni pretendemos tenerlo, así que me dirijo a vosotros sin más autoridad que aquella con la que la libertad siempre habla.
>
> Declaro el espacio social global que estamos construyendo independiente por naturaleza de las tiranías que estáis buscando imponernos. No tenéis ningún derecho moral a gobernarnos ni poseéis métodos para hacernos cumplir vuestra ley que debamos temer verdaderamente.

244. «John Perry Barlow», *Wikipedia*, <https://es.wikipedia.org/wiki/John_Perry_Barlow>.

245. <https://www.eff.org>.

246. Declaración de independencia del ciberespacio, <https://es.wikisource.org/wiki/Declaración_de_independencia_del_ciberespacio>.

Los gobiernos derivan sus justos poderes del consentimiento de los que son gobernados. No habéis pedido ni recibido el nuestro. No os hemos invitado.

No nos conocéis, ni conocéis nuestro mundo. El ciberespacio no se halla dentro de vuestras fronteras. No penséis que podéis construirlo como si fuera un proyecto público de construcción. No podéis. Es un acto natural que crece de nuestras acciones colectivas.

No os habéis unido a nuestra gran conversación colectiva, ni creasteis la riqueza de nuestros mercados. No conocéis nuestra cultura, nuestra ética o los códigos no escritos que ya proporcionan a nuestra sociedad más orden que el que podría obtenerse por cualquiera de vuestras imposiciones.

Proclamáis que hay problemas entre nosotros que necesitáis resolver. Usáis esto como una excusa para invadir nuestros límites. Muchos de estos problemas no existen. Donde haya verdaderos conflictos, donde haya errores, los identificaremos y resolveremos por nuestros propios medios. Estamos creando nuestro propio contrato social. Esta autoridad se creará según las condiciones de nuestro mundo, no del vuestro. Nuestro mundo es diferente. El ciberespacio está formado por transacciones, relaciones, y pensamiento en sí mismo, que se extiende como una quieta ola en la telaraña de nuestras comunicaciones. Nuestro mundo está a la vez en todas partes y en ninguna parte, pero no está donde viven los cuerpos.

Estamos creando un mundo en el que todos pueden entrar, sin privilegios o prejuicios debidos a la raza, el poder económico, la fuerza militar, o el lugar de nacimiento. Estamos creando un mundo donde cualquiera, en cualquier sitio, puede expresar sus creencias, sin importar lo singulares que sean, sin miedo a ser coaccionado al silencio o al conformismo.

Vuestros conceptos legales sobre propiedad, expresión, identidad, movimiento y contexto no se aplican a nosotros. Se basan en la materia. Aquí no hay materia. Nuestras identidades no tienen cuerpo, así que, a diferencia de vosotros, no podemos obtener orden por coacción física.

Creemos que nuestra autoridad emanará de la moral, de un progresista interés propio, y del bien común. Nuestras identidades pueden distribuirse a través de muchas jurisdicciones. La única ley que todas nuestras culturas reconocerían es la regla de oro.[247] Esperamos poder construir nuestras soluciones particulares sobre esa base. Pero no podemos aceptar las soluciones que estáis tratando de imponer. En Estados Unidos hoy habéis creado una ley, el acta de reforma de las telecomunicaciones, que repudia vuestra propia Constitución e insulta los sueños de Jefferson, Washington, Mill, Madison, De Toqueville y Brandeis. Estos sueños deben renacer ahora en nosotros.

Os atemorizan vuestros propios hijos, ya que ellos son nativos en un mundo donde vosotros siempre seréis inmigrantes. Como les teméis, encomendáis a vuestra burocracia las responsabilidades paternas a las que cobardemente no podéis enfrentaros. En nuestro mundo, todos los sentimientos y expresiones de humanidad, de las más viles a las más angelicales, son parte de un todo único, la conversación global de bits. No podemos separar el aire que asfixia de aquel sobre el que las alas baten.

En China, Alemania, Francia, Rusia, Singapur, Italia y Estados Unidos estáis intentando rechazar el virus de la libertad erigiendo puestos de guardia en las fronteras del ciberespacio. Puede que impidan el contagio durante un pequeño tiempo, pero no funcionarán en un mundo que pronto será cubierto por los medios que transmiten bits.

Vuestras cada vez más obsoletas industrias de la información se perpetuarían a sí mismas proponiendo leyes, en América y en cualquier parte, que reclamen su posesión de la palabra por todo el mundo. Estas leyes declararían que las ideas son otro producto industrial, menos noble que el hierro oxidado. En nuestro mundo, sea lo que sea lo que la mente humana pueda crear puede ser reproducido y distribuido infinitamente sin ningún coste. El trasvase global de pensamiento ya no necesita ser realizado por vuestras fábricas. Estas medidas cada vez más hostiles y colonialistas nos colocan en la misma situación en la que estuvieron aquellos amantes de la libertad y la autodeterminación que tuvieron que luchar contra la autoridad de un poder lejano e ignorante. Debemos declarar nuestros «yo» virtuales inmunes a vuestra soberanía, aunque continuemos consin-

---

247. «Regla de oro», *Wikipedia*, <https://es.wikipedia.org/wiki/Regla_de _oro_(ética)>.

tiendo vuestro poder sobre nuestros cuerpos. Nos extenderemos a través del planeta para que nadie pueda encarcelar nuestros pensamientos.

Crearemos una civilización de la mente en el ciberespacio. Que sea más humana y hermosa que el mundo que vuestros gobiernos han creado antes.

El Estado no tiene soberanía en el dominio del ciberespacio

Esto genera consecuencias nunca vistas, pues el Estado ya no tiene soberanía en el dominio del ciberespacio. Lo que pone en duda la labor principal del Estado y el motivo de su superioridad y capacidad de extracción de riqueza sobre lo que sucede en este nuevo dominio.

El Estado principalmente tiene como objetivo la protección del ciudadano ante posibles invasores externos con un ejército y ante posibles amenazas internas mediante el sistema de justicia y las fuerzas del orden público.

Para mantener posible ese orden y hacer viable el intercambio en un ambiente de paz, con el tiempo hemos ido cediendo progresivamente el poder para ejercer la violencia, hasta que el Estado obtuvo finalmente el monopolio. Así, el orden se atiende desde una entidad centralizada y convierte al Estado en prácticamente omnipotente, haciéndonos sucumbir a quien provee de supuesta seguridad sobre la propiedad privada y el intercambio de estas propiedades. Pero ¿qué pasa cuando el Estado no es capaz de aplicar esta orden y de salvaguardar la propiedad privada de sus ciudadanos en el dominio del ciberespacio?

Según el Ministerio de Interior de España, se registraron 374.737 ciberdelitos sólo en el año 2022,[248] lo que supone más de mil delitos al día de media de los cuales aproximadamente el 80 por

---

248. «España registró 374.737 ciberdelitos en 2022», Ministerio del Interior, <https://www.interior.gob.es/opencms/es/detalle/articulo/Espana-registro-374.737-ciberdelitos-en-2022/>.

ciento nunca llegan a denunciarse,[249] y de los que sí se denuncian, el 86 por ciento acaba sin resolverse[250] por falta de medios, según el periódico *El Debate*. Imagina cuáles pueden ser las cifras en otros países con menores medios e infraestructuras para poder hacer frente a estos hechos.

Las altas cifras dejan en evidencia los desafíos que enfrentan las autoridades en la identificación de los autores de ciberdelitos originados desde cualquier rincón del mundo, lo que impide su persecución dentro y aún más complicado fuera del territorio físico dominado. Por nuestra parte, constantemente estamos cediendo nuestros datos más sensibles a todo tipo de compañías que guardan esta información en bases de datos, que suelen ser hackeadas antes o después y ponen estos datos a disposición de su uso público, normalmente con fines ilícitos.

Robert S. Mueller III,[251] quien fue director del FBI dijo: «Estoy convencido de que sólo hay dos tipos de compañías: aquellas que han sido hackeadas y aquellas que serán hackeadas. Incluso, éstas están convergiendo en una categoría: compañías que han sido hackeadas y serán hackeadas de nuevo».

Algo muy parecido a lo que decía John Chambers, quien fue CEO de Cisco[252] (líder mundial en redes y Tecnologías de la Información): «Hay dos tipos de empresas: aquellas que han sido hackeadas y aquellas que aún no saben que han sido hackeadas».

Ambas citas subrayan la importancia de la ciberseguridad y el hecho de que ninguna empresa está completamente a salvo de los ataques cibernéticos. Por lo tanto, siempre que cedes datos al gobierno o a cualquier empresa, estás poniendo en peligro tu pri-

249. «El 80 por ciento de los ciberdelitos en España no se denuncian», *Digital Security*, 2 de diciembre de 2022, <https://www.itdigitalsecurity.es/actualidad/2022/12/el-80-de-los-ciberdelitos-en-espana-no-se-denuncian>.

250. Rubio, Chema, «El chollo de los ciberdelitos en España: el 86 por ciento acaba sin resolverse por falta de medios», *El Debate*, 17 de julio de 2022, <https://www.eldebate.com/economia/20220717/chollo-ciberdelitos-espana-86-acaba-resolverse-falta-medios.html>.

251. «Robert S. Mueller», *Wikipedia*, <https://es.wikipedia.org/wiki/Robert_Mueller>.

252. <https://www.cisco.com/es>.

vacidad y dependiendo de la información cedida, en algunos casos incluso tu integridad física.

¿Cómo proteges a tu población de un posible ataque desde cualquier recoveco del planeta en un dominio que no tiene fronteras? Es prácticamente imposible, además, estos ataques son totalmente asimétricos, es decir, que un solo hombre menor de edad desde su humilde habitación puede sortear toda la seguridad de un país entero, eludiendo cualquier ejército, policía o fuerzas del orden de todo tipo. Ni siquiera el propio Estado puede protegerse a sí mismo, ¿cómo va a protegernos a nosotros?

David contra Goliat en versión cibernáutica

En 2019 con sólo 17 años, un conocido hacker apodado Alcasec, accedió a los servidores del Ministerio del Interior y robó datos de agentes de la Policía Nacional y la Guardia Civil.253247 También hackeó la base de datos de la DGT obteniendo información personal e información de millones de vehículos de ciudadanos españoles. Se robaron datos de millones de ciudadanos, incluyendo información como nombres, direcciones, números de teléfono, DNI y datos financieros.

Hizo algo muy parecido en varias empresas con sólo 15 años, como encontrar fallos en HBO que le permitieron crear más de 150.000 cuentas gratuitas para después regalarlas por Instagram, ganándose el apodo de «Robin Hood de los hackers».[254]

253. Méndez, Manuel Ángel, «Alcasec, el *hacker* más buscado: infiltrado en la Policía y confidente del pequeño Nicolás», *El Confidencial*, 29 de mayo de 2022, <https://www.elconfidencial.com/tecnologia/2022-05-29/alcasec-alca-dgt-policia-guardia-civil-hacker-pequeno-francisco-nicolas_3430615/>.

254. Maza, Jesús, «Alcasec, el *hacker* más buscado por robo de datos y famosos por regalar cuentas gratis de HBO», *La República*, 18 de abril de 2023, <https://larepublica.pe/mundo/2023/04/18/alcasec-el-hacker-mas-buscado-por-robo-de-datos-y-famoso-por-regalar-cuentas-gratis-de-hbo-alcasec-hacker-jose-luis-huertas-alcasec-alcasec-hacker-el-pequeno-nicolas-ciberseguridad-hbo-burger-king-poder-judicial-espana-lrtmc-1265580>.

La intención no es atemorizarte, al revés, es hacerte consciente de que no podemos contar con la misma lógica de seguridad que en otros dominios. En el ciberespacio, y más aún si utilizamos el gran superpoder que nos concede Bitcoin, se requiere de una gran responsabilidad individual y de interiorizar la importancia de la privacidad.

El sistema de Bitcoin, a diferencia de lo que hacen las empresas, no comete el grave error de almacenar datos sensibles sobre tu identidad o información personal, a excepción de que cometas tú el error de utilizar una empresa de intercambios (*exchange*) o similar que recopile tu información personal. Sin embargo, existe un punto crítico de vulnerabilidad en tu labor de proteger el acceso a los fondos que posees. Este punto se centra en la correcta custodia de tus claves privadas, pues es esencial que estas claves estén bien protegidas y acertadamente custodiadas de manera privada, ya que son el único acceso a tu riqueza en Bitcoin.

En esta nueva era, la misión de aumentar tu responsabilidad y privacidad, al mismo tiempo que reduces tu dependencia de intermediarios, te pertenece a ti.

La privacidad es libertad en el ciberespacio

En el ciberespacio no sabes qué ojos pueden estar mirando. Recuerda lo que vimos en el capítulo «La superstición de la propiedad privada» sobre la privacidad y el concepto de *man in the middle*. Según el INCIBE (El Instituto Nacional de Ciberseguridad), este concepto «consiste en interceptar la comunicación entre un emisor y un receptor, pudiendo espiar o modificar la información con fines maliciosos».

Aumentar tus niveles de privacidad y seguridad no supone que tengas algo que ocultar, simplemente es preventivo ante posibles consecuencias futuras. Afirmar que la privacidad no tiene importancia porque no tienes nada que ocultar es tan ilógico como decir que la libertad de expresión no importa porque no tienes nada que decir. De la misma forma que no te duchas grabándote un vídeo para tu red social favorita, o no publicas los datos de tu tarjeta de crédito incluyendo el PIN porque es información sensible y privada.

La privacidad es un derecho humano y así lo expresa el artículo 12 de la Declaración Universal de Derechos Humanos que dice: «Nadie será objeto de injerencias arbitrarias en su vida privada, su familia, su domicilio o su correspondencia, ni de ataques a su honra y reputación. Toda persona tiene derecho a la protección de la ley contra tales injerencias o ataques».[255]

Éste fue el objetivo principal de los *cypherpunks*[256] cuando salieron a la luz: conseguir privacidad en el ámbito digital de modo selectivo según lo decidido libremente. Si buscamos una comprensión más exhaustiva, las palabras literales de Eric Hughes en el «Manifiesto *cypherpunk*»[257] que escribió ya en 1993 nos ofrecen la mejor guía posible:

> La privacidad es necesaria para una sociedad abierta en la era electrónica. La privacidad no es secretismo. Una cuestión privada es algo que no queremos que todo el mundo sepa, pero una cuestión secreta es algo que no queremos que nadie sepa. La privacidad es la capacidad de revelarse selectivamente al mundo.
>
> Si dos personas están haciendo cualquier tipo de transacción, entonces cada una tiene un recuerdo de su interacción. Cada uno de ellos puede hablar de su propio recuerdo sobre el tema. ¿Cómo podría prevenirse esto? Quizás se podrían presentar leyes en contra, pero la libertad de expresión es aún más fundamental para una sociedad abierta que la privacidad; nuestra intención no es restringir la libertad de expresión. Si muchas personas hablan juntas en un mismo foro, cada una puede hablar a las demás y aumentar el conocimiento global acerca de esas personas. Las posibilidades de las comunicaciones electró-

255nidad.gob.es/documentacion/bioetica/pdf/Universal_Derechos_Humanos.pdf>.

256. «Cypherpunks», *Wikipedia*, <https://es.wikipedia.org/wiki/Cypher punks>.

257. Cypherpunk Manifesto, <https://cdn.nakamotoinstitute.org/docs/cy pherpunk-manifesto.txt>.

nicas hacen posibles grupos así, y no van a desaparecer sólo porque nosotros queramos.

Ya que deseamos la privacidad, tenemos que asegurar a cada persona que intervenga en una transacción que sólo conozca lo que es estrictamente necesario para esa transacción. Ya que cualquier información se puede expresar, tenemos que asegurarnos de que revelamos lo mínimo posible. En muchos casos, la identidad personal no es significativa. Cuando compro una revista en un quiosco y pago al contado, el quiosquero no tiene ninguna necesidad de saber quién soy. Cuando le pido a mi proveedor de correo electrónico la capacidad de recibir y enviar mensajes, mi proveedor no tiene por qué saber con quién hablo, qué digo o qué me dicen. Mi proveedor sólo tiene que saber dónde obtener el mensaje y cuánto le debo. Cuando mi identidad se revela debido al mecanismo de la transacción, no tengo privacidad. No puedo, por tanto, revelarme selectivamente; estoy obligado a revelarme siempre.

Así pues, la privacidad en una sociedad abierta requiere sistemas anónimos para efectuar transacciones. Hasta ahora, los billetes y las monedas han sido el mecanismo principal para asegurar la privacidad. Un sistema para transacciones anónimas no es un sistema para transacciones secretas. Un sistema anónimo ofrece la capacidad a los individuos para revelar su identidad sólo cuando lo deseen; ésta es la esencia de la privacidad.

La privacidad en una sociedad abierta requiere la criptografía. Si yo digo algo, quiero que lo oigan sólo aquellos a los que iba dirigido lo que decía. Si el contenido de mi discurso está al alcance de todo el mundo, no tengo privacidad. Encriptar es indicar que se desea la privacidad y encriptar con sistemas criptográficos débiles es indicar que no se tiene un gran interés en la privacidad. Además, revelar la propia identidad de forma que no haya dudas cuando lo estándar es el anonimato requiere del sistema de firmas criptográficas.

No podemos esperar que los gobiernos, las corporaciones y otras grandes organizaciones sin rostro nos garanticen la privacidad sin sacar beneficios de ello. A ellos les resulta beneficioso hablar de nosotros, y podemos esperar que lo harán. Intentar evitar sus discursos es luchar contra la esencia de la información. La información no sólo quiere ser libre, anhela ser libre. La información se expande hasta ocupar todo el espacio disponible. La información es el primo más joven y más fuerte del rumor. La información tiene más ojos, sabe más y entiende menos que el rumor.

Tenemos que defender nuestra privacidad si es que queremos tenerla. Tenemos que unirnos y crear sistemas que permitan las transacciones anónimas. La gente ha estado defendiendo su privacidad durante siglos mediante susurros, oscuridad, sobres, puertas cerradas, apretones de manos en clave y mensajeros. Las tecnologías del pasado no permitían una encriptación fuerte, pero las actuales sí.

Nosotros los *cypherpunks* nos dedicamos a construir sistemas anónimos. Defendemos nuestra privacidad con criptografía, con sistemas de envío anónimo de e-mail, con firmas electrónicas y con dinero electrónico.

Los *cypherpunks* programan. Sabemos que alguien tiene que escribir software para defender la privacidad, y puesto que no podemos obtener privacidad hasta que todos la tengamos, vamos a programar. Publicamos nuestro código de manera que nuestros compañeros *cypherpunks* puedan practicar y jugar con él. Nuestro código es gratis para que todo el mundo pueda usarlo. No nos importa si no apruebas el software que escribimos. Sabemos que el software no puede ser destruido y que un sistema ampliamente disperso no puede cerrarse.

Los *cypherpunks* desplegamos las regulaciones en criptografía, pues la criptografía es fundamentalmente un acto privado. El acto de encriptar de hecho retira la información del dominio público. Incluso las leyes contra la criptografía no pueden ir más allá de las fronteras nacionales y de su brazo armado. La criptografía va a extenderse ineludiblemente por todo el mundo, y con ella los sistemas de transacciones anónimas que la hacen posible.

Para que la privacidad se extienda tiene que formar parte de un contrato social. La gente tiene que unirse y usar estos sistemas para el bien común. La privacidad sólo se extenderá mientras los miembros de la sociedad cooperen entre sí. Nosotros los *cypherpunks* esperamos vuestras preguntas y vuestras inquietudes y esperamos contar contigo para que no nos autoengañemos. Sin embargo, no pensamos apartarnos de nuestro camino porque algunos no estén de acuerdo con nuestros objetivos.

Los *cypherpunks* participan activamente en hacer que las redes sean más seguras para privacidad. Procedamos juntos. Adelante.

Tu propiedad privada radical en el ciberespacio

Si unimos todas las piezas que hemos visto hasta ahora, y las aplicamos a la estrategia geopolítica de los Estados, ¿cuál crees que es el resultado del cóctel? Efectivamente, a los Estados que deseen prosperar sólo les queda la opción de aceptar la independencia del ciberespacio, atraer la innovación, promover el avance tecnológico y abrazar Bitcoin. Aunque no todos lo harán.

> El Estado se ha acostumbrado a crecer tratando a los contribuyentes como un granjero trata a sus vacas, manteniéndolas en un campo para ordeñarlas. Pronto las vacas tendrán alas.
>
> JAMES DALE DAVIDSON y
> Lord WILLIAM REES-MOGG[258]

El ciberespacio y Bitcoin son las alas para los ciudadanos.

Recuerda, el Estado no puede proteger tu propiedad mientras sea capaz de arrebatártela cuando quiera. Si es así, quiere decir que no te pertenece y esa propiedad en cierto modo ya es suya. Bitcoin no necesita de un tercero que intermedie y decrete o certifique a quién pertenece dicha propiedad. Bitcoin es un sistema global sin fronteras de derechos de propiedad privada radical y absoluta con posibilidad de transferir dicha propiedad en cualquier momento y a voluntad del poseedor. Incluso un niño de 10 años que no puede ni abrir una cuenta bancaria o comprar acciones en bolsa sin un tutor, sí puede poseer bitcoin y desafiar al Estado en el ciberespacio, ya que es capaz de autocustodiar un activo que no puede ser confiscado ni siquiera por las mayores fuerzas o las élites.

258. Dale Davison, James; y Rees-Mogg, William, *El individuo soberano: una guía para dominar la transición hacia la era de la información*, Bubok, 2022.

Ahora más que nunca tienes las herramientas para proteger lo que te pertenece y votar por la libertad con tus actos, sin necesidad de elecciones políticas, sin guerras ni violencia, simplemente a través de la revolución silenciosa que nos ofrece esta nueva era.

El valor Dios

Constantemente se da un proceso darwinista, tanto individual como colectivo, que hace competir a todos los seres vivos por la mutación más beneficiosa o ventajosa para la supervivencia de la especie. Lo que se conoce como selección natural.

Como seres humanos, las ideas siempre han sido muy importantes, de hecho es el principal factor que nos diferencia de otras especies. Tener la capacidad de pensamiento abstracto es una de nuestras más potentes cualidades y uno de los motivos principales para poder diseñar tecnología y poder evolucionar como civilización.

La capacidad de pensamiento abstracto nos ha permitido crear las leyes, las instituciones, o las naciones. Lo que el historiador Yuval Noah Harari denomina ficciones colectivas nos permite cohesionarnos en una escala mucho mayor que el número de Dunbar, potencialmente en un tamaño ilimitado.

Así lo hemos hecho durante siglos, unidos por familias, razas, naciones o religiones, pero que con el paso del tiempo, gracias a la hiperconectividad global, y según la teoría del antropólogo Dunbar, han ido adquiriendo más fuerza las conexiones ideológicas o filosofías de pensamiento, independientemente de la proximidad física, la nación o la raza.

> La ley romana, Apple Inc. como empresa, o el Reino de España no son más reales que Thor, Zeus o Mefisto.
>
> DAVID SANZ

Las narrativas que generan las ficciones colectivas son un arma de doble filo, pues son una de nuestras mayores fortalezas como sociedad, pero también una de nuestras mayores debilidades, porque nos hace vulnerables ante los relatos falsos o perjudiciales gracias a la capacidad de imaginación y materialización de las ideas o emociones. Relatos que pueden ser inducidos desde fuera o generados por nosotros mismos desde dentro.

Mark Manson en su libro *Everything is fucked* habla del concepto *God value*, donde argumenta que el *valor Dios* es aquello que nuestra mente adopta como lo más valioso y la fuente de la verdad en nuestra realidad. Se convierte en la lente desde la cual vemos el mundo.

- Si tu valor Dios es la evidencia, tu verdad es la ciencia.
- Si tu valor Dios es la libertad, el derecho a la vida y la propiedad privada; tu filosofía de vida es el liberalismo.
- Si tu valor Dios es que todo el mundo debe tener una igualdad de oportunidades y recursos de forma equitativa, independientemente de lo que produce o aporta cada individuo, tu filosofía de vida se llama socialismo.
- Si tu valor Dios se rige por el triunfo del equipo de fútbol Real Madrid a toda costa, por la convicción de que el Real Madrid es el mejor equipo del mundo y siempre debe ganar, podríamos llamarlo madridismo.
- Si tu valor Dios se basa en los diez mandamientos de la Biblia, entonces hablamos de judaísmo o cristianismo.
- Si tu valor Dios se basa en los principios de la propiedad privada de los medios de producción y el libre mercado, mediante el capital como herramienta de ahorro, inversión y progreso, hablamos de capitalismo.

Es inviable como ser humano no tener algún valor por el que riges tus actos, aunque sea de forma inconsciente y, por definición, siempre habrá otros humanos que también lo compartan.

Por deducción, el Bitcoinismo también tiene un valor Dios que se basa en las reglas del sistema de Bitcoin, en las que el código es la ley, y en el consenso de normas justas que regentan una forma económica global y apolítica que nos permite transmitir valor sin intermediarios y custodiar nuestra propiedad sin que pueda ser expropiada.

Al contrario que otros tipos de valor Dios, el Bitcoinismo no es impositivo, es totalmente abierto, respetando la libertad de asociación y desasociación en caso de diferir del consenso.

El código es la ley

> El código es la ley, y esas reglas dictan los «valores en el ciberespacio». El primer valor que hay es la certidumbre, y la igualdad de acceso con las mismas reglas y privilegios, a un sistema de transferencia p2p sin fronteras. Esta ética ya la tiene en el propio protocolo inmutable. El diseño de bitcoin te da certeza.
>
> ALFREDO ROMEO

Desde los *cypherpunks* en la década de 1990 y la popularización más ampliamente con el ensayo de Larry Lessig (creador del proyecto Creative Commons) o Nick Szabo, se ha desarrollado la idea de *code is law*.

En el caso de Bitcoin, el código existe por consenso, es ejecutado por consenso y es aceptado por consenso. Del mismo modo, sólo puede ser alterado o extendido por consenso.

Las reglas son claras, iguales y transparentes para todos.

Rules, without rulers. Un sistema de reglas, pero sin reguladores.

Ya que, como dice Juan Ramón Rallo: «Un orden político sin deberes —en el que todo fueran licencias— sería un orden político sin limitaciones: una "ley de la selva" donde unos individuos se impondrían por la fuerza sobre otros individuos. [...] Y un orden político en el que no hubiera restricciones sobre lo que puede hacerse sobre cada individuo sería un orden político que, en última instancia, se despreocuparía del individuo (esto es, donde éste no sería soberano)».

Existen sólo dos maneras de coordinar a un grupo grande de

seres humanos. La primera es mediante un órgano de control central, es decir, una persona o un grupo de personas que dictan qué deben hacer los demás. La segunda forma es acordando un conjunto de normas que todos sigamos y respetemos en consenso. El problema con la segunda opción es que alguien debe decidir cuáles son esas normas y, además, suele reservarse un mecanismo para que alguien las modifique —cambie, elimine o apruebe leyes—, lo que eventualmente lleva de vuelta a la primera opción, aunque ésa no sea la intención inicial. Por esta razón, los *bitcoiners* somos tan firmes en la concepción del consenso del protocolo: un conjunto de normas que nada ni nadie puede cambiar. Quien quiera aceptarlas, puede hacerlo libremente; quien no, también es libre de no usar Bitcoin. Pero nadie puede llegar a la primera opción del control central por elección o coacción impuesta —con o sin la fuerza.

Estás invitado por la ley del código en Bitcoin

Un niño de 7 años, una mujer en Irán o en Arabia Saudita, un inmigrante indocumentado —sin permiso de residencia—, un sudafricano o un venezolano con controles cambiarios rigurosos, incluso un cubano, pueden manejar bitcoin sin necesidad de pedir permiso a nadie, sin solicitar ninguna licencia especial o pasar un proceso burocrático. Es lo que se conoce como *permissionless*. En un mundo donde todo está prohibido por defecto, bitcoin funciona al contrario, se puede hacer todo por defecto, excepto lo que se escapa a las reglas del código.

Para conseguirlo, se ha diseñado un sistema horizontal, en lugar del sistema vertical estilo feudalismo en forma de pirámide, donde el líder con atributos de rey está en lo más alto, y los vasallos esclavizados en la base de la pirámide.

> Algunos dicen: ¿quién es el rey de Estados Unidos? [...]
> En Estados Unidos la ley es el rey. Si en los Estados absolutistas el rey es la ley, en las sociedades libres la ley —y nadie más— debería ser el rey. Y para que no se le dé nin-

gún mal uso, rompamos la corona al final de la ceremonia y dispersémosla entre todos los sujetos de derecho.

THOMAS PAINE[259]

Paine defendía la idea de que el poder reside en el pueblo, y que la ley debe ser creada por el pueblo y para el pueblo.

Por eso, Bitcoin se ha construido sobre la base de la desconfianza hacia las personas que pueden tener poder, y que, por tanto, pueden caer en la tentación de expropiarnos, de confiscar nuestra riqueza ejerciendo poder y fuerza. Desconfianza, por tanto, hacia esa inclinación del ser humano a robar, a parasitar a terceros, pero a su vez, se ha construido sobre la base de la confianza en el protocolo, en la genética de Bitcoin.

Bitcoin es un activo cuya existencia, cuya funcionalidad, cuya operatividad, no depende de ningún superior que nos tenga que autorizar, que nos tenga que dar permiso o licencia para poder operar con Bitcoin. La existencia, creación y transmisibilidad de bitcoin no dependen de nadie, de ninguna persona en concreto que tenga poder, capacidad de control o de administración de ese activo real digital, y por extensión, sobre todos aquellos que lo utilizan. La existencia, creación y transmisibilidad de bitcoin dependen de las reglas constitucionales internas que definen la misma existencia de Bitcoin y de los consensos multilaterales que se alcancen dentro de la red de Bitcoin a través de esas reglas constituyentes. Por enfocarlo de otra manera, decía Cicerón que «somos esclavos de las leyes para poder ser libres». ¿Esto qué significa? Pues que hay dos formas de organizar un grupo humano: a través de mandatos centralizados, alguien está arriba y nos dice qué debemos hacer y qué no debemos hacer, o a través de reglas impersonales, universales y de carácter horizontal. Reglas que no dicta nadie en concreto y que, por tanto, nos permiten cooperar y coexistir con los demás sin someternos al capricho o el arbitrio de aquel que dicta esas reglas. O nos gobierna el capricho arbitrario de los hombres, o nos gobiernan

259. Paine, Thomas, *El sentido común*, Funambulista, Madrid, 2020.

reglas impersonales que no derivan del capricho arbitrario de nadie.

En este sentido, Bitcoin no es el gobierno de aquellos hombres que administran verticalmente esta propiedad digital, sino, en todo caso, el gobierno de las reglas impersonales que definen el activo, y que posibilitan la gestación de consensos horizontales y multilaterales entre los propios usuarios de este activo real digital. Y, siendo todo ello así, Bitcoin se asienta en la desconfianza hacia el gobierno arbitrario de los hombres y en la confianza hacia las reglas impersonales del protocolo que definen y estructuran la existencia misma de Bitcoin. Aquellas personas que, con razón o sin ella, no confíen en esas reglas impersonales que definen el código del protocolo de Bitcoin, simplemente no utilizarán Bitcoin. Y si nadie confiara en esas reglas impersonales, Bitcoin no tendría ningún uso; ni siquiera cabría decir que existe desde un punto de vista económico.

Yuval Noah Harari, fue crítico con este aspecto de Bitcoin y en su discurso comete un error muy grave cuando nos dice que Bitcoin es un activo basado u originado en la desconfianza. Bitcoin, como activo, surge por la desconfianza hacia la arbitrariedad parasitaria de los hombres, pero se basa en la confianza de Bitcoin, cuya existencia y operatividad no dependen del permiso ni de la autorización de nadie. Al final, el mayor coste de oportunidad se sostiene sobre la confianza. Lo que Harari en última instancia no entiende es que para que exista un dinero o una forma de riqueza funcional que esté basada en la confianza entre los hombres, los seres humanos debemos disponer de un activo que no esté basado en la confianza entre los hombres y en el que poder refugiarnos cuando esa confianza se quiebre porque alguien abusa parasitariamente de ella. Expresado en otras palabras, para que un sistema monetario basado en el dinero estatal y en el dinero bancario funcione de manera más o menos correcta, minimizando el expolio a los ciudadanos, es necesario que esos ciudadanos cuenten con un activo real inconfiscable, o muy difícilmente confiscable por parte de gobiernos y de bancos. Ese activo real difícilmente confiscable por gobiernos y bancos había sido históricamente el oro y en la actualidad es bitcoin.

Bitcoin ha conseguido que la ley del código que corre por el sistema y que vive en el dominio del ciberespacio pueda ser elegida por sus usuarios voluntariamente, y no pueda ser censurada por el líder. No por las cualidades del código, sino por el sistema de incentivos que lo protege. El sistema de incentivos que sostiene la prueba de trabajo puede preservar su fiabilidad de acuerdo con la conexión entre lo digital y el mundo físico a través del consumo eléctrico. Sin el protocolo que permite ese *proof-of-real-energy* de Bitcoin, lo que grabáramos en el código sería inconsistente, trivial de reproducir, simplemente presentaría la ilusión de algo valioso, pero no lo sería, como ha sucedido con los demás intentos de utilizar la tecnología *blockchain*. El sistema debe estar soportado y asegurado por la termodinámica.

La energía naranja

Al contrario de lo que se cree y se critica, Bitcoin no supone un problema para el abastecimiento o las necesidades energéticas. Bitcoin no consume energía disponible para el uso doméstico, pues tiene unos sobrecostes que no permitirían a ningún minero sostenible ser rentable en el tiempo. Los mineros solamente se quedan con los kilovatios hora que no han podido encontrar ningún otro pujante —la energía que no tiene otras prioridades—. De hecho, el sistema de Bitcoin va purgando a aquellos agentes que no son capaces de proveer de seguridad a través de energía a la red de un modo ultraeficiente. En el momento en el que los costes son muy superiores a la rentabilidad, el minero en cuestión cesará su actividad y no podrá seguir consumiendo esa energía. Conforme se incluyen nuevos agentes mineros a la red que compiten por ganar la recompensa de bloque más las comisiones por transacción del último bloque, la inteligente dificultad automática del sistema se ajusta para que se siga produciendo un bloque cada diez minutos aproximadamente. Si el *hashrate* ha aumentado desde el último ajuste inteligente de dificultad se pueden llegar a completar antes de diez minutos y si hay menos *hashrate* puede llegar a tardar más tiempo de la media. Por

ello, como cualquier sistema vivo, va regulándose constantemente la dificultad de la red —cada 2.016 bloques—. No hay un
motivo conocido para este número exacto de 2.016 bloques, se
decidió en el código de manera subjetiva y, como dato curioso,
no sabemos si aposta o casualmente, coincide con la Orden Ejecutiva 6102 con la que el presidente Roosevelt confiscó el oro a
los estadounidenses pero con el número dado la vuelta como un
espejo.

Una cuestión interesante, pues el número 2.016 no tiene una
explicación matemática exacta, aunque si pensamos que en una situación ideal de 10 minutos por bloque serían 14 días exactos, así
que Satoshi decidió que más o menos dos semanas aproximadas
era un intervalo razonable para hacer estos ajustes.

Otro factor de mayor evidencia empírica es que Ludwig von
Mises en su obra seminal *Teoría del dinero y el crédito*,[260] articula
la futilidad de intervenir o manipular artificialmente los tipos
de interés, argumentando que tales prácticas derivan en ciclos de
expansión económica seguidos de depresiones. Mises aboga por
un enfoque en el que los tipos de interés sean determinados libremente por las dinámicas de mercado; es decir, que disminu-
yan cuando el ahorro es abundante y aumenten cuando escasea,
propiciando así un crecimiento económico estable. A partir de
esta exposición, se puede inferir que Satoshi Nakamoto, al desarrollar Bitcoin, pudo haberse inspirado en esta teoría para implementar el ajuste de dificultad en la minería de bloques, que
asegura un ritmo constante de producción cada diez minutos,
independientemente de las fluctuaciones en la actividad de los
mineros o en el *hashrate* global. Ayudando a mantener un tiempo de bloque objetivo, proteger la red contra ataques, promover
la descentralización y garantizar la estabilidad a largo plazo.

Esta interpretación nos permite argumentar que Satoshi poseía un entendimiento profundo y excepcionalmente claro del
ciclo económico según la escuela austriaca, lo cual le permitió
concebir Bitcoin como una respuesta innovadora a dichos ciclos.
Este entendimiento destacaba que únicamente los economistas

260. Mises, Ludwig von, *op. cit.*

de la escuela austriaca podrían apreciar desde un inicio la importancia y genialidad subyacente a Bitcoin. Friedrich Hayek, otro prominente miembro de esta escuela, parece prever esta revolución monetaria en su libro *La desnacionalización del dinero*,[261] al que también hicimos referencia anteriormente. En conclusión, el legado intelectual de la escuela austriaca proporciona una base teórica esencial para comprender y valorar la estructura y principios de funcionamiento de Bitcoin.

Por lo tanto, además del ajuste de dificultad, Bitcoin también se ajusta a la energía disponible a nivel global, funcionando con excedentes de energía, pues de lo contrario los mineros no serían capaces de continuar siendo rentables a largo plazo. Debe ser energía generada en zonas de la red eléctrica donde no hay otra demanda o en momentos en que nadie más necesita la electricidad. El mundo produce más energía de la que necesita, y aproximadamente un tercio de esta energía se desperdicia. Cuando ya se ha utilizado toda la energía necesaria, el último 0,15 por ciento de energía alimenta toda la red Bitcoin. Éste es el margen de energía menos valorado y más barato que queda después de que el 99,85 por ciento de la energía en el mundo se asigna a otros usos. Así lo argumenta Saylor: «El 99,92 por ciento de las emisiones de carbono en el mundo se deben a usos industriales de energía distintos de la minería de bitcoin. La minería de Bitcoin no es ni el problema ni la solución al desafío de reducir las emisiones de carbono. De hecho, es un error de redondeo y apenas se notaría si no fuera por las actividades competitivas de marketing de guerrilla de otros criptopromotores y cabilderos que buscan centrar la atención negativa en la minería de prueba de trabajo para distraer a los reguladores, los políticos y el público en general».[262]

De todos modos, independientemente del consumo, sea más o sea menos, si la robustez de nuestro dinero y la independencia de nuestro sistema monetario es la base de toda la economía mun-

---

261. Hayek, Friedrich, *op. cit.*

262. «Bitcoin Mining and the Environment», <https://www.michael.com/en/resources/bitcoin-mining-and-the-environment>.

dial. Si la productividad y el futuro próspero de todo el mundo dependen de un buen dinero; no existe ningún uso de la energía más legítimo y más útil que proteger la tecnología que hace posible la mejor forma de riqueza que la historia haya conocido. No importa si «en realidad Bitcoin le quita la electricidad a tu microondas». Deberíamos elevar la conversación y ser conscientes de la situación en decadencia del sistema económico que contamina al dinero enfermo. Si seguimos en la misma línea de actuación lo más probable es que no tengas ni electricidad, ni un frigorífico, porque nadie podrá producir nada como sucede en los países más afectados por la destrucción del dinero que utiliza la población —véase cualquier país con alta inflación o hiperinflación.

Elías Fernández, director ejecutivo de varias empresas del sector minero de Bitcoin con más de 10 años de experiencia, explica por qué el sistema de Bitcoin soluciona problemas energéticos funcionando como una pila dinámica: «Una granja de minería son dos cosas. Además de ser un banco que imprime dinero, se convierte en una pila dinámica. Está conectado al *grid* (la red eléctrica) consumiendo energía durante los valles, durante los picos de baja demanda energética y estás ayudando a rentabilizar esas inversiones de parques eólicos y otro tipo de infraestructuras de producción de energía, y cuando esas infraestructuras que pueden estar durmientes durante valles de consumo, la minería de Bitcoin les está dando una rentabilidad».

Imagina un *data center* o cualquier industria que requiera de muchos sistemas informáticos y consuma grandes cantidades de energía, pero no siempre tenga la misma estabilidad de consumo. Pueden ir jugando como una pila dinámica dependiendo de los picos de demanda, pueden apagar la granja de minería de Bitcoin o utilizarla como un desagüe de energía cuando hay un excedente que otros no pueden rentabilizar con su propia industria o demanda. Igualmente, esa energía se perdería sin demanda instantánea y sin poder ser almacenada.

Esta pila dinámica realmente no almacena la energía, porque la convierte en energía económica, sino que la tiene activa y en el momento oportuno la puede verter a la red para el consumo de las familias o de otras empresas que la demanden.

Las redes eléctricas suelen tener interconexiones con jurisdicciones vecinas, como España las tiene con Francia o Portugal, y en ciertas ocasiones, si sobra electricidad producida en origen, se termina vendiendo a los mercados vecinos.

El problema es que estas interconexiones deben ser muy potentes y tienen mermas de transporte, además de otras cuestiones que provocan mucha pérdida de energía final. Por el contrario, Bitcoin puede aprovechar esa energía directamente en origen y competir así como una mejor solución para hacer eficientes los excedentes. También, de manera similar, ayuda a hacer rentable o financiar los costes de una central de generación eléctrica, como pueden ser hidroeléctricas, geotérmicas o cualquier otra.

La demanda de energía siempre es flexible, nunca es homogénea con exactitud y Bitcoin es el mejor amortiguador para soportar los altibajos.

Incluso Bitcoin puede aprovechar fuentes de energía que están deslocalizadas y no conectadas al *grid* general o subestaciones energéticas desamparadas, simplemente llevando la granja de minería al lugar de origen, sin necesidad de una conexión a internet intensa, serviría con una conexión satelital común.

> La posibilidad de la total deslocalización del consumo de energía que tienen que realizar los mineros podría solucionar gran parte del desperdicio de energía que se produce en el mundo, dado que buscarán la energía más barata, y no hay energía más barata que la que se desperdicia desde los centros de producción por los costes que tiene trasladarla a la red. [...] Muchos proyectos de renovables se desechan por la volatilidad de su producción respecto a la demanda esperada, que hace que mucha parte del tiempo se malgaste energía, Bitcoin soluciona esos picos haciendo esos proyectos viables.
>
> ÁLVARO D. MARÍA[263]

263. María, Álvaro D., *op. cit.*

La energía naranja es energía infinita

Otro de los malentendidos más comunes sobre la energía es la creencia de que es escasa, como si la energía fuera un *juego de suma cero*, en el que cualquier individuo que consume energía en el mundo se la está quitando a los demás. Mientras más se consume, más se impulsa una producción incrementada. La escasez de energía no radica en la falta de cantidades absolutas, sino en la capacidad de entregarla con gran potencia, exactamente cuando y donde se necesita.

Los recursos energéticos disponibles para ser explotados por la humanidad son prácticamente infinitos, superando por completo nuestra capacidad para cuantificarlos y, por supuesto, para consumirlos. La energía solar que recibe la Tierra cada día supera en cientos de veces el consumo energético global. Igualmente, los ríos que fluyen incesantemente cada hora de cada día contienen más energía que la consumida a nivel mundial, al igual que los vientos que soplan y los combustibles de hidrocarburos que se encuentran bajo nuestra superficie, sin olvidar los numerosos combustibles nucleares que apenas hemos comenzado a explotar.

El autor Saifedean Ammous lo explica de manera cristalina en *El patrón fiat*:

El sol baña la tierra con 3,85 millones de exajulios de energía cada año; eso es más de siete mil veces la cantidad de energía que los seres humanos consumen anualmente. De hecho, la cantidad de energía solar que cae sobre la tierra en una hora es más energía que la que consume toda la raza humana en un año.

La humanidad no tiene un problema de escasez de energía porque la energía no puede agotarse mientras salga el sol, los ríos corran y el viento sople. El único límite en la disponibilidad de energía es cuánto tiempo dedican los humanos a canalizar estas fuentes de energía desde lugares donde abundan hacia lugares donde se necesitan.

Toda la energía es gratuita si no se considera el costo de llevarla al lugar correcto, en el momento adecuado y con la intensidad suficiente. Los costos de energía provienen de la necesidad de pagar la cadena de suministro de individuos y empresas para transportar esta energía a donde se necesita y en una forma utilizable, en cantidades específicas durante períodos de tiempo específicos. Cuando la gente quiere más energía, está dispuesta a pagar más por ella, lo que incentiva una mayor producción a expensas de producir otras cosas. Cuanta más gente lo desee, más se puede producir.

La minería de bitcoin es la única en su uso intensivo y altamente rentable de energía que puede operar desde cualquier lugar y puede vender sus resultados digitalmente.

Bitcoin requiere un gasto de energía cada vez mayor para llegar a un consenso sin tener que confiar en una sola autoridad. Y para asegurar esa energía, el diseño de la red pone en marcha una competencia implacable entre los mineros potenciales para encontrar las fuentes de energía más baratas en todo el mundo y para utilizar sus equipos de la manera más eficiente posible.

Bitcoin comprará energía barata donde sea que se encuentre y como sea que se produzca, y para hacerlo no requiere gasoductos, camiones, camiones cisterna o trenes costosos, sólo una conexión a internet en la ubicación de la fuente de energía.

Bitcoin es una tecnología completamente nueva para comprar electricidad de forma digital, con un profundo impacto transformador en cómo se puede producir y vender la misma, haciéndola más fungible y líquida. A diferencia de todos los demás usos de electricidad, bitcoin no requiere que se le transporte energía; puede comprar la energía en cualquier lugar donde esté disponible y es insaciable en su demanda de electricidad barata y confiable. Las implicaciones de este único punto apenas comienzan a comprenderse.[264]

Es un campo extremadamente amplio y éstas son sólo algunas pinceladas para dejar en evidencia la gran confusión generalizada al respecto. En resumen, Bitcoin no genera un problema energético, sino que es una solución a muchos de los problemas para rentabilizar la generación de energía y aprovecharla siempre que la demanda sea flexible.

264. Ammous, Saifedean, *op. cit.*, p. 329

La ignorancia sobre la alquimia del valor

Bitcoin es atacado desde la ignorancia y señalado como nocivo, del mismo modo que ahora nos parece irrisorio cuando a principios de 1900, en los inicios de la electricidad, fue una tecnología temida, combatida y acusada de peligrosa o indeseable. Incluso se hacía propaganda antielectricidad donde se reflejaban las preocupaciones de la época sobre el impacto de esta nueva tecnología en la salud, la sociedad, la estética urbana y la economía. Finalmente estas críticas no pudieron detener el avance de la electrificación. Afortunadamente (imagen 8.2).

Imagen 8.2. Propaganda antielectricidad en 1900

Fuente: Elaboración propia a partir de una propaganda antielectricidad de 1900.

Durante los últimos años, la energía verde producida con renovables ha estado en auge y, en la nueva era, la energía naranja apoyada en Bitcoin es el combo perfecto para un mundo con más y mejor energía. Como una alquimia del valor que transforma la energía eléctrica en riqueza escasa y portable.

Michael Saylor escribió un artículo titulado «Bitcoin Mining & the Enviroment»[265] en el que dice: «Existe una conciencia cada vez mayor de que Bitcoin es muy beneficioso para el medioambiente porque se puede implementar para monetizar fuentes de energía de gas natural o gas metano varadas. La reducción de las emisiones de gas metano es particularmente convincente y Dan Batten ha escrito algunos artículos impresionantes sobre este tema.[266] También ha quedado claro que las redes de energía que dependen principalmente de fuentes sostenibles como la eólica, la hidráulica y la solar pueden ser poco fiables en ocasiones debido a la falta de agua, luz solar o viento. En este caso, deben combinarse con un consumidor de electricidad grande y flexible como un minero de bitcoin para desarrollar la resiliencia de la red y financiar la construcción de la capacidad adicional necesaria para alimentar de manera responsable los principales centros industriales/poblacionales. El ejemplo reciente de una importante reducción de energía de Bitcoin en la red ERCOT en Texas es un ejemplo de los beneficios de la minería de bitcoin para los proveedores de energía sostenible. Ningún otro consumidor de energía industrial está tan bien preparado para monetizar el exceso de energía y reducir la energía de manera flexible durante los períodos de escasez de energía y volatilidad de la producción.

Bitcoin es un instrumento de empoderamiento económico para ocho mil millones de personas en todo el mundo que está respaldado por la capacidad de los mineros de bitcoin para monetizar cualquier fuente de energía, en cualquier lugar, en cualquier momento, a cualquier escala. La minería de Bitcoin puede traer una industria limpia, rentable y moderna que genera dinero duro a una ubicación remota en el mundo en desarrollo, conectada sólo a través de un enlace satelital. Todo lo que se necesita es un exceso de electricidad generada a partir de una cascada, una fuente geotérmica o un depósito de exceso de energía misceláneo. Google, Netflix y Apple no establecerán

---

265. <https://www.michael.com/en/resources/bitcoin-mining-and-the-environment>.

266. <https://batcoinz.com/>.

centros de datos en África central que exporten servicios a sus clientes occidentales adinerados en el corto plazo debido a las limitaciones en el ancho de banda, la privacidad y los requisitos para un flujo de energía constante, pero los mineros de bitcoin no se ven obstaculizados en estas restricciones. Pueden utilizar fuentes de alimentación erráticas con bajo ancho de banda en ubicaciones remotas y generar valiosos bitcoins sin prejuicios, como si estuvieran en un suburbio de Nueva York, Los Ángeles o San Francisco. Incluso ahora, los mineros de Bitcoin están en todas partes y continuarán extendiéndose (a través de África, Asia, América del Sur, etcétera) donde haya exceso de energía y cualquier persona con aspiraciones de una vida mejor. Bitcoin es un activo financiero igualitario que ofrece inclusión financiera a todos, y la minería de bitcoin es una industria tecnológica igualitaria que ofrece inclusión comercial a cualquier persona con la capacidad de energía e ingeniería para operar un centro minero».

Después de valorar el oro como la mejor forma de dinero con el mayor grado de *dinerabilidad* durante más de cinco mil años, las espadas como arma principal, los caballos como vehículo habitual, el papel como almacén de conocimiento, el fuego y las velas como iluminación y el ave mensajera o el cartero para comunicarse a larga distancia, descubrimos o inventamos nuevas tecnologías que generaron un cambio de era: la pólvora superó a la espada, el vehículo motorizado superó al caballo, la informática e internet superaron al papel como almacén del conocimiento, la electricidad superó al fuego y las velas como fuente de energía e iluminación, las telecomunicaciones e internet superaron al ave mensajera y a la mensajería por carta.

Todas las tecnologías mencionadas hicieron más fácil, eficiente y próspera la vida en la Tierra para miles de millones de personas, aumentando el nivel de vida y generando más riqueza. Excepto la tecnología aplicada al dinero fíat y el cambio de forma dineraria.

En la era del Bitcoinismo, Bitcoin supera todas las anteriores formas *dinerables* de valor conocidas por la humanidad. Nos permite disfrutar de un derecho de propiedad absoluto y eleva los estándares de abundancia global. No sólo podemos disfrutar de la forma más segura de trasladar riqueza en el espacio, ahora, por fin, también podemos trasladar riqueza en el tiempo para proteger el valor que producimos a largo plazo y evitar la pobreza generacional.

9

El postre *gourmet*

A partir de aquí, encontrarás en la menor extensión posible todo lo que se ha tratado en el libro hasta ahora. Es una tarea compleja y obviamente hay muchos detalles que son imposibles de incluir.

Así, los más ansiosos o menos dispuestos a invertir tiempo y energía en profundizar en el libro podrán leer este capítulo final y obtener una impresión general del contenido completo, una experiencia similar a saborear un plato *gourmet* mediante un solo bocado, en lugar de disfrutar el menú degustación entero, sin prisas.

Si has llegado hasta aquí después de degustar y disfrutar del menú degustación completo, este último capítulo te ayudará a cerrar el círculo, asentar el conocimiento y concluir como un postre final delicioso. Además hay algunas sorpresas en este postre *gourmet* que no se han incluido en el menú completo y que serán de gran aportación.

Todo comienza por comprender el problema que nos acompaña desde que nos preocupamos por atesorar energía, o lo que es igual, conservar los excedentes de producción. Es decir, cuando dedicamos tiempo y energía a cultivar, fabricar o trabajar en cualquier cosa, lo que «sobra» queremos guardarlo de manera segura y que aguante lo máximo sin deteriorarse.

Para ello, inventamos el intercambio de estos excedentes a través del trueque y así surgió el dinero, con diferentes formas a lo largo de los últimos veinte mil años. Durante este tiempo, los humanos hemos ido descartando aquellas formas que no cumplen con ciertas utilidades o características como la escasez, la facilidad de transportar, la capacidad de dividirse para intercambios más pequeños o la conservación sin deterioro a lo largo del tiempo. Aquellas formas que mejor cumplen y mayor grado de *dinerabilidad* tienen, han sido más demandadas con los años. El ganador por excelencia en los últimos cinco mil años ha sido el oro por sus propiedades únicas.

El oro se ha utilizado como reserva de valor durante siglos. Los reyes, emperadores y todo tipo de gobernantes, aquellos que decidían sobre el pueblo, se encargaron durante siglos de manipular la cantidad de pureza que contenían las monedas emitidas, robando así poder adquisitivo a los ciudadanos a través del conocido *señoreaje* (derecho económico que se reservaba al príncipe o soberano por la fabricación de moneda).

Más tarde, la humanidad trató de proteger su oro y comenzó a depositarlo en bancos, los cuales emitían unos certificados que acreditaban los depósitos de oro y permitían con mayor facilidad el intercambio, el pago y el transporte de la «riqueza».

Como podrás imaginarte, esto supuso un problema del que pocos fueron conscientes y que en la actualidad, casi quinientos años después, parece una pesadilla que pocos saben o que cuesta admitir. Uno de los primeros en escribir al respecto fue el gran escolástico Luis Saravia de la Calle, autor de un tratado, Instrucción de mercaderes, escrito en castellano y publicado en Medina del Campo (Valladolid) en 1544 (reeditado en Madrid, CSIC 1965), donde advierte cómo los primeros cambistas —banqueros— descubrieron que los depósitos que recibían para su custodia (siempre en metal) contra los que emitían los correspondientes certificados de depósito, raramente eran retirados, ya que el mercado tendía a aceptar los certificados como medio de pago. Por comodidad; el hombre siente una atracción innata por la comodidad.

Por lo tanto, la tentación de emitir más certificados que los depósitos reales y ponerse a comerciar con ellos, vía préstamos o inversión, era la misma que ahora. Así aparece lo que se denomina el sistema bancario con reserva fraccionada, que es el que tenemos.

Posteriormente, en 1844, surgió una ley inglesa conocida como *Peel's Bank Charter Act* que otorgaba el monopolio de la emisión de billetes al Banco de Inglaterra —ya como Banco Central—, y al que todos los demás se sometían. Siempre respaldados esos billetes por metal. Fue el nacimiento del patrón oro y la esperanza de que los déficits y los desequilibrios de las balanzas de pagos tuvieran un límite, porque las deudas siempre se liquidaban, lo que dejó de suceder.

Tras Adam Smith y David Hume y las quiebras inexorables de numerosos bancos que operaban con reserva fraccionada, se dio la excepción del Banco de Ámsterdam. Éste ha sido el único caso de banco que siempre mantuvo los depósitos de sus clientes en sus arcas y que tenía a gala no emitir más certificados que depósitos, obteniendo sus beneficios de las comisiones por cambio y custodia. Es la única manera de no quebrar jamás. Lamentablemente, las presiones de los otros hicieron finalmente su efecto y fue degradándose hasta ser finalmente intervenido y decomisado por el gobierno holandés con ocasión de la guerra con Francia. En Estados Unidos lo mismo: quiebras continuas y el pánico bancario de 1907 que dio lugar a la creación de la Reserva Federal en 1913: el Banco Central por antonomasia. Un invento de los banqueros para asegurarse un prestamista de última instancia que rescatara a aquellos que hubieran caído en desgracia en sus lucrativos negocios. Lamentablemente los humanos cambiamos mucho cuando la sensación de riesgo desaparece. Con red, todos somos grandes trapecistas y, los mejores, desaparecen.

La consecuencia de la creación de la Reserva Federal, en convivencia con una élite del poder político reunida subrepticiamente en Jekyll Island, fue la gran expansión del crédito que se produjo en los años veinte, que terminó en el 29 y dio lugar a la gran depresión.

Por hacer corta la historia, en 1933, a través de la Orden Ejecutiva 6102 el presidente estadounidense Franklin Roosevelt ordenó la confiscación de todo el oro de sus ciudadanos, lo que favoreció que en 1944 se firmara el tratado de Bretton Woods donde 44 países líderes acordaron nombrar al dólar estadounidense como la moneda internacional más valiosa respaldada por oro físico.

Esto duró hasta que en 1971 el presidente estadounidense Richard Nixon acabó con la convertibilidad del dólar por oro contante y sonante. Este hecho dio el pistoletazo de salida a una fiesta sin fin de aumento descontrolado de la masa monetaria, empobreciendo a la población al deteriorar el ahorro y provocando una subida de los costes de vida sin techo. Lo que conocemos como inflación.

La inflación siempre ha sido un problema, no es nuevo. Es el mismo problema inicial que ya teníamos desde el inicio de los tiempos por conservar lo producido en el tiempo y poder transportarlo fácilmente en el espacio.

Lo relevante no es poder transportar dinero en el espacio, por ejemplo, entre Tokio y Nueva York —que también—, sino transportarlo en el tiempo, de 2023 al 2103, conservando o incluso aumentando su valor en términos de poder adquisitivo. Históricamente, ése ha sido el gran objetivo por alcanzar del dinero.

Aquí nace Bitcoin, después de más de cuarenta años de numerosos intentos por disfrutar de la mejor forma dineraria posible para proteger nuestra riqueza en períodos largos de tiempo. En 2009, el protocolo de Bitcoin comienza a funcionar con la creación del primer bloque génesis por su creador pseudónimo autobautizado como Satoshi Nakamoto y la primera transacción enviada a Hal Finney (la leyenda que ayudaría a Satoshi en los primeros meses hasta la muerte de Hal por la enfermedad ELA).

La invención de Satoshi no fue crear una monedita digital que se puede enviar y recibir. El problema para transportar valor en el espacio ya estaba solventado, en Bitcoin esa utilidad es un extra, una utilidad residual y adicional que ayuda, pero que no es lo más relevante que innova. El problema más grave que tenemos desde que el hombre es hombre es conservar la riqueza en períodos prolongados de tiempo sin perder poder de compra.

Lo fascinante de Bitcoin es que por primera vez en la historia de la humanidad disponemos —al alcance de cualquiera— de la primera propiedad privada real inconfiscable e incensurable, con escasez matemática radical y absoluta, alcanzada gracias al reino digital.

Bitcoin es una póliza de seguro sobre las malas decisiones políticas, bancarias y monetarias. Además, como dice la famosa inversora Catherine D. Wood, es un seguro para todos contra la posible confiscación de nuestra riqueza.

Bitcoin es la aplicación práctica del descubrimiento de Satoshi Nakamoto, aunque el concepto de escasez absoluta siempre estuvo ahí. Lo que nosotros llamamos Bitcoin es el software, es la invención que nos permite utilizarlo. Es como el concepto de circunferencia, siempre estuvo ahí, hasta que el ser humano lo descubrió y lo utilizó para inventar la rueda, por ejemplo.

En el momento en el que se produce este descubrimiento y posteriormente la invención de Bitcoin, uniendo las piezas necesarias para ello, se genera una nueva era, una nueva corriente histórica: Bitcoinismo.

> Bitcoin es el invento monetario más importante de la historia.
>
> CARLOS MASLATÓN[267]

Saifedean Ammous lo resume así:

> Todo el progreso humano y la civilización están entrelazados con la búsqueda de dinero más duro. Desde el ganado hasta la sal, las conchas marinas, los metales y los metales preciosos, hemos progresado constantemente al pasar al dinero más duro, lo que nos permite formas más confiables de proveer para el futuro, lo que nos hace estar más orientados al futuro. Esto culminó con el hecho de que el oro se convirtiera en la única moneda del mundo a finales del siglo XIX, con un crecimiento anual de la oferta de −2 por ciento. Todos en la Tierra podrían ahorrar en oro sin temor a la inflación.

267. «Carlos Maslatón: tecnología & cripto en la política» [vídeo], YouTube, 3 de agosto de 2023, <https://www.youtube.com/watch?v=f6ByD8Rq r4M>.

Siguió un siglo de catástrofe humana cuando los gobiernos prohibieron el uso monetario del oro y lo reemplazaron con su crédito fiduciario, cuya oferta aumenta –14 por ciento por año. El ahorro se volvió inalcanzable y el futuro más incierto. La preferencia temporal aumentó a medida que la gente se orientó más hacia el presente y los gobiernos tenían un poder adquisitivo infinito a expensas de sus siervos. Las guerras se hicieron más largas y más probables, ya que los gobiernos podían robar sin esfuerzo a sus ciudadanos para financiarlas.

Bitcoin soluciona esto. Bitcoin no sólo nos permite una forma de dinero fuera del control gubernamental, sino que también es el dinero más difícil que jamás haya existido, lo que lo convierte en la forma de dinero más avanzada que jamás haya existido, mejor incluso que el oro. Pase lo que pase, puede estar seguro de que su bitcoin nunca se diluirá en más del 1 por ciento anual.

El surgimiento de Bitcoin, y la consolidación de la nueva era, Bitcoinismo, cambia por completo los incentivos de la humanidad, permitiéndonos tener una preferencia temporal más largoplacista, gracias a la capacidad de ahorro, pudiendo salvaguardar la energía de trabajo invertida.

Este desarrollo altera fundamentalmente la dinámica de la violencia y el comportamiento de las personas, además de los países o jurisdicciones. Consideremos el caso de un humilde campesino, oprimido por exorbitantes tributos abusivos, incapaz de oponerse a los saqueos del rey, atemorizado por un caballero medieval equipado con armadura y espada. Ante tal expoliación, el campesino, desprovisto de medios de defensa, se ve forzado a ceder parte de su producción, pagar los impuestos o enfrentar la muerte. Sin embargo, de la misma manera que la introducción de la pólvora cambió el paradigma histórico, permitiendo al campesino defenderse a distancia mediante un simple mosquete y mejorar su posición negociadora significativamente, de forma análoga, Bitcoin marca el inicio de una nueva era para la humanidad, proponiendo un método pacífico y eficaz para proteger y administrar recursos sin recurrir a la violencia. A medida que se comprenda más ampliamente este potencial, aumentará la adopción de Bitcoin, lo que lleva inevitablemente a una transformación social. Así, sin necesidad de recurrir a las armas, y ante mayores presiones sobre la población, más individuos se convertirán en *bitcoiners*.

Del mismo modo, lo harán los países, pues aquellos que no lo adopten estarán en desventaja respecto a los que sí lo hagan. ¿Qué futuro crees que le espera a quienes atesoran un activo finito inconfiscable e incensurable que se aprecia en períodos largos de tiempo, frente a un dinero que se devalúa sin límites por la facilidad de emisión, como ha pasado decenas de veces a lo largo de la historia?

La era del Bitcoinismo supone la separación del dinero y el Estado, como sucedió con la separación entre la Iglesia y el Estado que se consolidó principalmente durante los siglos XIX y XX. También supone su desnacionalización, la independencia y la incapacidad del poder para manipular a base de decretos la masa total de dinero, a través de la creación de nuevas unidades que benefician a los emisores, pero que devalúan, diluyen y empobrecen al resto de la población.

Bitcoin soluciona el problema del doble-gasto, lo que permite utilizar la misma energía dineraria en numerosas ocasiones. Esto es lo que hacen los bancos cuando prestan dinero sin necesidad de mantener reservas, multiplicando mágicamente el dinero como los panes y los peces de Jesús.

A lo largo de la historia, desde que existe la escritura, la humanidad ha utilizado libros contables para llevar registro de las deudas y los pagos que se realizan. Pero siempre ha necesitado de un intermediario o un tercero en el que confiar, como los bancos. La era del Bitcoinismo pone el inicio del fin a la necesidad de confiar en un intermediario, pues Bitcoin también soluciona por primera vez en la historia el problema de los generales bizantinos permitiéndonos conocer y verificar la verdad. Es la primera vez en la historia de la humanidad que tenemos disponible una copia sobre la verdad de lo que sucede en cada nodo de la red, que no puede ser modificado o manipulado por nadie, que está sincronizado con el resto de las copias globalmente, y que se actualiza de forma autónoma. Es la primera vez que podemos auditar a tiempo real y de manera independiente qué, cómo y cuándo sucede en el sistema distribuido más seguro del mundo.

Todo esto se logra en un nuevo dominio conocido como ciberespacio donde los Estados no tienen soberanía, como explica John Perry Barlow, miembro fundador de la Electronic Frontier Foundation (EFF) en su magnífica Declaración de Independencia del Ciberespacio presentada en el Foro Económico Mundial (World Economic Forum) de Davos, Suiza el 8 de febrero de 1996.

En la nueva era, Bitcoin expande la red energética naranja global, que nos provee de seguridad para proteger nuestro derecho de propiedad real soberana. Es el nuevo estándar del valor y el tiempo para proveernos de libertad y prosperidad.

Ahora es tu momento, puedes decidir estar inmóvil en la distopía del sistema enfermo, empobreciéndote de manera inevitable, o abrazar la nueva era del Bitcoinismo.

Al final, todos los caminos convergen en Bitcoin.

Este código QR es la llave a un secreto sorpresa, una invitación o una aventura, sólo accesible para quien ha llegado hasta esta página del libro. Lo que encontrarás tras la redirección web puede variar con el tiempo —prueba a leerlo de nuevo en unos meses—, pero siempre estará diseñado para que te permita potenciar los conocimientos que este libro ha inmortalizado y que los integres para hacerlos tuyos. Ahora, la decisión es tuya. Tienes dos opciones: adentrarte más, profundizar en lo que has aprendido y llevarlo a la práctica, o dejarlo pasar y continuar como si nada hubiera ocurrido. Nos vemos al otro lado.

Agradecimientos

Quiero terminar con un espacio de amor y agradecimiento a quienes han hecho posible que aquí y ahora podamos leer este libro. Puede parecer una frase hecha y manida pero literalmente no sería posible que esta obra haya visto finalmente la luz sin los siguientes nombres.

Gracias Joaquín Bernabéu y Rosi Escudero, por darme la vida, respetar mis errores, celebrar mis logros y hacerme sentir siempre tan amado. Gracias a mi hermano Kino, por la incondicionalidad absoluta y por recorrer conmigo gran parte del camino de la curiosidad y la libertad. Gracias Anika, por soportarme y ayudarme tanto, porque tú has sido la que más ha vivido conmigo este libro, tanto en los viajes por medio mundo para presentarlo como en los buenos y malos momentos durante casi dos años de trabajo duro para escribirlo. Gracias a la familia Rytel, por cuidarme y acogerme en sus costumbres polacas. Gracias a David Sanz, porque sin sus correcciones y sus vastas aportaciones estaríamos leyendo literalmente otro libro. Gracias a Íñigo Molero, por enseñarme tanto sobre Bitcoin durante años y abrazar con tanta ilusión la invitación para escribir el prólogo. Gracias a Pablo González, por mostrarme el viejo mundo y la belleza de conocer la historia para entender mejor el futuro, además de ser el primero en revisar la obra desde sus comienzos. Gracias a

Marco Ferreiro y a los médicos Patricia González Cuadrado y Sergio Obregón, por las revisiones y aportaciones sobre medicina, anatomía y el funcionamiento de los seres vivos para el capítulo 7. Gracias al príncipe Filip Karadjordjevic, heredero de Serbia y Yugoslavia, por toda la ayuda prestada siempre con una sonrisa y los brazos abiertos. Gracias, Javier Maestre, por aportar tantísimo en toda la parte legal y jurídica y en tu amplio conocimiento sobre la propiedad privada. Gracias, Adam Dubove y Nicolás Bourbon, por las aportaciones sobre Argentina y su apasionante historia monetaria. Gracias, Antonio G., por conectarme con Roger Domingo y que *Bitcoinismo* sea una realidad arropada por el grupo editorial líder en el mercado de habla hispana. Gracias, Juan Haro, por tus recomendaciones, llamadas telefónicas y apoyo. Gracias, Alicia de la Fuente, por atenderme siempre con tanta rapidez y acompañarme en el proceso de elaboración. Gracias, Rocío ERREGB, por tu creatividad, visión y detalle para cada diseño. Gracias, Edward Jorre, por las hipnosis de desbloqueo creativo. Gracias, Eduardo Elkouss, porque justo en tus últimos días dedicaste un tiempo a revisar el libro y a darme *feedback* con tus últimos consejos de vida. Gracias, Migra, por aquella conversación en la escalera del bar y los correos de altísimo valor que me han ayudado a completar fragmentos esenciales del libro. Gracias a todos los que habéis revisado los sucesivos borradores del libro, tanto en su totalidad como parcialmente en cualquier momento: Miguel Vidal, Joel Serrano, Satoshihead, Adrián Treviño, Alfredo Romeo, Arkad, Enrique Ho, Javier Pastor, Joaquín Moreno (BTCenEspañol), Omar López, Pablo Mielgo, Ricky Zwei, Salva Falaguera, Leo Moreno, y a todos los que de una forma u otra habéis aportado directa o indirectamente como Carlos Maslatón, Aarón Sepúlveda, Alfre Mancera, Decentralized, Félix Moreno, Forte Reyes, Kico Pascual, Marta Soler, Entropy, Álvaro D. María, Lunaticoin, Sergi Delgado, Alberto Mera, BTC Andrés, Lorena Ortiz, Carles Navarro, David Battaglia, Diego H. Gurpegui, Emérito Quintana, Franco Amati, Gael Sánchez Smith, Guerrilla BTC, Javier Bastardo, José Antonio Bravo, Juan en Cripto, Juan Rodríguez, Julián Drangosch, Luis Carlos García, Manu Ferrari, Manuel Polavieja, Raúl Marcos, Ricardo Pérez-Marcos, Toni Moral, Víctor Escudero, Daniel Eastman, Felipe Eastman, los integrantes de Fortaleza de Oro, Javier Cagigal, David Lázaro, Gerard Montesinos, Pablo Abad, Andrés Sempere, Carles Acero, Eladio Rodríguez, Héctor Fernández, Luis Rueda, Miguel Ángel Ramírez, Ángel Roqueta, Javier Mozos, Iván Caloto, Ámbar Fuentes, Pol Martín, Ángel Escolano, Gonzalo Badiola, Miguel Camarena, David Marchante, Jesús Alonso Gallo, Pedro Gómez, Euge Oller, Ferran Martínez, David Sobrino, Rubén Turienzo, Mónica Bravo, David Fuentes, Borja Montón, Pau Ninja, Juan Ramón Rallo, Jaime Núñez, Miguel Anxo Bastos, Jori Armbruster, Nancy Quirós, Peter Hodl, Napoleón Osorio, Félix Fuertes, Josef, David Alija, Valentín de MOTIV Perú, Fernando Serer, Héctor de Zumitow, Mi Primer Bitcoin, jmtj84, Albercoin, Fernando Nieto, Ericonomic, Fernando Díaz, Jesús Pérez, Enrique Varela, Daniel Fernández, Daniel Arráez, Baldomero Gas, The SatoBoat, Mara Menz, Jesús Huerta de Soto, Antomous Vulcan21, José Luis Cava, Antonio Cánova, Luis Espinosa, Catrya, Emilio Morles, Luis Domínguez, José María Gómez (D.E.P.), Alejandro Palomar, TheRationalRoot, Karliatto, Ariel Aguilar, Hernán Marino, Giacomo Zucco, Paleobit, Francisco Calderón (negrunch), Paco de la India, Rubén Walterman, Eduardo Fernández, Adrián Verde, Giovanny Monty, José Luis Cáceres, Miguel Caballero, René de Jong, Sergio Fernández, Javier Martín, Gabriela Chang, Juan Ressia, Pepe Ressia, la familia Sierra, Carlos Salas, Raúl Maraña, Josepe García, Jaume Torres, Óscar Saavedra, Patrick Wind, Nicolás Campo, Yolanda Nieto, Federico Bustos, Pablo Ortiz, Pedro Suárez, Patricia Cañada, Santiago Tordable, Manuel Sabater, Fran, Uve, Pedro, Daniel, Juan, Adrián Zapater, Jaime Gutiérrez, Antonio Escohotado...

GRACIAS por hacer de esta, mi vida, una aventura tan apasionante.

ADRIÁN BERNABÉU
—Bitcoinismo.com